D1730480

Titel der Originalausgabe:

La Quête Suprême

Copyright © 2015 Guy Trédaniel Éditeur

Aus dem Französischen von Hedwig Lasinger

Copyright © 2020 für die deutsche Ausgabe:
Nachlass von Edward Salim Michael

Michèle Michael, Frankreich
www.meditation-presence.com

ISBN: 97817-0862-650-1

Gedruckt in Deutschland von
Amazon Distribution GmbH, Leipzig

Die höchste Suche

von

Edward Salim Michael

Kurze Präsentation des Autors

 Anglo-indischer Abstammung, wird Edward Salim Michael 1921 in England geboren und verbringt seine gesamte Jugend im Nahen Osten der Vorkriegszeit. Die Reisen seiner Eltern führen ihn zurück nach London, kurz vor den Wirren des Zweiten Weltkrieges, aus dem er stark traumatisiert hervorgeht.

Er stürzt sich nun mit dem Anspruch eines großen Künstlers in eine Karriere als Geigensolist und als symphonischer Komponist. Von der französischen Musik angezogen, beschließt er, in Paris zu studieren, wo er unter schwierigen Bedingungen jahrelang die Qualen des Schaffens durchlebt.

1949 sieht er zum ersten Mal in seinem Leben eine Buddha-Statue. Von diesem entscheidenden Augenblick an widmet er sich, neben seiner Musikkarriere, mit Leidenschaft einer kontinuierlichen Meditationspraxis, die ihm aufgrund seines außergewöhnlichen Konzentrationsvermögens, das er als Komponist entwickelt hat, bald erlaubt, tiefe spirituelle Erfahrungen zu machen. Nach fünf Jahren ununterbrochener Anstrengungen mitten in der Rastlosigkeit und den Belastungen der modernen Welt macht er im Alter von 33 Jahren eine äußerst kraftvolle Erfahrung des Erwachens zu dem, was man Buddha-Natur oder auch das Unendliche in sich nennen könnte.

Aus dem tiefen Drang heraus, sich ganz seiner inneren Suche hinzugeben, entscheidet er sich, die Musik (die er mit seinem ersten Vornamen Edward signiert) aufzugeben, um dem unwiderstehlichen Ruf Indiens – des Landes seiner Großmutter – zu folgen. Dort verbringt er fast sieben Jahre, in denen er seine spirituelle Praxis immer weiter vertieft.

Zurück in Frankreich gibt er voller Mitgefühl die Früchte seiner inneren Erfahrungen und mystischen Erkenntnisse an seine Schüler weiter und schreibt mehrere Bücher, die er mit seinem zweiten Vornamen signiert.

Ende 2006 verlässt er diese Welt im Alter von 85 Jahren.

4

INHALT

Vorwort

Jedes Mal, wenn ich anfange, ein neues Buch zu schreiben, verbringe ich lange, schlaflose Nächte, in denen ich mit der Niederschrift nur weniger Paragraphen kämpfe. Ich kann nicht umhin zu empfinden, dass ich, abgesehen von der großen Verantwortung, die das Schreiben eines Buches mit sich bringt, dessen Thema von solcher Bedeutung ist, wieder einmal eine Aufgabe bewältigen muss, die meine literarischen Fähigkeiten weit übersteigt. Denn über das Handicap einer fehlenden Schulbildung (aufgrund der Tatsache, dass sich meine Kindheit in verschiedenen Gegenden des Nahen Ostens abgespielt hat) und einer unzureichenden Beherrschung der französischen Sprache hinaus, weiß ich sehr wohl, dass ich weit davon entfernt bin, ein Intellektueller zu sein. Ich war und bleibe auf meine Frau Michèle angewiesen, um meine zahlreichen Französischfehler in allen meinen Büchern zu korrigieren – ja sogar um einen einfachen Brief zu schreiben. Ich kann keine Worte finden, um ihr meine tiefe Anerkennung auszudrücken.

Was mich zum Schreiben antreibt, wird mir für immer ein Rätsel bleiben. Vielleicht ist es, weil ich bei der Suche nach einem spirituellen Weg, der meinen Bedürfnissen entspricht, selbst gelitten habe, dass ich, besonders in dieser fortgeschrittenen Phase meines Lebens, die Verantwortung spüre, anderen Suchern, die alleine herumtasten, sowie denen, mit denen ich einen persönlichen Kontakt hatte, zu geben, was mir selbst an Erfahrung gegeben wurde – und wofür ich einen sehr hohen Preis bezahlen musste. Ich hoffe, dass das Verständnis, das ich, dank innerer Erfahrungen und hartnäckiger Anstrengungen, in fast vierzig Jahren aus einer spirituellen Praxis erwerben konnte, ihnen ein bisschen Hilfe für ihre eigenen Kämpfe bringen kann, besonders in unserer Epoche, in der das Leben überproportional rational, zerstreut und jeder spirituellen Praxis entgegengesetzt geworden ist.

Aufgrund des Gesetzes der Schwerkraft, welches das Universum und das gesamte existentielle Leben regiert, werden diese Kräfte und Energien, sofern der Mensch nicht eine bewusste Anstrengung unternimmt, um spirituell zu erwachen, immer den Weg nehmen, der die geringsten Anstrengungen erfordert – so wie es das Wasser macht, das durch ein Flussbett strömt, das heißt: nach unten. Da er im Allgemeinen kein Gravitationszentrum in sich entwickelt hat, nimmt er den absteigenden Weg und imitiert aus Schwäche lediglich, was die anderen in ihrer Art und Weise, sich zu kleiden, zu essen, zu denken, zu sprechen und so weiter, tun. Und, indem jeder den anderen imitiert, wird das existentielle Leben immer einförmiger. Mit dieser Vereinheitlichung verengt sich die Welt zunehmend und ist dabei, immer kleiner zu werden.

Außerdem, und das ist dramatisch, tragen alle technischen Mittel der Verbreitung, die erfunden worden sind, gegenwärtig dazu bei, die gleiche Art Information in alle Ecken der Erde zu verbreiten, indem sie jede Behausung, jede Familie überfluten und so in jeden Mann und jede Frau eindringen – mit der Konsequenz, dass alle denselben Quellen der psychischen Stimulation ausgesetzt werden und somit die Manipulation der Masse ermöglicht wird. Auf diese Weise werden ihre Persönlichkeit und ihre Psyche schwer beeinträchtigt und verändert, bis hin zur Einschränkung der Möglichkeit einer spirituellen Evolution für den Großteil der Menschheit.

Es ist schwer für sie, den zahllosen Werbungen zu entgehen, die ihre Welt bis in Innere ihres Heims durchdringen, ihnen insgeheim suggerierend, dass ihr Glück außerhalb von ihnen liege: im Essen, im ständigen Genuss, in Schmuck und Kleidern, in Komfort und Schnickschnack und so weiter. Ohne dass man sich dessen bewusst ist, haben die lügenhaften Werbungen aller Art eine verheerende Wirkung auf die Psyche – besonders auf die der Kinder, die, ohne sich wehren zu können, diese vergifteten Einflüsse aufnehmen, wo sie doch dazu bestimmt sind, die zukünftige Generation zu sein.

Die Herrschaft der Quantität dominiert die Welt und fasziniert die Menschen von heute. Alles wird nach der Quantität bewertet und nicht nach der Qualität. Das Wort Qualität scheint für unsere Zeitgenossen keinen Sinn mehr zu haben. Besessen von der Quantität, legen sie nicht mehr Wert auf die Qualität der Dinge. Die Qualität der Lebensweise sowie die Qualität des Geistes und der Kunst scheinen für sie keine Bedeutung mehr zu haben. Selbst spirituelle Werte werden merkwürdigerweise heutzutage nach der Quantität und selten nach der Qualität bemessen.

Der Aspirant ist, wie die meisten Leute (zumindest in einem gewissen Maß) durch seine Umgebung, seine Erziehung, die Weise, in der er aufgezogen wurde, und durch alle die anderen unsichtbaren Einflüsse, die heimlich sein Unterbewusstsein infiltriert haben, konditioniert. Am Anfang kann er nicht sehen, dass er sich auf die Suche nach seinem WAHREN WESEN machen will, indem er sich so mitnimmt, wie er für gewöhnlich ist, mit seinen widersprüchlichen Wünschen sowie seinen vielfältigen ungünstigen Tendenzen, die durch lange Gewohnheit in ihm verwurzelt sind; und da diese zu einem integralen Teil seiner Persönlichkeit geworden sind, stellt er sie nicht mehr in Frage.

Man hört übrigens nicht selten sagen, dass man meditiert, um sich zu verbessern (ohne zu verstehen, dass man im Grunde nur sucht, das gewöhnliche Ich noch mehr zu entwickeln, während es eigentlich verschwinden sollte), um bei seinen Geschäften effizienter zu werden, um eine bessere Gesundheit zu haben etc.

Aufgrund der zahllosen hochentwickelten Maschinen, die die Menschen erfunden haben, um sie an ihrer Stelle alle möglichen Arten von Aufgaben ausführen zu lassen, damit sie selber so wenig wie möglich arbeiten müssen, hat sich in ihnen eine unbewusste Tendenz entwickelt, jede Anstrengung vermeiden zu wollen. Diese Einstellung ist auch in die Domäne der spirituellen Suche eingedrungen. Ohne sich dessen be-

wusst zu sein, macht man aufgrund einer langen Konditionierung, die man seit der Kindheit durchlaufen hat, nichts anderes, als bei allem, was man unternimmt, die Schwierigkeit zu
fliehen und die Leichtigkeit zu suchen. Man hat anfangs keine
Vorstellung von der harten und zähen Anstrengung, die man
machen muss, und von den ständigen Opfern, die gefordert
werden, wie eine Art Lösegeld, um das Recht zu haben, die
Portale zum UNENDLICHEN zu durchschreiten und die Welt
des ERHABENEN zu finden – die, ohne dass man sich das
gemeinhin vergegenwärtigt, das einzige Ziel ist, für das man
auf dieser Erde inkarniert ist.

Es ist mein tiefster Wunsch, dass dieses Buch jedem ein wenig Hilfe und Unterstützung geben möge, der die Antwort
auf die wichtigste Frage, die es geben kann, sucht: „Wer bin
ich? oder vielmehr: „Was bin ich wirklich? Woher bin ich
gekommen und in welchem, für gewöhnlich unverständlichen
Zustand werde ich mich finden, wenn ich am Ende meines
irdischen Lebens ankommen werde?"

Einleitung

Eine Knospe ist geheimnisvoll zum Leben erwacht. Ihr Wachstum beginnt. Sie wächst, sie wächst entschlossen weiter, bis sie schließlich zu dem entscheidenden, so lange erwarteten Augenblick kommt, dem der Erfüllung ihres geheimen Wunsches: eine Blume zu werden. So ist eine neue Blume geboren. Sie wächst, wächst unaufhörlich und versucht, etwas zu erreichen, was sie unbewusst sucht. Sie ist jetzt auf dem Höhepunkt ihres Wachstums. Wie schön sie ist! Ihre Farben sind bezaubernd und ihr Duft betörend. Man betrachtet sie voller Bewunderung und Entzücken. Dann beginnt sie, zu altern. Ihre Farben verblassen und verlieren ihren Glanz. Ihre Kräfte schwinden und sie neigt sich zur Erde. Die Blütenblätter verwelken und fallen eines nach dem anderen ab. Sie hat keine Lebenskraft mehr. Sie stirbt. Sie wird zu Staub und gibt somit der Erde, die sie bis jetzt genährt hat, was ihr zusteht. Aber das Leben, was ist aus diesem Leben geworden, das sie geheimnisvoll erfüllt hatte? Was ist aus dieser seltsamen Energie geworden, dieser PRIMORDIALEN und UNSICHTBAREN ESSENZ, die ursprünglich in der Pflanze schlief, aber die, als sie erwachte, aus der Blume das gemacht hat, was sie war, mit ihrer grazilen Form, ihren lebhaften Farben und ihrem zauberhaften Duft?

Auf einer komplexeren Ebene, erwacht ein Embryo geheimnisvoll zum Leben. Bewegt von einer seltsamen und unsichtbaren Kraft, wächst er unaufhörlich im Bauch seiner Mutter; er fährt fort, entschlossen zu wachsen, bis er schließlich zu dem entscheidenden, lange erwarteten Augenblick kommt, dem der Erfüllung seines geheimen Wunsches: in die Welt der Erscheinungen geboren zu werden. So wird ein kleines Kind geboren. Wie grazil es ist! Es wächst, es wächst unaufhörlich, bis es zu einem schönen Jugendlichen wird. Am Höhepunkt seines Wachstums, ist er jetzt ein junger Mensch, stark und schön, von allen bewundert. Aber das Alter, das alles erwartet, was in einem physischen Körper geboren ist, beginnt schleichend sein Werk und nach und nach altert er. Er verliert seine Kräfte und, wie die oben erwähnte Blume, beugt auch er sich allmählich zur Erde. Seine Zähne und seine Haare fallen nach und nach aus. Er wird zu Staub und gibt der Erde, die ihn bis dahin genährt hatte, zurück, was ihr zusteht. Aber das Leben, das in ihm war, was ist aus ihm geworden? Im Hintergrund all dieser Schöpfungen und Zerstörungen, gibt es da irgendetwas Dauerhaftes? Und diese rätselhafte und unsichtbare ENERGIE, die das Leben dieses Wesens belebt hatte, was ist aus ihr geworden? In welche, für gewöhnlich unbegreifliche Dimension ist sie zurückgekehrt? Mit welcher unergründlichen Absicht ist das LEBEN auf der Erde erschienen und zu welchem geheimnisvollen Bestimmungsort versucht es den Menschen mitzunehmen?

Vielleicht sind die moralischen und physischen Leiden, die die Menschen bei ihren Kämpfen ums Überleben unablässig durchmachen, notwendig, um sie dazu zu bewegen, ihren Blick ihrem Inneren zuzuwenden und bewusst die Rückreise in ihre URSPRÜNGLICHE HEIMAT anzutreten, aus der die gesamte Schöpfung hervorgegangen ist und in die sie nach der Auflösung ihrer körperlichen Form unvermeidlich wieder aufgenommen werden. Was ist also der Sinn der Schöpfung, da ihr letztlich sowieso dieses rätselhafte Ende bestimmt ist?

Vielleicht ist es notwendig, dass der Mensch die Erfahrung des In-die-Materie-Fallens und des Leids, die das nach sich zieht, macht, und zwar als Vergleichsmittel, um dahin zu kommen, bewusst die geheimnisvolle QUELLE, aus der er seinen Ursprung genommen hat, zu erkennen und wertzuschätzen – ein Absturz und Leid, ohne welche dieser HIMMLISCHE ASPEKT seiner Doppelnatur ihm für immer unerkennbar bliebe. Sein Geist würde ewig in seinen ursprünglichen Zustand ruhiger Glückseligkeit getaucht bleiben, aber ohne dass er das je erfassen oder erkennen würde.

Meditation Teil 1

Die Erfahrung des Erhabenen

Im Grunde hat jede Meditationspraxis zum Ziel, den Aspiranten von sich selbst zu lösen – ihn zu lösen von seiner gewöhnlichen Individualität sowie von der üblichen Empfindung, die er, seit so langer Zeit in ihm verfestigt, von sich hat und die er aufgrund einer langen Konditionierung für seine einzige Identität hält –, damit er im Inneren seines Wesens den anderen Aspekt seiner Doppelnatur erkennen möge, der ihm normalerweise verborgen bleibt, weil sein Interesse und seine Aufmerksamkeit ununterbrochen ausschließlich auf die Außenwelt gerichtet sind.

Hinter dem dicken Schirm seiner körperlichen Form, hinter seiner gewöhnlichen Individualität und hinter seiner kleinen Welt und allem, was er als sich selbst ansieht, existiert im Menschen ein anderes UNIVERSUM von äußerster Feinheit und von größter ätherischer Durchsichtigkeit, ein unsagbares und leuchtendes inneres UNIVERSUM, das seine WAHRE NATUR ist, seine GÖTTLICHE NATUR.

Um zu erreichen, sich von seiner üblichen Empfindung, die er von sich hat, und von seiner gewöhnlichen Individualität zu lösen, muss er eine ganz besondere Anstrengung machen, denn diese beinhaltet die Bemühung zu akzeptieren, seine Individualität aufzugeben. Aber die Gewohnheit ist extrem stark und hartnäckig und das Erreichen einer solchen Aufgabe (auch einer teilweisen), die sozusagen einen freiwilligen inneren Tod darstellt, erfordert von den meisten Suchern lange Jahre der Meditation und hartnäckige Kämpfe – unter der Bedingung, dass sie genügend ernsthaft und motiviert sind, um nicht unterwegs aufzugeben. Sie müssen dahin kommen, sich ausreichend von sich selbst zu lösen, um wenigstens einen gewissen Grad der Leere in sich zu schaffen – einer Leere, die unerlässlich ist, um ihnen zu erlauben, eine ganz andere Welt und ein ganz anderes Bewusstsein zu erkennen, die in ihnen in einem latenten Zustand verborgen sind.

Es zu schaffen, diese Leere in sich herzustellen, erfordert, zu akzeptieren, Namen, Form, Individualität, Wünsche, Vergangenheit, Zukunft etc. während der gesamten Zeit, in der der Aspirant zu meditieren sucht, zu verlieren, bis er eines Tages dahin kommt, von einer seltsamen und tiefen inneren Stille erfüllt zu werden; eine innere Stille, die ihm bis dahin unbekannt war und in der er, in Form eines sehr subtilen Erbebens, beginnen wird, in sich die ersten Manifestationen seines HIMMLISCHEN WESENS erwachen zu fühlen.

In dem Maße, wie es dem Aspiranten gelingen wird, die Dauer seiner Meditation zu verlängern und zu vertiefen, wird er beginnen, den Anfang seiner Befreiung und die Ausdehnung seines Bewusstseins zu spüren. Sein Bewusstsein wird ihm ins Unendliche zu wachsen und immer leuchtender, feiner und ätherischer zu werden scheinen. Außerdem wird er, an Stelle der dichten und schweren Materie seiner körperlichen Form, die er für gewöhnlich spürt, die unbeschreibliche Empfindung einer sehr subtilen und unaussprechlichen Transparenz ätherischen Seins erfahren.

Eine intensive Sehnsucht wird aus den Tiefen seiner selbst aufsteigen, ihn anregend, sich für immer diesem ungewöhnlichen Zustand des Seins hinzugeben – den er wie eine neue Geburt empfinden wird, die sich in ihm vollzogen hat; aber gleichzeitig wird er die Unmöglichkeit einer solchen Durchführung in diesem Stadium seiner spirituellen Evolution erkennen, denn er wird sich stets durch gewisse Neigungen und Wünsche in seinem Wesen, die noch nicht transformiert worden sind, beschwert und zurückgehalten fühlen.

Man muss die Tatsache in Betracht ziehen, dass es verschiedene Grade der Erleuchtung gibt – gemäß dem Niveau des

Seins und des Bewusstseins des Suchers – und dass für die große Mehrheit der Aspiranten auf dem Pfad die Erleuchtung (wenn sie sie erreichen) nicht ihre Befreiung bedeuten wird. Sie können sogar (aufgrund gewisser alter Tendenzen, die in ihnen noch lebendig sind) weit davon entfernt sein.

* * *

Jedes Mal, wenn der Aspirant aus seiner Meditation kommen wird, wird er, wenn seine Sensibilität ausreichend entwickelt und fein genug ist, beginnen, eine neue Empfindung zu haben, die unbeschreibliche und verwirrende Empfindung, dass sich sein Bewusstsein erneut verengt und wieder zu Materie wird, somit wieder seine übliche und dichte körperliche Form annehmend, mit der er sich identifiziert und in der er wieder versinkt und einschläft – oder vielmehr, in der er innerlich ein weiteres Mal stirbt.

Nach einer längeren Ausübung der Meditation wird er, während er immer höhere Ebenen des Seins berühren wird, beim Heraustreten aus seiner Meditation auf eine noch beunruhigendere Weise diese merkwürdige Empfindung erleben, dass sich jedes Mal, wenn es nicht mehr in einer materiellen Form komprimiert ist, tatsächlich eine Ausdehnung seines Bewusstseins vollzieht, und eine Verengung, wenn es sich von neuem zusammenzieht und seine dichte materielle Form annimmt. Ein geheimnisvoller Gedanke wird nun zu keimen und in seinem Wesen Form anzunehmen beginnen: Vielleicht besteht die letzte Befreiung des Bewusstseins im Menschen darin, endgültig den Drang zu verlieren (durch die Macht der Gewohnheit in ihm verwurzelt), wieder in die Materie hinabzusteigen und irgendeine Form anzunehmen – die im Allgemeinen für ihn notwendig ist, um die Empfindung und die Kenntnis von seiner Existenz zu haben.

Eine schwindelerregende Frage wird nun in seinem Geist aufsteigen und nicht aufhören, ihn zu beunruhigen: Ist es möglich, dass in einer viel weiteren Größenordnung selbst diese Myriaden und Myriaden von Himmelskörpern, die dieses immense Universum bevölkern, ein in Materie verdichtetes Bewusstsein haben, und dass sogar der gesamte Kosmos das geheime Bedürfnis hat, sich vom Eingesperrtsein in der materiellen Manifestation zu befreien?

* * *

Nach dem, was über das Ziel der Meditation gesagt wurde, muss man trotzdem vorbereitet sein, die Tatsache zu akzeptieren, dass die Meditationspraxis keineswegs leicht sein kann, besonders für einen Anfänger. Die anhaltende Konzentration, die während der Meditation gefordert wird – eine Konzentration, die in jeder ernsthaften spirituellen Übung von fundamentaler Bedeutung ist – kann sich für manche Personen sogar als schwierig erweisen. Denn jede spirituelle Konzentration hat gerade zum Ziel, den Aspiranten von sich und von dem zu lösen und zu entfernen, was ihm geläufig ist, um ihn zu zwingen, in der Gegenwart zu bleiben – völlig dem entgegengesetzt, was er aus Gewohnheit tut.

Im Allgemeinen (außer in sehr kurzen Augenblicken flüchtiger Gegenwärtigkeit hie und da) schweift der menschliche Geist unaufhörlich ohne Kontrolle in der Vergangenheit herum oder befasst sich (aus berechtigter Furcht oder nicht) mit der Zukunft – mit allem, was diese ihm an Problemen bringen mag, die morgen, in der nächsten Woche oder im kommenden Jahr zu lösen sind. Es bedarf wirklich außergewöhnlicher Bedingungen (wie einer Gefahr für seinen Körper, tödlicher Krankheiten, Unfälle, Naturkatastrophen etc.), um ihn zu zwingen, in der Gegenwart zu bleiben. Und selbst dann – alles hängt vom Personentyp sowie von seinem Niveau des Seins ab – kann seine Gegenwärtigkeit aufgrund seiner Konditionierung immer noch partiell und mit dem vermischt sein, was sein gewöhnliches Ich fürchtet und unbewusst will oder nicht will.

Es ist gerade dieser Zwang, während seiner Meditation in der Gegenwart bleiben zu müssen, der den Anfänger überrascht und abschreckt. Denn in der Zeit, in der er groß geworden ist, hat er seine Gedanken und seine Gefühle passiv nur dorthin fließen lassen, wo es ihm gut erschien, ganz wie das Wasser eines Flusses in die Richtung fließt, die ihm den geringsten Widerstand bietet, das heißt, in die des Gefälles. Und ob es nun um das Wasser oder den Menschen geht, die Konsequenzen des Abstiegs sind identisch. Dem Wasser gleich, das bei seiner Abwärtsbewegung immer mehr Unreinheiten ansammelt, sammelt der Mensch, wenn er nicht wachsam ist, während seines unvermeidlichen Abstiegs auf seiner irdischen Reise zu Alter und Tod seines planetarischen Körpers Gewohnheiten und ungünstige Tendenzen an – Gewohnheiten und Tendenzen, die schwere Konsequenzen für seine spirituellen Möglichkeiten nach sich ziehen können.

Deshalb muss der Aspirant, sei es während seiner Meditation oder während er seine verschiedenen spirituellen Übungen im aktiven Leben ausführt, wenn er wirklich ernsthaft bei seiner spirituellen Suche ist, lernen, sozusagen, ein „extremes" Wesen zu werden. Er kann sich nicht erlauben, geteilt zu sein.

Man wünscht die GNADE, die Erleuchtung, SATORI, aber man gibt nie genug von sich selbst, um sie zu bekommen. Der Sucher muss mit größter Achtsamkeit über sich wachen, aus Angst, dass ein unzuträglicher Gedanke oder Wunsch verstohlen durch Spalten seines inneren Heims schlüpfen und sich auf seine Kosten in ihm niederlassen möge.

Ob es sich nun um einen negativen Gedanken, einen sexuellen Gedanken oder eine andere nutzlose Suggestion handelt, wenn der Aspirant ihn oder sie aus Schwäche in sein inneres Haus eindringen und sich dort einnisten lassen hat, wird der unerwünschte Eindringling sofort von der Örtlichkeit Besitz ergreifen und er sich selber draußen finden.

* * *

Aufgrund der extremen Geschwindigkeit des Gedankenflusses, bei dem ein Gedanke dem anderen folgt, kommt der Mensch nie dazu, den Raum oder die Leere zu bemerken, der oder die zwischen zwei Gedanken existiert, die in seinem Geist entstehen und vergehen. Da er für gewöhnlich die Leere zwischen zwei aufeinander folgenden Gedanken nicht wahrnimmt, hat er den Eindruck von Kontinuität in seinem Geist und im Ablauf seiner Gedanken.

Wenn es dem Aspiranten gelingen wird, mehr Kontrolle über seine Aufmerksamkeit zu haben und während seiner Meditation immer konzentrierter zu werden, werden Momente kommen, wo er plötzlich bemerken wird, dass es zwischen einem Gedanken oder einem Bild und dem folgenden einen Raum oder eine Leere gibt – eine Leere, die in Wirklichkeit ein Bewusstsein von äußerster Feinheit und von größter Subtilität ist.

Und gerade wegen dieser Subtilität und dieser äußersten Feinheit, die es kennzeichnen, entgeht es dem Verständnis der meisten Sucher.

Wenn es ihm gelingt, während seiner Meditation diesen kurzen Augenblick der Leere zwischen zwei Gedanken zu erkennen (vorausgesetzt, dass er seine Zeit nicht damit verbringt, darauf zu lauern), wird seine heikle Aufgabe darin bestehen, von nun an zu versuchen, die Dauer dieser Leere immer mehr zu verlängern und in ihr zu bleiben (indem er sich kontinuierlich überlässt und innerlich still bleibt, um nicht durch innere Kommentare in das einzugreifen, was in ihm geschieht), bis er dahin kommt, eine immense Transparenz ätherischen Seins zu spüren, die ihn erfüllt und von seinem ganzen physischen Körper Besitz ergreift. Es wird ihm so vorkommen, als ob er sich in einen geheimnisvollen SCHWEIGENDEN ZEUGEN verwandelt habe, der immer in ihm war und sein wird – ohne dass er es vorher geahnt hat.

Dieser neue Zustand, so fein, so ätherisch, so ungewohnt, in den er verwandelt worden ist, wird von einer unbeschreiblichen Empfindung unsagbarer Zärtlichkeit in seiner Brust begleitet sein, so als ob er innerlich in einer unaussprechlichen Liebe gründete. Er wird die seltsame Empfindung von jemandem haben, der durch schweigende Tränen lächelt und der, nachdem er seit Urzeiten, wie es ihm scheint, seinen Weg verloren hatte und verzweifelt in der Welt der Schmerzen herumgeirrt war, schließlich seine URSPRÜNGLICHE HEIMAT und einen Frieden jenseits aller Beschreibung wiedergefunden hat, in dem er für immer bleiben möchte.

Aber um zum Erkennen dieser Leere zwischen den aufeinanderfolgenden Gedanken und Bildern, die sich in ihm erheben und verschwinden, kommen zu können, muss er kontinuierlich auf letztere verzichten. Ohne das werden, wie gesagt, diese Gedanken und Bilder, in ihn einsickern und Besitz von seinem inneren Heim ergreifen, ihm so die Möglichkeit nehmend, diesen besonderen Raum zu erkennen, der zwischen einem Gedanken und einem anderen besteht.

✳ ✳ ✳

Um zu versuchen, dieses besondere Bewusstsein von sich und diese ungewohnte Durchsichtigkeit des Seins, in die sich ein fortgeschrittener Sucher verwandelt, wenn er in einem Zustand tiefer Meditation ist, wenigstens etwas zu erfassen, kann der Aspirant von einer wertvollen Hilfe profitieren, wenn es ihm gelingt, den sehr spezifischen Bewusstseinszustand zu erfassen, in dem er sich in den allerersten Augenblicken seines Erwachens nach einer Nacht des Schlafs befindet.

Wenn er am Morgen aufwacht, ist der erste Körperteil, dessen er sich bewusst zu werden beginnt und den er spürt – ohne es im Allgemeinen zu wissen –, der Kopf. Dann wird er sich fortschreitend seines Halses, seines Rumpfs und seiner Beine bis zu den Füßen bewusst. Bevor er aber vollständig aufwacht, befindet er sich während eines sehr kurzen Moments, in dem er weder völlig eingeschlafen noch wirklich aufgewacht ist, zwischen zwei Zuständen.

Wenn er versucht, diesen Moment, in dem er weder ganz eingeschlafen noch richtig aufgewacht ist, zu verlängern und so lange wie möglich in diesem Zustand zu bleiben, bevor er sich verflüchtigt,[1] wird dieser besondere Zustand, in dem er sich in genau diesem Moment befindet, für ihn einen sehr wertvollen Fingerzeig darstellen, um ihm zu helfen, besser zu erkennen und zu verstehen, was ihm widerfahren wird, wenn er in einer tiefen Meditation versunken ist und sich die ersten Anzeichen dieser so ätherischen und subtilen Transformation seiner körperlichen Form und seines Bewusstseins in ihm vollziehen.

Indessen, selbst wenn es ihm gelingt, diesen außergewöhnlichen Zustand während seiner Meditation zu erkennen, hat er doch zu erwarten, dass gewisse Tendenzen und Wünsche in ihm, deren Wurzeln noch nicht ihre Lebenskraft verloren haben, ihn weiter belasten und ihm die delikate Aufgabe erschweren, sich in diesem neuen Zustand der Transparenz, so unaussprechlich und bis dahin so ungewohnt für ihn, zu halten.

Damit der Aspirant die Einflüsse der Gedanken auf sein Wesen sowie die Notwendigkeit, wenigstens zu einem bestimmten Grad dahinzukommen, seinen Geist zu meistern, besser versteht, ist es wichtig, den Prozess des Verlierens und des Wiederaufnehmens des Bewusstseins in verschiedenen Momenten des menschlichen Lebens noch eingehender zu erklären. Im Augenblick seiner Geburt tritt der Kopf des Kindes, bis auf wenige Ausnahmen, zuerst aus und die Füße kommen erst später; wenn der Mensch seinen nächtlichen Schlaf beendet, kommen ihm zuerst die Empfindung und das Bewusst-

---

[1] Der Autor rät dem Sucher davon ab, das, was gerade gesagt wurde, am Abend, vor dem Einschlafen, anzuwenden, denn er weiß aus persönlicher Erfahrung, dass der Sucher riskiert, schlaflos zu werden.

sein von seinem Kopf und die von seinen Füßen kommen erst später.

Entsprechend, so wie er die Empfindung und das Bewusstsein von seinen Füßen zuerst verliert, wenn ihn der nächtliche Schlaf entführt, und die seines Kopfes erst im letzten Moment, so verliert der Mensch, wenn plötzlich die Stunde seines Todes kommt, zuerst die Empfindung und das Bewusstsein von seinen Füßen und die seines Kopfes erst im letzten Augenblick.

Da die Empfindung und das Bewusstsein von seinem Kopf in zuletzt verlassen, werden die wichtigsten Gedanken, die sein Wesen während seines Lebens dominiert haben, bewusst oder unbewusst, den Geist des Sterbenden in diesem entscheidenden Moment erfüllen und die Richtung bestimmen, die sein zukünftiges Schicksal nehmen wird.

Desgleichen, da ihn stets die Empfindung und das Bewusstsein von seinem Kopf zuletzt verlassen, bevor er in seinen nächtlichen Schlaf versinkt, ist es für jeden Aspiranten wichtig, die Art Gedanken zu beachten, die er sich in diese geheimnisvolle innere Welt mitzunehmen erlaubt, eine Welt, die nur ihm alleine gehört und mit niemandem geteilt werden kann.

Während seines nächtlichen Schlafes erreicht der Mensch Regionen seines Bewusstseins, die ihm während seines Zustandes am Tage unzugänglich sind; und manchmal findet während der Nacht eine rätselhafte Arbeit statt und schwierige Probleme, mit denen er am Vorabend mühsam gekämpft hat, sind beim Erwachen gelöst.[2]

Man sieht daher die Wichtigkeit der Gedanken, die man mit sich nimmt, nicht nur in den nächtlichen Schlaf, sondern vor

---

[2] Der Autor, der Komponist symphonischer Musik war, hat selbst wiederholt erlebt, dass er am Abend mit einem komplexen musikalischen Problem gekämpft hat und am Morgen in den ersten Momenten seines Erwachens die Lösung erhalten hat.

allem in den letzten und längsten Schlaf, den des Todes. Desgleichen muss der Aspirant aufmerksam auf die Art der Gedanken sein, die ihn in den Momenten erfüllen, die seiner Meditation vorangehen.

* * *

Es ist außerdem unentbehrlich, dass der Sucher lernt, die Gewohnheit zu kultivieren, an seine Meditationspraxis immer mit einer inneren Haltung intensiv hingabevoller Achtung und Demut heranzugehen, einer Demut, die sich auf das innige Verständnis gründet, dass er so, wie er für gewöhnlich ist, mit all dem, was seine Persönlichkeit ausmacht, nichts ist.

Ohne sich dessen bewusst zu sein, möchte der Aspirant eine spirituelle Praktik mit dem versteckten Wunsch unternehmen, der zu bleiben, der er für gewöhnlich ist, ohne auf etwas in sich zu verzichten. Er möchte seine gewöhnliche Individualität sowie sein Hängen an den Gütern und den Vergnügungen dieser Welt beibehalten und trotzdem das Recht auf eine Offenbarung erhalten, die zu einem ganz anderen Universum gehört, wo die mindeste schädliche Tendenz, die mindeste unerwünschte und noch nicht transformierte Gewohnheit nicht akzeptiert werden können und auf jeden Fall ständig die Erfüllung seines spirituellen Strebens blockieren.

Diese ehrfurchtsvolle Herangehensweise, die er während seiner Meditation kultivieren soll, muss nach und nach auch sein alltägliches Leben durchdringen und umfassen; sie soll schließlich ein integraler Teil seines täglichen Lebens werden, um ihm zu helfen, alles, was außen von ihm verlangt wird, auf eine Weise auszuführen, die mit dem, was er während seiner Meditation erreichen möchte, vereinbar ist.

Er muss lernen, diese hingabevolle Empfindung jedes Mal, wenn er sie verliert, in seinem aktiven Leben erneut wachzurufen. Wo immer er hingeht und was immer er tut, muss er nicht nur versuchen, sich in diesem Zustand innerer Ehrfurcht zu halten, sondern muss ebenfalls versuchen, unauffällig demütig zu bleiben; denn die Welt um ihn herum setzt alle Hebel in Bewegung, um ihn seine Abhängigkeit und seine Kleinheit vergessen zu lassen.

Meditation Teil 2

Hindernisse

Gerade am Anfang, wenn der Aspirant beschlossen hat, mit einer Meditationspraktik anzufangen, werden alle die unerwünschten Tendenzen und alten Gewohnheiten (die sich seit uralten Zeiten in ihm angesammelt haben und denen er früher keine Aufmerksamkeit geschenkt hat) sich aufbäumen und ein Hindernis für seine Konzentrationsversuche bilden. Genau in diesem Moment muss er an all sein Durchhaltevermögen und all seine Hartnäckigkeit appellieren, um deren Forderungen zurückzuweisen – oder auch, um deren Tricks zu durchschauen, die seine Meditationspraktik in Form spiritueller Phantastereien zu infiltrieren drohen.

Manche Anfänger könnten sogar glauben, dass sie dabei sind zu meditieren, während ihr Geist, ohne dass sie es merken, von Träumereien und Spekulationen erfüllt ist, vermischt mit dem, was sie für gewöhnlich wollen und nicht wollen – Träumereien und Spekulationen über Spiritualität, die sie für Meditation halten. Stille im Geist zu schaffen ist nicht einfach, vor allem für Aspiranten, die noch nicht die verschiedenen Arten von Gegnern kennengelernt haben, mit denen sie sich messen müssen. Und sie werden eine unerschütterliche Geduld an den Tag legen müssen, wenn sie sich auf diese geheimnisvolle Reise ins Innere ihres Wesens begeben. Selbst für einen fortgeschrittenen Adepten erfordert, konzentriert zu bleiben, ausdauerndes Bemühen und viel Wachsamkeit.

Außerdem können die verschiedenen Schwierigkeiten, denen ein Sucher in seiner Meditation begegnet, sich von einem Tag zum anderen ändern, gemäß seinem Geisteszustand, seiner Gesundheit, der Weise, in der er diesen Tag oder die Tage davor verbracht hat.

* * *

Wenn der Sucher nicht von Anfang an innerlich vorbereitet
ist, die Schwierigkeiten, die ihn auf dem Weg erwarten, zu
akzeptieren und ihnen entgegenzutreten, wird er nicht über
sich hinausgehen können, um eine echte Anstrengung zur
Konzentration zu vollbringen. Am Anfang seiner Reise in
eine Welt, die ihm bis dahin unbekannt war, kann er sich sogar täuschen und glauben, dass es ihm, weil er spirituelle Ziele
anstrebt, nicht viele Probleme bereiten wird, sich zu konzentrieren. Wenn er aber auf die ersten Hindernisse in sich stoßen
wird, kann es sein, dass er, wenn er nicht genügend motiviert
ist, dermaßen überrascht und verwirrt sein wird, dass er Gefahr laufen wird, so entmutigt zu werden, dass er seine Meditationspraxis ganz aufgeben wird. Es ist für ihn leichter, in
sich zu schlafen; dieser Wachschlaf erfordert von ihm keinerlei Bemühung. Sein Geist wird ihm folglich alle die Vorwände
und Rechtfertigungen liefern, die er sich wünscht, um ihn zu
überzeugen, dass er seine Meditationspraxis mit gutem Gewissen einstellen kann.

Wenn man wissen möchte, was der Dämon ist, muss man
nicht sehr weit gehen, um ihn zu finden und zu verstehen. Es
genügt, ins Innere seiner selbst zu schauen und seinen Geist
und seine Gedanken zu studieren, um ihn zu kennen. Der
Sucher wird nicht umhin können, in solchen Momenten festzustellen, dass ihn alle Arten von belanglosem und schädli-
chem innerem Geschwätz[3] sowie eine endlose Folge von
wertlosen, negativen oder gar zerstörerischen Gedanken erfüllen – neben den Vorwänden, die sein Verstand produziert,
um ihn von seinem Ziel abzulenken. Er kann ihm einflüstern,
dass diese spirituelle Reise zu schwierig sei oder zu vage und
zu rätselhaft, dass der Sucher gar nicht wisse, was er im Aus-
tausch für seine Bemühungen finden könne, und dass er nicht
einmal den Weg kenne, der zu diesem geheimnisvollen Ziel

---

[3] Siehe Kapitel 7 meines Buches: *Hindernisse für die Erleuchtung und die Befreiung.*

führe. Sein Verstand kann auch zu verstehen geben, dass das, was er über das Ergebnis der Meditationspraxis zu wissen glaube, letztlich nur auf seinem Glauben an das beruhe, was er gelesen oder andere Personen sagen gehört habe. Er kann ihm sogar einreden, dass es nicht notwendig oder nicht wirklich notwendig sei, sofort mit den spirituellen Übungen zu beginnen, und dass er sie auf später verschieben könne, da der Moment nicht günstig sei, um sich an ein solches Abenteuer heranzuwagen...

Aber der Sucher muss sich darüber klar werden, dass der günstige Zeitpunkt oder die passende Jahreszeit nie kommen werden; er muss sie schaffen; und es ist genau in diesem gegenwärtigen Augenblick, dass es die passende Jahreszeit oder der günstige Moment ist, um diese spirituelle Arbeit anzufangen.

Alle diese Probleme müssen vom Aspiranten vom Anfang dieses inneren Abenteuers an gesehen und verstanden werden, damit er durch eine geduldige und regelmäßige Arbeit an sich dahin kommen kann, sein weltliches Ich zu zähmen, während er versucht, zu meditieren und seine verschiedenen spirituellen Übungen im aktiven Leben zu machen.

* * *

Es ist notwendig, dass der Sucher bereit ist, sich einer anderen Schwierigkeit von erheblicher Bedeutung zu stellen, die in ihm auftauchen kann und die droht, ihn auf dem Weg anzuhalten, oder zumindest den Erfolg seiner spirituellen Entwicklung zu verzögern. Es ist die Angst: die Angst vor dem Unbekannten. Tatsächlich ist die Angst im Leben und im Menschen stets gegenwärtig. Und zusätzlich zu der Trägheit, die unaufhörlich das existentielle Leben durchdringt und die immer bereit ist, ihm den Dienst zu erweisen, ihn stecken bleiben zu lassen, kann der Aspirant, ohne es zu merken, während seiner Meditation die Angst vor dem Unbekannten in sich tragen.

Diese spezielle Angst wird daher ein ernsthaftes Hindernis
für ihn darstellen, das es zu überwinden gilt, wenn er sich
nicht bereits bei seinen ersten Schritten in eine unsichtbare
Welt in seinem Wesen (die alle seine Ressourcen und seine
ganze Intelligenz erfordert) auf die unerwarteten Eventualitä-
ten vorbereitet – wie es ein Soldat vor der Schlacht macht –,
um, so weit möglich, nicht von einem unvermuteten Gegner
überrumpelt zu werden. Darum muss der Kampf, um zu lernen, im aktiven Leben intensiv gegenwärtig und bewusst zu
bleiben, eine wesentliche Ergänzung zur Meditationspraktik
des Suchers sein. Er muss Hand in Hand mit allen seinen
anderen spirituellen Übungen gehen. Denn dieser Kampf
wird ihn lehren, dass gerade die Angst oft die Hürde ist, die
ihn hindert, seiner selbst auf eine ganz besondere Weise in-
mitten der Bewegung, der Unruhe und der Unsicherheit der
existentiellen Welt gegenwärtig und seiner selbst bewusst zu
bleiben – die Angst vor dem Leben und vor anderem. Und
sie ist (unter anderen) einer der wichtigen Gründe, warum der
Mensch nicht weiß, wie er lieben kann, oder warum er unfähig ist zu lieben.

Diese Angst ist ein seltsames Phänomen in ihm: Es ist, als ob
er, ohne es zu merken, glaubte, dass ihn alle die Gefahren
und die Probleme des äußeren Lebens, die ihn umgeben,
durch das Unbewusst-Bleiben seiner selbst nicht erreichen
können. Ohne es zu wissen, nimmt er die Haltung des Strau-
ßes an, der seinen Kopf in den Sand steckt, sobald er sich in
Gefahr glaubt, wobei er denkt, dass, wenn er seinen Feind
nicht sieht, Letzterer ihn auch nicht mehr sehen wird.

Eine Angst dieser Art hindert den Aspiranten, in einem Zustand innerer Wachheit und Bewusstheit seiner selbst zu bleiben, der von höchster Bedeutung für ihn ist, um wirklich
sehen zu können, was seine Augen betrachten, und wirklich
hören zu können, was seine Ohren vernehmen. In Wirklichkeit lebt der Mensch, so wie er für gewöhnlich ist, nur sehr
partiell; er nimmt nur einen infinitesimalen Teil dessen wahr,

was die Gelegenheit, lebendig zu sein, ihm bietet. Und da er nicht wirklich lebt, ist er sozusagen ein lebender Toter.

Erst wenn der Sucher beginnt, innerlich zu erwachen und sich seiner selbst auf eine Weise bewusst zu werden, die für ihn nicht üblich ist, kann er die ersten Schritte auf dem Weg der Rückkehr zu seiner GÖTTLICHEN QUELLE machen und gleichzeitig lernen, voller zu leben.

* * *

Aufgrund all der verstohlenen Suggestionen, die von allen Seiten in seinen Geist einströmen und ihm hinterhältig einflüstern, dass sich sein Glück außen, im Sichtbaren, befinde – im Vergnügen, im Essen, in Ablenkungen, in der Macht, in Reichtümern, im Komfort und so weiter –, sucht der Mensch keinen Augenblick lang, das Geheimnis seiner URSPRÜNGLICHEN QUELLE, der GÖTTLICHEN QUELLE, die ihm das Geschenk des Lebens gewährt hat, zu enthüllen. Vom Sichtbaren verführt, heftet er sich an das, was seine Sinne wahrnehmen. Er vergisst daher, dass er, wenn plötzlich die Stunde kommen wird, diese Welt zu verlassen, mit keinem anderen Gepäck gehen wird als mit dem, was er auf dieser kurzen Durchreise auf dieser Erde aus sich gemacht haben wird. In diesem schicksalhaften Augenblick, wenn er gezwungen sein wird, diese schwindelerregende Reise ins Innere seiner selbst anzutreten, wird er sich hilflos finden; er wird keine Vorbereitungen für diese monumentale Stunde getroffen haben, die ihn bereits seit dem Augenblick erwartet, da er seinen ersten Lebensatem eingesogen hat.

Für den Menschen ist es der Gipfel aller Paradoxe zu akzeptieren, dass das einzige und alleinige Ziel, für das er sich in der existentiellen Welt inkarniert hat, ist, sterben zu lernen – in Wirklichkeit aber, sterben zu lernen, um das WAHRE LEBEN in sich zu finden. Es ist nötig, dass sich der Sucher jeden Tag daran erinnert, dass unerbittlich die Stunde kommen wird, wo sein Körper ihn verlassen wird, und dass ihn dann die Welt sowie das ganze Universum ebenfalls verlassen werden; in diesem entscheidenden Augenblick, mit was wird er sich wiederfinden?

Tatsächlich, und vielleicht weiß er das anfangs nicht, hat die Meditation (oder jede andere spirituelle Übung – wenn sie authentisch ist) kein anderes Ziel, als ihm zu helfen, die GÖTTLICHE NATUR in sich zu entdecken und ihn auf die Stunde seines körperlichen Todes vorzubereiten – der, ohne dass es ihm vorher bewusst wird, eine Einweihung von größter Bedeutung in das dunkle Geheimnis des Lebens und des Kosmos ist.

* * *

Ein anderes Hindernis, das auf dem Weg des Suchers auftreten kann, ist, zu glauben, dass er, weil er sich zu bestimmten Zeiten in Frieden und in Harmonie mit seiner Umgebung fühlt, gerade eine echte spirituelle Erfahrung macht. Daher sagen manche Aspiranten, sie hätten eine Zeit lang auf einem Berg, in einem Wald oder an einem Meeresstrand verbracht und hätten im Kontakt mit der Natur eine außergewöhnliche spirituelle Glückseligkeit erlebt. Sie müssen, was ein so delikates Gebiet angeht, Vorsicht zeigen und sich fragen, ob das, was sie erfahren haben, wirklich eine authentische spirituelle Erfahrung war oder ob es nicht vielmehr das Ergebnis angenehmer äußerer Bedingungen war, die sie für spirituelle Glückseligkeit gehalten haben. Denn es ist unter bestimmten Umständen möglich, dass jemand ein großes animalisches Wohlbefinden erlebt, wie zum Beispiel das einer Katze oder eines Hundes, und dies für spirituelle Glückseligkeit hält. Aber diese angenehmen Bedingungen werden auf jeden Fall eines Tages verschwinden, wenn für diese Person die Stunde kommt, der phänomenalen Welt Adieu zu sagen. Was wird mit ihr in dem Zustand geschehen, in dem sie sich nach ihrem körperlichen Tod finden wird, wenn es keine Berge, keine Wälder und keine Strände mehr geben wird, von denen sie abhing, um diese Empfindungen des Wohlbefindens zu haben?

Der Sucher muss verstehen, dass er schon zu Lebzeiten riskiert, die günstigen Bedingungen zu verlieren, die ihm erlaubt haben, in besonderen Momenten dieses Wohlbefinden zu erfahren – vor allem, wenn die Menschen darauf beharren, die Natur ohne Mitgefühl zu behandeln. Wenn diese Bedingungen verschwinden, worauf könnte sich der Aspirant stützen, um diese erhabenen Empfindungen wiederzufinden? Aus diesem Grund ist es unabdingbar für ihn, dass er in sich selbst die wahre Glückseligkeit findet, die weder von der phänomenalen Welt noch von physischem Wohlbefinden abhängt. Das bedeutet keinesfalls, dass der Sucher nicht von äußeren Bedingungen, die für das Wohlbefinden seines Körpers und seines Geistes vorteilhaft sind, profitieren darf, wenn sie sich ihm anbieten – solange er eine klare Unterscheidung macht zwischen dem Sich-tragen-Lassen von einer angenehmen äußeren Umgebung und dem Vollbringen echter spiritueller Anstrengungen, die alleine ihm erlauben werden, diese außergewöhnliche Glückseligkeit zu erreichen und sie dauerhaft in ihm zu machen.

Er muss stets daran denken, dass alles, was von den Sinnesorganen empfangen und wahrgenommen worden ist, unweigerlich prekär und unbeständig ist – so wie die Sinnesorgane selbst – und dass es der unerbittliche Gott der Unbeständigkeit ist, der den Thron der existentiellen Welt innehat und regiert.

✳ ✳ ✳

Es ist unerlässlich für einen aufrichtigen Aspiranten, aus seinem tiefsten Inneren zu verstehen, dass es, wenn er dahin kommen will, das ERHABENE in sich kennenzulernen, in seinem Geist unter keinen Umständen eine Unterscheidung zwischen seiner Meditationspraktik, die in der Ruhe seines Zimmers ausgeführt wird, und seinen Tätigkeiten im äußeren Leben geben darf. Die Weise, wie er sich im alltäglichen Leben verhält und wie er mit seinen Mitmenschen umgeht, muss nicht nur mit seinem höchsten spirituellen Streben vereinbar sein, sondern sie muss auch die Antriebskraft für alle seine spirituellen Übungen im aktiven Leben sein. Aus diesem Grund muss er unaufhörlich darum kämpfen, diesen Zustand der Wachheit und diese ungewohnte Weise, sich seiner selbst bewusst zu sein, bei allem, was er in der Außenwelt tut, zu festigen – sei es beim Schauen, Hören, Gehen, Essen, sich Ankleiden etc.

Um dieses innere Erwachen und diesen besonderen Bewusstseinszustand in sich zu verstärken und zu verfestigen, mag es eine enorme Hilfe für ihn sein wenn er lernt, bei allem, was er äußerlich tut, zu verlangsamen (und sei es nur sehr wenig). Anfangs kann es nicht ausbleiben, dass er Schwierigkeiten bekommt, denn dieses Verlangsamen beinhaltet, gegen die Bewegung des existentiellen Lebens anzugehen. Jedoch muss er selbst ein Mittel finden, damit ihm dieses delikate und schwierige Vorgehen gelingt, und zwar unauffällig und ohne anderen Leuten Probleme zu verursachen. Tatsächlich wird die Weise, wie der Aspirant den Tag verbringt, eine erhebliche Wirkung auf seine Meditation haben, zum Besseren oder zum Schlechteren.

Was man im gegenwärtigen Moment in sich selbst ist, kann nur das Resultat der Weise sein, in der man den vorherigen Augenblick gelebt hat, und, aufgrund eines unerbittlichen Gesetzes, gegen das niemand argumentieren kann, wird die Weise, in der dieser Tag gelebt worden sein wird, das bestimmen, was man morgen, in der folgenden Woche oder in einer unbestimmten Woche werden wird. Man kann der Verantwortung dessen, was man ist und was man werden wird, nicht entgehen.

Meditation Teil 3

Entsagung

Bevor man über die Meditation selbst und über die verschiedenen Mittel spricht, die man – besonders am Anfang – als Stütze braucht, um konzentriert bleiben zu können, muss ein anderes wichtiges Problem angesprochen werden: das der Trägheit und der Faulheit.

Der Anfänger muss wissen, dass es für ihn unerlässlich ist, jeden Tag mit unveränderlicher Regelmäßigkeit zu meditieren, wenn er dahin kommen möchte, seinen rebellischen Geist zu zähmen und den HÖHEREN ASPEKT seiner Doppelnatur, seinen HIMMLISCHEN ASPEKT, zu erreichen. Er mag sich am Anfang für völlig motiviert halten und bereit, sich seiner spirituellen Praxis hinzugeben. Er mag sogar denken, dass er wirklich überzeugt und sehr entschlossen ist, sich ihr zu widmen; aber trotz dieser Überzeugung, auf die er sich zu stützen gedenkt, ist es so, als ob jemand in ihm versteckt sei, ein anderes Ich, das ihm insgeheim sagte: „Ja, aber nicht sofort!"

Warum nicht sofort? Weil eine Vielzahl von kleinen „Zuerst" verlangen, vorher erledigt zu werden. Wenn er diesen unzähligen kleinen „Zuerst" nachgibt, die unaufhörlich ihre Befriedigung verlangen werden, wird er sich niemals an eine regelmäßige Meditation machen; und selbst wenn er es machen wird, wird das vielleicht mit einem geteilten Geist geschehen – was ihn nirgendwohin bringen wird. Es ist unabdingbar, dass der Aspirant lernt zu gehorchen, wenn die Stunde der Meditation kommt. Er muss sich immer daran erinnern, dass, je mehr man sich selbst gehorcht, desto mehr wird man sich gehorchen können, und je weniger man sich gehorcht, desto weniger wird man sich gehorchen können. Außerdem, je mehr man macht, desto mehr wird man machen können, und

je weniger man macht, desto weniger wird man machen können.

Er darf sich unter keinen Umständen von diesen unzähligen
kleinen „Zuerst" mitreißen lassen oder die Meditation, die im
selben Augenblick ausgeführt werden sollte, auf später oder
auf morgen verschieben. Wenn er den Forderungen dieser
kleinen „Zuerst" nachgibt, wird der Sucher auch am nächsten
Tag nicht meditieren, weil er mit Schrecken entdecken wird,
dass ihn die gleichen Beschäftigungen morgen, übermorgen
und am folgenden Tag an der Meditation hindern werden.

Vielleicht verbergen sich, verschleiert durch alle diese kleinen
„Zuerst", im Hintergrund Faulheit und Trägheit. Es gibt ein
sehr seltsames Phänomen im Menschen: Sobald es um Meditation geht, findet er immer einen Vorwand und sogar die
nötige Energie, etwas anderes zu tun; aber es gelingt ihm
nicht, genügend Kraft zu sammeln, um sich zu zwingen, sich
zum Meditieren hinzusetzen – vor allem, wenn er vorher
schon versucht hat zu meditieren und große Schwierigkeiten
erfahren hat, seinen rebellischen Geist zu kontrollieren.

Er muss verstehen, dass, wenn er sich nicht hinsetzen möchte, um die Anstrengung zu machen, seinen Geist zu zähmen,
und wenn er es vorzieht, sich eher im äußeren Leben zu betä-
tigen als sich zu zwingen zu meditieren, das daher kommt,
weil ein echter Kampf, um sich zu konzentrieren, ihn vor die
imperative Notwendigkeit des Loslassens und des Verzichts
stellt. Die Meditation beinhaltet tatsächlich einen kontinuierlichen Verzicht – den ständigen Verzicht auf alles, was ihm in
den Sinn kommt. Er muss unaufhörlich jedem Gedanken, der
in ihm entsteht, entsagen, um beginnen zu können, sich mit
seinem ganzen Selbst dieser äußerst wichtigen Suche zu widmen. Seinen Gedanken und seiner Imagination (sowie allem,
was er für gewöhnlich möchte und nicht möchte) zu entsagen, stellt eine Art geistiges Fasten dar, das jetzt für ihn beginnen muss. Und das ist es, was für sein gewöhnliches Ich
unakzeptabel ist.

Ohne dieses Loslassen oder Verzichten wird der Sucher jedes Mal, wenn er meditiert, einen Misserfolg erleben. Und wenn er erst einmal den Misserfolg geschmeckt hat, wird er Gefahr laufen, jede Meditation unbewusst in einem mehr und mehr pessimistischen Geisteszustand zu beginnen. Er wird sich dann vor einer großen Herausforderung sehen: Der Herausforderung der Aufgabe seiner selbst und all dessen, was er in der Vergangenheit an angenehmen und unangenehmen Erfahrungen, an Freuden und Schmerzen, an Erfolgen und Misserfolgen etc. gekannt hat.

Wenn ein Aspirant dahin kommen möchte, über sein „kleines Ich" hinauszugehen und die verschiedenen Hindernisse, die ihm den Weg zu seiner HIMMLISCHEN IDENTITÄT versperren, zu überschreiten – seien es äußere oder innere Hindernisse (wie ungünstige Tendenzen) – muss er mit seinem ganzen Selbst verstehen, dass es von größter Bedeutung für ihn ist, eine ganz besondere Wahrheit des Seins zu kultivieren und ein leidenschaftliches Wesen zu werden (wie bestimmte sehr große Komponisten und Maler), ein extremes Wesen – leidenschaftlich und extrem im wahrsten Sinne dieser Worte.

Jedes Mal, wenn er sich hinsetzt, um zu meditieren, muss er das Gefühl in sich wachrufen und festhalten, bereit zu sein, in alle Ewigkeit sitzen zu bleiben, um sich zu konzentrieren. Er kommt nicht darum herum, den Preis zu bezahlen, um das Recht zu erhalten, in ein HEILIGES TERRITORIUM in sich einzutreten und sich mit seinem HIMMLISCHEN URSPRUNG zu vereinen.

* * *

Jetzt ist es notwendig, die Stützen für die Meditation im Einzelnen ins Auge zu fassen. Was die Sitzhaltung betrifft, wenn er nicht in der Lotusstellung sitzen kann (das heißt, mit dem linken Fuß auf dem rechten Oberschenkel und mit dem rechten Fuß auf dem linken Oberschenkel), muss der Aspirant eine Stellung einnehmen, die für ihn bequemer ist, unter der Voraussetzung, dass sein Rücken stets ganz gerade ist (was ihm helfen wird, Schläfrigkeit zu vermeiden) und dass sein Kopf in der Jalandhara-Haltung ist (das heißt, mit leicht zurückgezogenem Kinn und nach oben gedehntem Nacken).

Es ist wichtig, drei oder wenigstens zwei Stützen gleichzeitig zu verwenden, um sich zu konzentrieren. So wird dem Aspiranten, wenn seine Aufmerksamkeit nachlässt und er seine Konzentration auf eine der Stützen verliert, immer noch die zweite (oder dritte) bleiben, um ihn an sich selbst zu erinnern.

An erster Stelle nimmt man einen besonderen Ton als Stütze, in Indien Nada genannt, den man im Inneren der Ohren hören kann. Er ähnelt dem Rauschen des Windes oder des Ozeans, mit einem kristallinen Klang, dem sich unendlich subtile und kontinuierliche Ultratöne beimischen.[4] Man stützt sich außerdem auf die Atmung, indem man die Aufmerksamkeit während der Einatmung und während der Ausatmung auf die Bewegung des Bauchs fixiert, der äußerst entspannt bleiben soll. Und schließlich bewahrt man kontinuierlich eine globale körperliche Empfindung. Man muss sich auf diese drei Stützen gleichzeitig konzentrieren, wenn man seine üblichen belanglosen Gedanken und Vorstellungen fernhalten will.

Alle diese Krücken werden an dem Tag in den Hintergrund geschoben werden, an dem der Aspirant DEN HÖHEREN ASPEKT seiner Doppelnatur erkannt haben wird, dem er von da an stets seine Aufmerksamkeit geben und dem er sich überlassen müssen wird. Er wird erst wieder zu diesen Stützen zurückkehren, wenn er die Notwendigkeit verspüren wird.

Die Atmung ist in drei Abschnitte unterteilt: Die Einatmung, die Ausatmung und eine Pause nach jeder Ausatmung. Man muss sehr aufmerksam sein, um die Pause nach der Ausatmung nicht zu blockieren (wozu man eine Neigung haben

---

[4] Siehe die fünf Kapitel über den Nada in meinem Buch *Der Weg der inneren Wachsamkeit* und Kapitel 3 in meinem Buch *Inneres Erwachen und Praxis des Nada-Yoga.*

könnte), sondern man muss sie sozusagen „fließend" lassen, um zu vermeiden, dass im Bauch Verkrampfungen entstehen, die schließlich eine Atemlosigkeit hervorrufen.

Während der ganzen Zeit, in der der Sucher zu meditieren versucht, muss er darauf achten, während der Pause nach der Ausatmung nicht in den Zustand einer subtilen Betäubung zu fallen, weil er sonst am Ende einschlummern würde.

Wenn er aufmerksam genug ist, wird er bemerken, dass es während der Einatmung ist, dass der Geist wieder in Bewegung kommt. Der Sucher muss von dieser kurzen Beruhigungsphase seines Geistes in der Pause, die nach der Ausatmung folgt, profitieren, damit er bei der nächsten Einatmung nicht wieder seine Bewegung der Rastlosigkeit aufnimmt. So wird er die Dauer dieser Beruhigungsphase in jeder Pause nach der Ausatmung verlängern können, bis er in eine tiefe innere Stille kommt.

In dieser ungewohnten Stille seines Geistes wird er den Nada geheimnisvoll im Inneren seiner Ohren als den unsagbaren Gesang des Universums vibrieren hören. Zur gleichen Zeit wird er anfangen, eine seltsame Transparenz des Seins zu erleben – eine äußerst subtile Transparenz des Seins, die von größter Bedeutung ist, um ihm zu helfen, seine URSPRÜNGLICHE QUELLE wiederzuerkennen und sich schließlich mit IHR zu vereinen.

Von diesem entscheidenden Moment an – der wie eine Neugeburt sein wird – wird er seinen unausweichlichen physischen Tod nicht mehr im gleichen Gemütszustand noch mit der gleichen Furcht wie in der Vergangenheit betrachten können.

* * *

Es ist nötig, die Meditierenden, vor allem diejenigen, die sich auf diese geheimnisvolle Reise gewagt haben – eine rätselhafte, ungewohnte und unsichtbare Reise ins Innere ihres Wesens –, davor zu warnen, während der Dauer ihrer Meditation (bewusst oder unbewusst) nach etwas zu suchen; sie müssen lernen, nichts zu erwarten, nichts zu wünschen, sich nichts vorzustellen, nichts zu projizieren, wenn sie sich auf dem Weg nicht verirren wollen oder gar durch ihre Vorstellungskraft spirituelle Pseudoerfahrungen und Phänomene in sich erzeugen wollen, die sie hinterher in einem psychischen Gefängnis einschließen würden, aus dem sie vielleicht nicht wieder herauskämen. Die Anstrengung selbst, sich zu konzentrieren, muss zu ihrem einzigen Vergnügen werden. So werden sie vermeiden, in die Weise einzugreifen, in der ihr HÖHERES WESEN seine MAJESTÄTISCHE GEGENWART zu offenbaren sucht. Das wird sich ganz natürlich vollziehen, wenn eine genügende Transformation ihrer unerwünschten Tendenzen und Gewohnheiten in ihnen stattgefunden haben wird und wenn ihre Stufe des Seins und ihr Intelligenzniveau höher geworden sein werden.

Seit Urzeiten hat sich im Menschen die Gewohnheit verwurzelt, für das, was er im äußeren Leben vollbracht hat, immer etwas zurückzuerwarten. Er arbeitet einen Tag, zwei Tage, eine Woche, einen Monat, wonach er erwartet, dass ihm seine Belohnung ausgehändigt wird: sein Gehalt. Und leider kann er nicht anders, als diese Tendenz auf seine spirituelle Praxis zu übertragen. Ein Sucher arbeitet fleißig einen Monat lang an seiner Meditation; dann hebt er plötzlich ungehalten sein Haupt gen Himmel und ruft: „Nun, HERR, und DEINE GNADE? Auf was wartest DU, um mir DEINE GNADE, SATORI, die Erleuchtung zu gewähren?"

Es scheint der Gipfel des Paradoxes zu sein, von einem Sucher zu verlangen, alle diese Anstrengungen der Konzentration zu machen, ohne eine Gegenleistung zu erwarten. Indessen, wenn er es nur erkennen würde, es kann für den Aspiranten kein größeres Glück geben, als sich hinzugeben[5], ohne eine andere Belohnung zu erwarten als die Freude, das zu tun.

Je aufrichtiger der Sucher sein wird, desto mehr wird er in der Lage sein, sich zu geben, ohne etwas dafür zu verlangen. Und, um dieses Geben seiner selbst zu erleichtern, muss einmal mehr die Notwendigkeit betont werden, dahin zu kommen, in sich keinen anderen Wunsch zu haben als den, stets von neuem anfangen zu wollen, die Bemühung zu machen, sich zu konzentrieren, und zwar aus der Freude heraus, das zu machen, und aus keinem anderen Grund. Auf diese Weise wird die Meditation des Suchers immer leichter und subtiler werden, bis sich in ihm die ersten Zeichen manifestieren werden, die ihn spüren lassen werden, dass sich seine körperliche Form geheimnisvoll in diese rätselhafte und unbeschreibliche TRANSPARENZ des SEINS verwandelt hat, die vorher beschrieben worden ist.

---

[5] Siehe Kapitel 9 meines Buches *Inneres Erwachen und Praxis des Nada-Yoga.*

Meditation Teil 4

Weniger werden, um mehr zu SEIN

Es kann im gesamten Universum für einen Menschen nichts Wichtigeres geben, als die Suche nach sich selbst – die Suche nach seiner WIRKLICHEN IDENTITÄT. Seine GÖTTLICHE ESSENZ ist in der Ewigkeit; wenn sie aber einmal in Zeit und Raum Form angenommen hat, hat er sie vergessen.

Jede spirituelle Praxis zielt darauf ab, den Sucher an sich selbst zu erinnern. Sie sucht, ihn aus diesem seltsamen Wachschlaf zu wecken, in den er sich getaucht sieht, um ihn zum LICHT seines GÖTTLICHEN SEINS zu führen.

Der Mensch, so wie er für gewöhnlich ist, macht nichts anderes, als zu träumen, was er zu sein glaubt. Aber seine GÖTTLICHE ESSENZ bleibt für immer unverändert, vor, während und nach dem Traum. Dieser subtile innere Akt der Rückkehr zu sich selbst muss vom Aspiranten immer besser verstanden werden, denn davon hängt sein Erwachen ab. Und diese Rückkehr zu sich selbst kann paradoxerweise weder verstanden noch verwirklicht werden, wenn er nicht anfängt, ein bisschen aufzuwachen. Aber, um aufzuwachen, muss er verzichten; und der Mensch fürchtet diesen Verzicht, weil er Angst vor der Vorstellung hat, sich nicht länger wiederzuerkennen.

Für gewöhnlich streben die Leute, sich immer mehr materielle Güter anzueignen und immer höhere prestigevolle Posten einzunehmen, um sie dem zuzufügen, der sie sind, wobei sie denken, dass sie auf diese Weise selbst „mehr" werden. Und, ohne sich dessen bewusst zu sein, kann der Aspirant am Anfang seines Engagements auf einem spirituellen Weg (oder noch lange danach) nicht anders, als diese Einstellung in seine

Meditationspraktik mitzunehmen, die, im Gegenteil, von ihm eine totale Aufgabe seiner selbst und all dessen, was er für gewöhnlich wünscht und nicht wünscht, verlangt – darin inbegriffen seine Träume von einem irdischen Glück, welches, wie jede sichtbare Sache, dem unerbittlichen Gesetz der Unbeständigkeit unterworfen ist und früher oder später verschwinden wird.

Die spirituellen Übungen und die Meditation, die der Aspirant durchführt, sind sicher keine Mittel, um ihm zu helfen, irgendetwas zu erwerben oder dem hinzuzufügen, der er normalerweise ist – was die giftigen Wurzeln seiner üblichen Identität noch mehr verstärken würde –, sondern sie haben im Gegenteil zum Ziel, ihn zu zwingen, die zahllosen Schichten seines kleinen „Ich" zu entfernen, die das LICHT seiner GÖTTLICHEN ESSENZ überziehen und es vor ihm verbergen.

Es fällt dem Sucher anfangs schwer zu verstehen, dass, je mehr sein gewöhnliches Ich wächst, sich sein WAHRES ICH desto mehr verringert, und je mehr sein gewöhnliches Ich schrumpft, sich sein WAHRES ICH desto mehr vergrößert und sein LICHT ringsherum verbreitet.

Der Mensch hängt ihm Allgemeinen viel zu sehr an „seiner Wahrheit"; und angesichts seiner Konditionierung wird alles, was nicht „seiner Wahrheit" entspricht, zurückgewiesen – meistens ohne den geringsten Versuch der Reflexion. So verbringt er sein Dasein, blind damit beschäftigt, „seine kleine Wahrheit" zu verteidigen; und alles, was sie bedroht, stört ihn und macht ihn sogar aggressiv.

Wenn der Welt eine spirituelle Wahrheit gebracht wird, wird sie praktisch nie von Anfang an verstanden; denn angesichts der Stufe seines Bewusstseins, seines Wesens und seiner Intelligenz hat der Mensch, so wie er für gewöhnlich ist, nichts in sich, was hoch genug ist, um ihn das, was ihm diese spirituelle Wahrheit zu vermitteln sucht, erkennen und aufnehmen zu lassen. Und aufgrund der Anhänglichkeit, die er für die materiellen Güter und die Freuden der äußeren Welt hegt, möchte er nicht die geringste Anstrengung machen, um seine Interessen im Leben infrage zu stellen, aus Angst, gezwungen zu werden, auf sie zu verzichten. Er bleibt daher dramatisch in „seiner kleinen Wahrheit" und in seinem kleinen illusorischen Universum gefangen.

* * *

Beim Hören der Ausdrücke „ungewohnte innere Gegenwärtigkeit" oder „ungewohnte Bewusstheit seiner selbst" – Schlüsselworte von höchster Bedeutung für jede spirituelle Praktik –, glaubt man, ihre Bedeutung verstanden zu haben. Man erkennt jedoch nicht, dass, diese Worte gehört und in den Schubfächern seines Geistes gespeichert zu haben, keineswegs bedeutet, ihre wirkliche Bedeutung tatsächlich verstanden zu haben.

Menschen sind stets überzeugt, dass sie, weil sie die Worte, die sie aussprechen hören, mit ihrem Intellekt kennen, diese sicher auch verstehen. Und das ist, ohne dass sie sich dessen bewusst sind, eine der Hauptursachen, warum sie diese fast nie in die Praxis umsetzen. Sie haben den Eindruck, dass es ihnen genügt, sich ein intellektuelles Wissen von dem angeeignet zu haben, was man ihnen gesagt hat. Sie (vor allem Abendländer) merken nicht, dass, eine Sache mental zu kennen und das, was sie intellektuell kennen, zu verstehen, zwei verschiedene Sachen sind, so weit von einander entfernt und so entgegengesetzt, wie Tag und Nacht.

So bleibt für einen Großteil der Aspiranten das, was sie über eine spirituelle Praxis sagen hören, ohne dass sie sich darüber klar werden, nur leere Worte. Man sollte sich stets fragen: „Verstehe ich denn wirklich, was ich mit meinem Intellekt weiß? Und was mache ich in dem Fall daraus?"

* * *

Durch die konstante Praxis der Meditation sowie durch verschiedene spirituelle Übungen, die in der Bewegung des aktiven Lebens ausgeführt werden, kann der Sucher dahin kommen, sich von sich selbst zu lösen und auf seinen gewöhnlichen Willen zu verzichten, um sich einem anderen Willen in sich zu unterwerfen – einem höheren Willen, durch welchen er der Zeuge dessen sein kann, was ihm im Leben begegnet, ohne sich damit zu identifizieren. Und der Zeuge all dessen zu sein, was ihm widerfährt, und all dessen, was er sieht und hört, ohne darin verwickelt zu sein, stellt den Anfang der Loslösung und auch den Beginn der Befreiung dar.

Außerdem beinhaltet schon der Akt an sich, alles wie einen Traum zu sehen, unweigerlich, sich außerhalb des Traums zu befinden. Und die Bemühung, außerhalb des Traums zu bleiben, ist in der Tat der unsichtbare Schlüssel, der einem motivierten Sucher das Portal zum GROSSEN ERWACHEN und zum GÖTTLICHEN LICHT seines inneren Wesens öffnen kann. Aber gleichzeitig verlangt dieses Erwachen unausweichlich von ihm, dass er akzeptiert, im Gegenzug zu sich selbst zu sterben, das heißt, dem zu sterben, der er für gewöhnlich ist, mit all seinen unvernünftigen Wünschen, seinem ehrgeizigen Streben, seinem Haften an verschiedenen Dingen, seinen Glaubensansichten und sogar seinen Ängsten. Daher haben alle die verschiedenen Übungen der Konzentration und der Meditation, die der Aspirant durchführt, in Wirklichkeit kein anderes Ziel, als ihn zu lehren, diese kleinen, wiederholten Tode seiner selbst zu akzeptieren – um ihn auf den großen Tod vorzubereiten, der ihn am Ende seiner Wanderungen auf dieser Erde erwartet. Die Praxis der Konzentration und der Meditation erweist sich als eine Art lange Einweihung, die notwendig ist, um ihn vorzubereiten, sich dem entscheidenden Ereignis seines physischen Todes zu stellen, und sie ist außerdem das unerlässliche Mittel, um ihm zu helfen, zu Lebzeiten den formlosen Zustand seines Ursprungs zu erkennen, in den er unvermeidlich wieder absorbiert werden wird, wenn er seiner körperlichen Hülle entkleidet sein wird.

∗ ∗ ∗

Wenn ein Sucher in seiner Praktik eine tiefe Motivation erreicht und während seiner Meditation sehr hohe Bewusst-
seinszustände berührt, wird er mit schmerzlichem Empfinden
feststellen, dass er, wenn er aus seiner Meditation herauskommt, noch für lange Zeit nicht vermeiden kann, in das
zurückzufallen, was er für gewöhnlich ist, und sich erneut in
seinem gewöhnlichen Zustand des Seins und des Empfindens
seiner selbst zu finden. Er wird sich als den wiederfinden, der
er gewohnheitsmäßig ist, mit einem Blick, der wieder einmal
auf die Außenwelt gerichtet ist, fasziniert von dem, was ihm
das Sichtbare bietet. Die Schwerkraft in ihm ist noch zu stark,
als dass er diesem Abstieg widerstehen könnte.

Außerdem wird er bemerken, dass er die höheren Zustände,
die er während seiner Meditation berühren durfte und in denen er sich, ohne es vielleicht zu merken, sogar unter vertrau-
ten Bedingungen, in sich und außerhalb seiner selbst, wiederfinden kann, mit der Zeit mehr oder weniger vergessen wird
– es hängt ganz von seinem Eifer und seiner Stufe des Bewusstseins ab. Er wird sich wieder mit den Vergnügungen,
die ihm das existentielle Leben durch Geschmack, Sehen,
Hören, sexuelle Anziehung und alle Arten von angenehmen
Zerstreuungen bietet, abfinden und damit zufrieden sein.

Der innigste Wunsch eines Aspiranten muss sein, die Weg-
mitte zwischen den beiden Welten in sich zu überschreiten,
um von diesem Moment an, obwohl er noch gezwungen ist,
bis zum Ablauf der Zeit, die ihm bewilligt worden ist, in der
physischen Welt zu leben, seinen Blick mehr und mehr auf
das Innere seiner selbst und immer weniger auf das Äußere
gerichtet zu halten.[6]

Er soll sich leidenschaftlich danach sehnen, sich nie wieder zu
wünschen, sich in dieser Welt wiederzufinden, noch sich als
den wiederzufinden, als den er sich gekannt hat, mit seinem
üblichen Zustand des Seins und seiner gewohnten Empfin-

---

[6] Siehe das Kapitel „Introversion und Extraversion" meines Buches *Inneres
Erwachen und Praxis des Nada-Yoga*.

dung von sich selbst. Er muss zu dem Punkt kommen, wo einzig die INNERE WELT Priorität hat und seine Aufmerksamkeit und seinen Geist anzieht – trotz der Tatsache, dass er sich noch in der physischen Welt befindet.

Hinter all den Kümmernissen des existentiellen Lebens, hinter allen seinen Sorgen, seinen unaufhörlichen Bewegungen und Veränderungen und seinen moralischen und physischen Leiden existiert eine UNVERÄNDERLICHE REALITÄT. Diese Realität zu kennen, bevor sich die Nebel des Todes auf ihn herabsenken und seinem Leben ein Ende setzen, stellt den kostbarsten Schatz dar, den ein Mensch je finden kann. Ein einziger, von dieser REALITÄT erfüllter Augenblick, ein einziger, in dieser REALITÄT gelebter Moment, eine einzige Sekunde, in der das Bewusstsein des Suchers auch nur den Saum dieser REALITÄT berührt hat, ist mehr wert als alle Freuden und Reichtümer dieser Welt, tausendfach multipliziert – selbst wenn diese Freuden und diese Reichtümer eine Ewigkeit dauern könnten!

Gewohnheit Teil 1

Zyklische Wiederkehr

Sobald sich etwas in Zeit und Raum manifestiert, erzeugt die Kraft, die diese Manifestation in Bewegung gesetzt hat, eine Gewohnheit, die später zu einer unkontrollierbaren Tendenz wird, dieselbe Manifestation ewig wiederholen zu wollen – es sei denn, ein unerwartetes Ereignis taucht plötzlich auf, um diesen Lauf zu unterbrechen und ihr einen neuen Impuls zu geben, sie zwingend, eine andere Richtung einzuschlagen.

Auf der Ebene des Kosmos laufen die gleichen Phänomene zyklischer Wiederholungen auf unbestimmte Zeit ab. Hat sich ein Planet erst einmal im Umkreis eines Sterns gebildet, kann er von da an nicht anders, als sich pausenlos im Raum um diesen Stern zu drehen, wobei er die gleiche kreisförmige Bahn während einer praktisch unbegrenzten Zeitdauer wiederholt.

Und in einem viel kleineren Rahmen läuft auf der Erde der gleiche Prozess ab. Die verschiedenen Pflanzen und Lebewesen, die sie bewohnen, auch sie sind dem gleichen Gesetz der zyklischen Wiederholung unterworfen, welches sie aufgrund einer stark verwurzelten Gewohnheit zwingt, die gleiche Handlung von neuem ausführen zu wollen, die vor undenklichen Zeiten begonnen worden ist: der zwingende Akt, fortbestehen zu wollen, jeder auf die Weise, die ihm eigen ist.

Auch der Mensch ist, trotz seiner Fähigkeit zur Reflexion – sofern er sich die Mühe macht – derselben unsichtbaren Kraft der Gewohnheit und der Wiederholung unterworfen. Wenn es einem Aspiranten, der sich bereits auf einem spirituellen Weg befindet, nach einer langen Praxis gelingt, seiner selbst auf eine Weise bewusst zu sein, die ihm ungewohnt ist,

wird er ein bestimmtes seltsames Phänomen in sich entdecken – welches ein charakteristischer Zug der menschlichen
Natur ist. Er wird nicht ohne Überraschung feststellen, dass
er, wenn er einmal etwas gedacht, gesagt oder getan hat, nicht
umhin kann, es wiederholen zu wollen. Ungewollt nistet sich
in seinem Wesen im Stillen die Gewohnheit ein und mit der
Zeit wird ihn ein unbewusster und quasi unwiderstehlicher
Wunsch antreiben, diese Sache immer wieder neu denken,
sagen und tun zu wollen, bis ins Unendliche – sei es nun gut
oder schlecht. Übrigens, die Weise, in der sich das Leben
mancher Menschen entfaltet, kann für die Welt nur eine
Quelle der Verwunderung sein. Welche unbegreifliche Kraft
treibt jemanden an, sich, manchmal seit seiner zartesten
Kindheit, an eine wissenschaftliche Forschung oder an eine
künstlerische Tätigkeit zu machen oder einen spirituellen Weg
einzuschlagen?

Warum steigt aus den Tiefen eines Menschen plötzlich ein
unkontrollierbarer Impuls auf, um seinem Leben auf eine so
merkwürdige Weise eine bestimmte Richtung zu geben? Welcher unbegreifliche Zwang treibt ihn an, sich auf ein Vorhaben einzulassen, dessen Ausgang oft ungewiss ist? Ist es der
Keim eines starken Wunsches, der in einer fernen Vergangenheit seine Wurzeln in ihn gesenkt hat und der anscheinend
vergessen worden ist? Welche geheimnisvolle Kraft ist es,
durch die er – trotz der Widerstände, auf die er auf seinem
Weg treffen mag – seine Absicht erfolgreich durchführen
wird, mit einer Hartnäckigkeit, die die Welt später in Erstau-
nen setzen wird? Was hat ihn geheimnisvoll angetrieben, diesen zwingenden Wunsch in sich zu befriedigen – ein für die
anderen und oft auch für ihn unverständlicher Wunsch. Ist es
eine rätselhafte Gewohnheit, die in einer unergründlichen
Vergangenheit ihre Wurzeln in sein Wesen gesenkt hat?

So ist man, zum Beispiel, verblüfft angesichts des Lebens
Mozarts, der schon im Alter von vier Jahren ein erstaunliches
Wunderkind war, das seine Umgebung faszinierte durch sein

unglaubliches musikalisches Wissen und durch die überraschende Leichtigkeit, mit der er seine Musik komponierte.

Sein außerordentliches Arbeitsvermögen und seine unvorstellbare schöpferische Fähigkeit haben ihm erlaubt, während seiner kurzen Existenz (er ist mit sechsunddreißig Jahren gestorben) mehr als vierzig Symphonien zu schreiben, ohne eine unglaubliche Anzahl sonstiger Werke aller Art einzurechnen. Es ist, als ob er diese enorme Aufgabe schon in einer anderen Zeit und in einer anderen Dimension vollendet hätte und dass er sich während seines kurzen Aufenthalts auf dieser Erde nur daran erinnert hätte. Außerdem muss man beim Betrachten der Entfaltung des Lebens anderer außergewöhnlicher Menschen wie Leonardo da Vinci, Albert Einstein, Beethoven oder Gustav Mahler von einem Gefühl der Verwirrung und der Verwunderung ergriffen werden. Vielleicht haben auch sie in den Tiefen ihres Wesens den Keim einer Arbeit getragen, die in einer weit zurückliegenden Zeit begonnen worden war und die – trotz der Hindernisse, denen sie sich während ihrer gesamten Existenz gegenüber sahen – durch die Macht der Gewohnheit in ihnen nur das entwickelt und reproduziert hat, was in einer rätselhaften Vergangenheit bereits gesät worden war.

Verbarg sich nicht im tiefsten Inneren dieser außergewöhnlichen Wesen ein ungestilltes Verlangen, welches das starke Bedürfnis hatte, zuerst erfüllt zu werden, bevor sie sich frei fühlen konnten, die große Reise ins UNENDLICHE anzutreten?

Auch auf spirituellem Gebiet spielt das Phänomen der Gewohnheit eine ebenso entscheidende Rolle – wenn nicht sogar mehr. Der große Mystiker Ramana Maharshi[7] wurde geheimnisvoll aufgerufen, als nur 17-jähriger Jugendlicher sein familiäres Heim zu fliehen, um den Rest seines Lebens der Meditation zu widmen – ohne sich um die Sicherung seines Lebensunterhalts zu sorgen. Ist es eine unbestimmbare Erin-

---

[7] Ramana Maharshi (1879-1950) lebte den größten Teil seines Lebens am Arunachala in Südindien.

nerung, die plötzlich in diesem jungen Mann erwacht war, um ihn zu zwingen, das Haus seiner Eltern zu verlassen, um einer spirituellen Praktik nachzugehen, die schon in einer fernen Vergangenheit begonnen worden war und die er nicht zu Ende hatte führen können?

* * *

Der Mensch kann anscheinend nicht ohne Wünsche leben.

Einer spirituellen Suche liegt der erhabenste Wunsch zugrunde, der trotzdem allmählich gewohnheitsmäßig wird – ein intensiver Wunsch, eine HIMMLISCHE WELT zu erreichen, deren Existenz ein sensibles Wesen intuitiv in sich spürt.

Man kann daher sagen, dass hinter jeder Gewohnheit ein geheimer Wunsch versteckt ist; und jeder Wunsch trägt unvermeidlich die Saat des Leids in sich, damit er sich erfüllen kann. Darüber hinaus erzeugt und erhält die Gewohnheit ihrerseits den Wunsch, welcher es auch sei; und ein unerfüllter Wunsch erzeugt unweigerlich ebenfalls Leid und lässt es fortbestehen.

Jemand kann (durch die Kraft einer tief in ihm kristallisierten Gewohnheit) seine gesamte Existenz auf dieser Erde damit verbringen, etwas zu wünschen und für ein Ziel zu leiden, welches der Mühe nicht wert ist und welches ihn in jedem Fall verlassen wird, wenn plötzlich die Stunde seines Todes kommen wird – eine schwindelerregende Stunde für ihn, der nichts für diese innere Reise in eine unbekannte Welt vorbereitet hat; oder er kann, im Gegenteil, für ein künstlerisches oder ein spirituelles Ziel leiden, das der Mühe wert ist und das ihn nicht nur sich entwickeln lässt, sondern ihn auch unterstützen wird, wenn der entscheidende Moment für ihn kommen wird, die Welt der Sinne und alles, was ihm bis dahin bekannt war, zu verlassen.

Er darf nicht die Tatsache aus dem Auge verlieren, dass die Energien im Universum und im Menschen immer die Richtung des geringsten Widerstandes nehmen. Eine schlechte Gewohnheit schläfert den Geist dessen, in dem sie ein günstiges Terrain vorgefunden hat, ein und zieht ihn nach unten. Sie kann auch sein Urteilsvermögen so sehr verdunkeln, dass er die Weise, in der er sein Leben plant, das, was er sich davon erwartet sowie die Weise, in der er mit seinen Mitmenschen umgeht, nicht mehr in Frage stellen kann. Und da die Gewohnheit ein Merkmal der menschlichen Natur ist, das er unmöglich umgehen kann, ist es für einen Sucher, der einen spirituellen Weg geht, unerlässlich, dieses Problem ernsthaft zu betrachten und unablässig auf die Gewohnheiten zu achten, die er in sich festsetzen lässt.

Sobald eine ungünstige Gewohnheit in jemandem Fuß gefasst hat, wird er deren Opfer. Und das ist umso schwerwiegender für ihn, wenn es sich um sexuelle Neigungen und Phantasien handelt. Angesichts der starken Macht der Gewohnheit, können Tendenzen dieser Art, wenn sie sich im Aspiranten einnisten, zu ernsthaften Hindernissen für seine Meditation und andere spirituelle Praktiken werden; sie können ihm sogar schließlich den Weg zu der HIMMLISCHEN WELT, die er in sich zu erreichen sucht, versperren.

KAPITEL 6

Gewohnheit Teil 2

Zerstörerische Tendenzen

Wenn jemand im täglichen Leben nicht vorsichtig genug ist und aus Mangel an Unterscheidungsvermögen und aus Sorglosigkeit unerwünschten Tendenzen[8] – wie Zerstreutheit, fehlende Rücksicht auf die Probleme der anderen, Gefühllosigkeit gegenüber dem Leid der anderen, Unehrlichkeit, maßloser Appetit auf Essen und das andere Geschlecht etc. – freien Lauf in sich lässt, kann er, ihren ständigen Wiederholungen nachgebend, nach und nach auf eine quasi animalische Stufe absinken; er wird nur noch reflexmäßig und für die alleinige Befriedigung seiner niederen Sinne und seiner Primärinstinkte leben.

Daher muss sich der Aspirant darüber klar werden, wie sehr seine spirituelle Praxis direkt damit verbunden ist, wie er sich in der existenziellen Welt verhält und wie er den Planeten betrachtet, auf dem er lebt und der ihm sogar die Substanz für seinen physischen Körper gegeben hat.

Dank der Meditation und seiner verschiedenen Konzentrationsübungen wird im Aspiranten eine neue Fähigkeit erwachen, die ihm erlauben wird, eine intuitive Wahrnehmung vom Universum und von den Objekten zu haben, die ihn umgeben – eine intuitive und unmittelbare Wahrnehmung, die ihm helfen kann zu verstehen, dass so, wie die verschiedenen Zellen, die seinen planetarischen Körper bilden, lebendig sind, auch die Erde, in gleicher Weise eine riesige lebende

---

[8] Das Problem unerwünschter Tendenzen, die auf einem spirituellen Weg ernste Hindernisse darstellen, ist bereits ausführlich in meinen anderen Büchern erörtert worden. Leider scheint es so, dass ein Großteil der Aspiranten glaubt, dass dies, da sie sich auf einem spirituellen Pfad befinden, für sie nicht gilt.

Zelle im rätselhaften Körper des Kosmos ist. Sie besitzt ihre Form des Lebens, der Intelligenz und des Bewusstseins sowie ihre Art der Empfindsamkeit für Leid, welches sie – angesichts ihres gigantischen Umfangs – auf eine viel dramatischere und stärkere Weise spürt, als man sich vorstellen kann. Vielleicht ist es leichter, dies durch eine Analogie mit der Tierwelt zu verstehen: Ist es nicht wahr, dass je größer der Körper eines Geschöpfes ist, desto langgezogener sein Todeskampf und desto schmerzhafter sein Tod ist?

Offensichtlich möchte niemand, dass jemand anders seine Kräfte verschwendet und aus Gedankenlosigkeit oder aus Habgier seinem planetarischen Körper Schaden zufügt; das ist der Grund, warum ein ernsthafter Aspirant darauf achten muss, nicht – aus Schwäche oder aus Mangel an Urteilsfähigkeit – Komplize der Menschen dieser Welt zu werden, die die verschiedenen Ressourcen und Energien der Erde verschwenden und aus Habgier (oder erstaunlicherweise sogar, um sich zu amüsieren[9]) Pflanzen und Tiere zerstören, ohne über die Konsequenzen ihrer Handlungen nachzudenken. Da jede wiederholte Handlung schließlich zu einer unkontrollierbaren Gewohnheit wird, muss sich der Sucher zwingen, jeden Augenblick seiner Existenz mit seinem spirituellen Streben in Einklang zu bringen. Sein Leben muss zu einem Vorbild für die anderen werden, nicht nur in dem, was seine spirituellen Übungen betrifft, sondern auch bezüglich seines Verhaltens gegenüber der Welt, die ihn umgibt. Er muss sich klar darüber werden, dass er, wenn er sich von der Sorglosigkeit verantwortungsloser Personen mitreißen lässt, die gegenüber dem Leid anderer Geschöpfe unempfindlich bleiben, indem

---

[9] Als der Autor in Indien war, hat er so oft Aspiranten (vor allem Abendländer) Zweige abreißen sehen (die in einem Land wie Indien so wertvoll sind), nur um sich zu vergnügen, um sie einige Minuten später auf den Boden zu werfen. Vielleicht hat der Baum auf seine Weise darunter gelitten, dass ihm ein Zweig abgerissen worden ist. Er hat auch Sucher Früchte (Papaya, Ananas) pflücken, einen Teil davon essen und den Rest unbedacht wegwerfen sehen – in einem Land, wo die Leute an Hunger sterben.

sie nur für die Befriedigung ihrer niederen Gelüste leben, ohne sich um die Verheerungen zu kümmern, die sie um sich herum anrichten, wie jene zu einer Plage für diesen Planeten werden wird, der heute mehr denn je von Zerstörung bedroht ist.

Der Aspirant muss verstehen, dass die Weise, in der er das Leben betrachtet, sowie die Achtung, die er in sich trägt, auf keinen Fall von seinen spirituellen Zielen getrennt werden können – wenn er eines Tages würdig sein möchte, zum Königreich seines HIMMLISCHEN MONARCHEN zugelassen zu werden. Er darf nie vergessen, dass er diesem Planeten gegenüber eine immense Schuld hat, einem Planeten, der unaufhörlich Luft, Wasser, Nahrung und viele andere, für das Überleben unerlässliche Dinge liefert, für die er für immer dessen Schuldner bleiben wird.

So wie er sich der Hinfälligkeit seines Körpers bewusst ist und große Sorgfalt darauf verwendet, ihn zu schützen, so muss es einen integralen Teil seiner spirituellen Suche ausmachen, sich der Hinfälligkeit der Erde, der er die Möglichkeit schuldet, seine spirituellen Übungen zu machen, immer bewusster zu werden und sie mit größter Sorgfalt zu schützen, indem er sie als seine wahre Mutter ansieht – wie es die Indianer Nordamerikas tun.

* * *

Über den Sinn des Lebens nachsinnend, so geheimnisvoll, rätselhaft und wunderbar, muss ein sensibler Aspirant dahin kommen, durch ein schweigendes und unmittelbares Verstehen zu erkennen, dass es sein eigenes „Ich" ist, welches der Mensch fürchten muss; er muss vor sich selbst und vor dem Angst haben, was er durch sein Verhalten für sich und für die anderen herbeizuführen droht. Er muss aus diesem seltsamen Wachschlaf erwachen, in dem er, ohne sich dessen bewusst zu sein, sein Dasein verbringt, und muss sich von seinem üblichen Zustand des Seins (in dem er in seinem täglichen

Leben nur mechanisch reagieren kann) losreißen, um aufzu-
passen, damit sich nicht, unter anderen unerwünschten Gewohnheiten, die der Sorglosigkeit in ihm einniste – eine Sorglosigkeit gegenüber den dramatischen Problemen, die den
Planeten, auf dem er lebt, heimsuchen, und zwar besonders in
unseren Tagen.

Es ist nicht schwierig für jemanden vorherzusehen, was ihm
in einer nahen oder fernen Zukunft passieren wird, wenn er
in der Gegenwart fortfährt, zum Beispiel zu fette Lebensmit-
tel zu essen; aber wenn jemand kontinuierlich aus einer
schlechten Tendenz heraus handelt, um einen nutzlosen
Wunsch oder ein persönliches Interesse zu befriedigen, macht
er sich paradoxerweise nicht die Mühe, darüber nachzudenken, was aus ihm werden wird oder zu welchem Zustand des
Seins er psychisch absinken wird, ebenso wenig wie über den
Preis, den er später zu bezahlen hat. Die Leute wollen glücklich sein und hören paradoxerweise nicht auf, Gedanken zu
nähren und Taten zu begehen, die ihnen Leid einbringen
werden!

Der Mensch hofft nach wie vor sehnsüchtig, dass das Morgen
anders sein werde; aber er vergisst, dass das Morgen nur das
Resultat der Weise sein kann, in der er im gegenwärtigen
Moment lebt und handelt. In seinem Geist und in seinen Gedanken muss zuerst eine wesentliche Veränderung geschehen,
bevor die Geburt eines neuen Wesens in ihm möglich wird.
Es kann keine Wiedergeburt in ihm stattfinden, wenn er nicht
die notwendigen Anstrengungen gemacht hat, um sich selbst
zu übersteigen, und wenn er nicht die REALITÄT erfahren und
klar die Natur der Hindernisse erkannt hat, die ihn von ihr
fern halten. Der Mensch kann sich nur ändern, wenn er sich
dessen, was ihm für seine spirituelle Evolution fehlt, sowie
seiner verschiedenen Tendenzen in sich bewusst wird, die
ihm den Weg zum ERHABENEN versperren.

Wenn die äußere Welt stets einen größeren Reiz auf ihn ausübt und eine größere Macht über ihn hat als die innere Welt,

kann der Aspirant sich nicht mit seinem ganzen Selbst – wie er es tun sollte – einer echten spirituellen Übung hingeben. Er bleibt angesichts der Herausforderung innerlich zu schwach.

Wenn der Sucher nicht wenigstens die WAHRHEIT liebt, schätzt und sie lebt, wird er sich niemals mit IHR vereinen können. Er muss spezifische Bemühungen machen, um in seinem Wesen eine genügend starke Reaktion zu schaffen, damit diese innere Wiedergeburt für ihn möglich wird. Wenn der Herbst kommt, bringt er heftige Winde, um die alten Blätter loszureißen, die sich hartnäckig an ihre Bäume klammern, und zwar, um die Wiedergeburt der neuen Blätter im Frühling zu erlauben – eine Wiedergeburt, die sonst nicht stattfinden könnte. Ebenso stellen die stürmischen Winde physischer Schmerzen, schwerer Krankheiten und verschiedener moralischer Leiden, die der noch nicht erleuchtete Mensch ohnmächtig durchmacht, meistens die einzigen Mittel dar, um sein Wesen von seinem „alten Ich", das sich hartnäckig an die Dinge dieser Welt klammert (das heißt, an alte Gewohnheiten, nutzlose Glaubensvorstellungen sowie für seine spirituelle Evolution nicht nutzbringende Beziehungen) loszureißen, um die Wiedergeburt eines neuen Wesens in ihm zu erlauben. Und diese Ereignisse, die darauf hinzielen, ihn von sich sowie von seinen vielfachen Bindungen zu befreien, können in verschiedenen Phasen seines Lebens stattfinden – und nicht nur in der Abenddämmerung seines irdischen Lebens, wenn die unerbittlichen Winde des Todes anfangen, über ihn zu brausen, um ihn der physischen Welt zu entreißen.

* * *

Alles ist nur Gewohnheit. Und Gewohnheit bedeutet: Wiederholung. Mit der Zeit wird die kontinuierliche Wiederholung einer Handlung, eines Wortes oder eines Gedankens mechanisch und macht den Menschen schließlich zum Gefangenen. Er hängt sich an seine Gewohnheiten, seine Tendenzen und seine Glaubensvorstellungen, die zu einem integralen Teil seiner Natur werden; und alles, was die Ruhe seiner Gewohnheiten, seiner Weise zu leben und dessen, was er glaubt, bedroht, macht ihn unruhig und aggressiv; er ist sogar bereit, Gewalt anzuwenden, um sie zu schützen, sei es vor seinen Familienmitgliedern, seinen Nachbarn oder anderen Gruppen und Völkern, die seine Gewohnheiten nicht teilen, so zerstörerisch sie auch sein mögen.

So fährt er fort, von einer Existenz zur anderen zu irren, wobei er immer mehr der Sklave seiner vielfältigen Tendenzen und des Karmas wird, die er unaufhörlich für sich erzeugt. Nur die guten Gewohnheiten und die nutzbringenden Tendenzen können den Menschen vor sich selbst schützen und ihm ein Gefühl ruhiger Freude und des Friedens bringen.

Es ist unerlässlich für alle die Männer und die Frauen, die einem spirituellen Weg folgen und nach einem anderen Zustand des Seins, jenseits von Zeit und Raum, streben, zu einem lebendigen Verständnis des Problems der Gewohnheit, deren Kraft und deren ungünstigen Tendenzen zu kommen, die sie in ihr Wesen „einschweißen" kann. Sie müssen ihr Bestes tun, um bewusst Gewohnheiten und Tendenzen in sich einzuführen, die ihnen bei ihren spirituellen Übungen helfen und ihre Evolution zu einer anderen Ebene des Seins begünstigen, wo das LICHT ihrer HIMMLISCHEN NATUR erstrahlt.

Gewohnheit Teil 3

Quelle von Glück und Leid

Die GNADE und die UNSTERBLICHKEIT werden nicht umsonst gegeben; der Mensch muss sie sich verdienen. Die Notwendigkeit der persönlichen Bemühung auf jedem spirituellen Weg scheint von vielen Suchern nicht verstanden zu werden.

Zahlreich sind die Aspiranten, deren Weise, anderen gegenüber zu sein und sich im täglichen Leben zu verhalten, in einem flagranten Widerspruch zu ihrer spirituellen Suche steht; sie hoffen, eine bestimmte Schwelle in sich überschreiten und in das Licht einer HIMMLISCHEN WELT eintauchen zu können, während sie die bleiben, die sie für gewöhnlich sind, mit ihrer Nachlässigkeit, ihrem Mangel an Mitgefühl für ihre Mitmenschen, ihrer Verantwortungslosigkeit und ihrer Unehrlichkeit. Und das gilt sogar für einige von denen, die Klöster frequentieren.

Ein aufrichtiger Sucher muss immer die Tatsache bedenken, dass er trotz aller Bemühungen, die er machen mag, um im aktiven Leben (oder sogar während der Meditation) wachsam und selbstgegenwärtig zu bleiben, stets Momente haben wird, wo seine Bemühungen nachlassen werden und er von neuem in seinen gewohnten Zustand der Abwesenheit versinken wird, in dem ihm alles Mögliche widerfahren kann. In solchen Perioden drohen die meisten Gedanken, die ihm passiv durch den Kopf gehen werden, sowie seine Weise, im Leben zu sein und zu handeln, nicht mehr mit dem Zustand der GNADE, nach der er strebt, vereinbar zu sein.

Aus diesem Grund muss er jedes Mal, wenn er wieder zu sich kommt und erneut seiner selbst bewusst wird, sofort sich selbst infrage stellen und gewissenhaft alle Gedanken prüfen, die ihm gekommen sind, aus Angst, dass ein nutzloser Gedanke oder eine flüchtige Fantasie in ihm Fuß fassen könnte und schließlich zu einem wesentlichen Hindernis auf seinem Pfad zu seiner HIMMLISCHEN STADT werden könnte. Denn, wie gesagt, es gibt eine Tendenz, die den Energien der Natur und der Menschen innewohnt, stets den Weg zu suchen, der den geringsten Widerstand bietet. Und der Weg, der den geringsten Widerstand bietet, kann nur absteigend sein.

Der Abstieg ist leicht, da er keine Anstrengung erfordert. Aber die Leichtigkeit schläfert ein; und wenn er in sich eingeschlafen ist, wird der Mensch die Beute von beliebigen unkontrollierten Gedanken oder Suggestionen, die in seinem Geist aufsteigen. Dann werden diese Gedanken oder Suggestionen durch ihre ständigen Wiederholungen zu einer Gewohnheit; und wenn sie sich einmal in ihm festgesetzt hat, wird die Gewohnheit schließlich eine Kraft gewinnen, die er später nur sehr schwer bekämpfen können wird.

Er muss sich unentwegt dessen bewusst sein, dass, wenn negative oder zerstörerische Gedanken, sexuelle Fantasien oder sinnlose und nutzlose Vorstellungen nicht unterdrückt werden, sobald sie in ihm aufsteigen, diese Gedanken, Fantasien oder Vorstellungen mit der Zeit den unterdrücken werden, in den sie ihre Wurzeln gesenkt haben.

Es ist aber nicht möglich, irgendetwas zu unterdrücken oder zu verändern, ohne es durch etwas anderes zu ersetzen. Ein Obstbaum wird aufgrund einer Gewohnheit, die er sich in fernen Zeiten erworben hat, fortfahren, die gleiche Art Früchte wie in der Vergangenheit hervorzubringen, es sei denn, man veredelt ihn absichtlich, um seine Fruchtsorte zu verändern. Auf die gleiche Weise kann man eine nicht konstruktive Idee, einen schädliche Fantasie oder einen negativen Gedanken nicht unterdrücken, ohne diese oder diesen absichtlich durch das Gegenteil zu ersetzen. Neben seiner Meditationspraktik muss ein bedeutender Teil der spirituellen Arbeit des Aspiranten darin bestehen zu lernen, den Lauf seiner unerwünschten Gewohnheiten und Tendenzen zu verändern, indem er sie durch positive Gewohnheiten ersetzt, die ihn auf seiner schwierigen Reise zum UNENDLICHEN unterstützen und ihm helfen können.

* * *

Nach langen und hartnäckigen Praktiken der Meditation kann ein Sucher dahin kommen, hinter den unaufhörlichen Bewegungen seines Geistes eine besondere Leere zu erkennen, die in Wirklichkeit ein sehr subtiler und durchscheinender Bewusstseinszustand ist und die auch im Laufe seines Tages anfangen kann, seine üblichen Gedanken und Vorstellungen zu ersetzen: eine Leere, die, wenn es einem gewöhnlichen Sterblichen möglich wäre, sie zu erfahren, ihm wie ein seltsames Nichts vorkäme – ein Nichts, das ihm sogar Angst einjagte. Aber für einen fortgeschrittenen Aspiranten ist diese Leere sicherlich kein Nichts; sie ist, ganz im Gegenteil, erfüllt von seinem PRIMORDIALEN WESEN: der QUELLE, aus der er entsprungen ist und in die er nach seinem Tod wieder aufgenommen werden wird.

Über die schwindelerregenden Bewegungen nachdenkend, die unaufhörlich im unermesslichen Universum ablaufen, kommt man zu der merkwürdigen und beunruhigenden Feststellung, dass, weil die Sterne und die Planeten, die es bevölkern (sowie eine Vielzahl anderer Himmelskörper, die für unsere Augen nicht sichtbar sind), im Inneren einer einzelnen Galaxie eine kreisförmige Bewegung ausführen, und zwar jeder bezogen auf die anderen, sie sich dann zu einem bestimmten Moment im Ablauf der Zeit, sozusagen, am Ausgangspunkt wiederfinden und ohne Pause die gleiche zyklische Reise wieder beginnen.

In einer kleineren Größenordnung dreht sich die Erde ebenfalls unaufhörlich um die Sonne und um sich selbst, bis zu dem Moment, wo sie sich unausweichlich an demselben Ausgangspunkt befindet, um auf unbestimmte Zeit die gleiche zyklische Bewegung zu reproduzieren, die ihrerseits die gleichen Phänomene der Wiederholungen erzeugt, die da sind die vier Jahreszeiten sowie Tag und Nacht.

Und wie ist es mit der Zeit? Ist nicht auch sie, wie die himmlischen Gestirne, dabei, sich geheimnisvoll in einer kreisförmigen Bewegung zu manifestieren, ohne dass man sich das für gewöhnlich vergegenwärtigt?[10] Wenn dies der Fall wäre, befände sich dann nicht der Mensch mit jedem Lebenszyklus mehr oder weniger am gleichen Ausgangspunkt in Zeit und Raum? Vielleicht fände er sich mit der gleichen Familie, machte die gleichen Begegnungen, führte die gleichen Handlungen aus und machte, kraft seiner Gewohnheit, die gleichen Fehler wie in der Vergangenheit? Und das auf ewig – sofern nicht ein genügend starker Schock eintritt, um den Verlauf dieser zyklischen Bewegung zu verändern und seine uralten Gewohnheiten zu modifizieren.

Man sollte hinzufügen, dass es einem Menschen sogar während der Dauer eines Lebens oft passiert (aufgrund einer eingewurzelten Gewohnheit), die gleiche Art Fehler zu machen, wenn er mit der Art von Versuchungen konfrontiert wird, die seinen wesentlichen Tendenzen entsprechen; oder er findet sich unfreiwillig vom gleichen Personentyp oder von der gleichen Art von Aktivitäten wieder angezogen; oder er bringt sich auf geheimnisvolle Weise ständig in unentwirrbare Situationen, deren Grund man für gewöhnlich nicht erklären kann.

Je mehr man diese wiederkehrenden Bewegungen und Ereignisse im Kosmos und im Menschen betrachtet, desto mehr wird man von einer tiefen Ehrfurcht ergriffen. In was für einer merkwürdigen Situation befindet sich Letzterer! Wie die Sterne und die Planeten scheinen die Menschen Gefangene zu sein, angekettet an die sich wiederholenden Abläufe im Universum. Welches unergründliche Ziel sucht der Kosmos,

---

[10] Für eine Weiterentwicklung dieser wesentlichen Frage, siehe Kapitel 15 des letzten Buches des Autors: *Dans le silence de l'insondable* (*In der Stille des Unergründlichen*). (Anmerkung des Herausgebers)

der das Verständnis des begrenzten menschlichen Geistes übersteigt, so geheimnisvoll zu erreichen? Und mit welcher rätselhaften Absicht ist der Mensch, so unendlich klein in der Unermesslichkeit des Kosmos, erschaffen worden? Die sich wiederholenden Abläufe im Kosmos und im Leben können nicht vermieden werden. Sie haben innerhalb der gesamten Schöpfung ihre Daseinsberechtigung, um ein gewisses Gleichgewicht aufrechtzuerhalten, ohne welches es nur Chaos gäbe. Aber die ständigen Wiederholungen schläfern den Menschen ein; sie schaffen Gewohnheiten in ihm, die seinen Geist einschläfern. Und, im Gegensatz zu dem, was man für gewöhnlich denkt, ist er in der Tat unfähig, im Leben objektiv zu handeln; die meiste Zeit reagiert er nur auf äußere Ereignisse und Bedingungen, die laufend seine Gewohnheiten stimulieren. Sogar seine Erfindungen sind nur Reaktionen auf äußere Reize, die ihn durch Notwendigkeit und ungewollt antreiben, etwas zu erfinden, oder auf die eine oder andere Weise zu handeln.

Haben sie sich erst einmal festgesetzt, sind Gewohnheiten schwer zu ändern. Um eine unerwünschte Tendenz zu ändern, muss man zunächst einmal aus diesem seltsamen Wachschlaf erwachen, in dem die meisten Leute normalerweise ihre Existenz verbringen, ohne es je zu wissen. Das Wort „Buddha" bedeutet ERWACHTER. Und die Lehre des Buddhismus stützt sich auf zwei englische Worte: self-recollectedness – die leider schwer ins Französische[11] zu übersetzen sind. Das Wort self will sagen „sich selbst" und das Wort recollect, erinnern. Außerdem will das Wort collect noch sagen, sammeln oder es kann auch unter bestimmten Umständen und vor allem, wenn es mit dem Wort self verknüpft ist, bedeuten, sich sammeln oder sich wieder fangen: zum Beispiel, wenn jemand durch ein Ereignis überrascht worden ist, das ihn aus dem Gleichgewicht gebracht hat. Daher haben, wie man sich

---

[11] Ins Deutsche ebenfalls. (*Anmerkung der Übersetzerin*)

vorstellen kann, diese beiden Worte einen Platz von größter Bedeutung in der spirituellen Praxis eines Aspiranten.

Wenn ein Sucher sich seiner selbst nicht auf die Weise bewusst ist, wie er es sein soll – eine Bewusstheit seiner selbst, die nur das Ergebnis einer intensiven und hartnäckigen spirituellen Praxis sein kann –, dann wird er die Beute seines gewöhnlichen Ich; er wird die Beute eines beliebigen Gedankens, eines beliebigen Wunsches oder einer beliebigen Vorstellung, der oder die ihm passiv durch den Kopf geht – ganz so, wie es ihm während seines nächtlichen Schlafs ergeht.

Im Grunde existiert kaum ein Unterschied zwischen den nächtlichen Träumen des Menschen und den Bewegungen seines Geistes am Tag. Alles, was sich in seinen nächtlichen Träumen ereignet, wird in eine Welt projiziert, die nur ihm alleine gehört; und während ihres Verlaufs nehmen sie für ihn eine absolute Realität an – bis zu dem Moment, wo er aufwacht. Ebenso nehmen eines Menschen Träume oder Bewegungen seines Geistes während des Tages den Anschein der Realität für ihn an und solange er in sich schläft, wird er sie weiter für glaubhaft halten und an ihre Realität glauben – bis zu dem Moment, wo er, durch eine ernsthafte Praxis der Meditation und des Studiums seiner selbst beginnen wird, aufzuwachen.

Der Mensch ist normalerweise ein Gefangener seines Geistes; es genügt, dass unerwartet ein äußeres Ereignis eintritt, um ihn zu stören und seine Vorstellung zu kitzeln oder um irgendeinen Wunsch in ihm zu stimulieren, und er wird meistens sofort darauf reagieren, ohne das infrage zu stellen; und, wie schon wiederholt gesagt wurde, wenn er erst einmal einen Wunsch befriedigt hat, wird dieser fortfahren, unaufhörlich nach neuen Befriedigungen zu verlangen, bis derjenige, in dem dieser Wunsch Wurzeln geschlagen hat, dessen Opfer wird.

Jeder Wunsch findet seinen Ursprung im Gedächtnis und ist im Gedächtnis begründet. Alles, was man im Leben erfährt, hinterlässt eine Spur im Gedächtnis. Man kann nicht etwas wünschen, ohne es bereits erfahren zu haben oder zumindest davon sprechen gehört zu haben. Die Gewohnheiten, so hartnäckig im Menschen, bauen auf der Erinnerung an in der Vergangenheit erlebte Erfahrungen – angenehme oder unangenehme –, die eine, manchmal sehr tiefe Spur in ihm hinterlassen haben. Außerdem darf man nicht vergessen, dass sogar die unangenehmen Bedingungen (die er meistens zu fliehen sucht) ihren Ursprung im Gedächtnis haben und dass das Bedürfnis, sie zu fliehen, tatsächlich nur der Wunsch ist, ihr Gegenteil wiederzufinden – nämlich die angenehmen Bedingungen, die man vorher gekannt hat und an denen man hängt. Sein Gedächtnis trübt bloß die Gegenwart und macht den Menschen blind, ihn so daran hindernd, die Wirklichkeit des Augenblicks zu erfassen.

Indem er kontinuierlich sucht, sich selbst zu erkennen und zu sehen, wie er für gewöhnlich ist, wird der Aspirant beginnen, nach und nach immer tiefere Schichten in seinem Wesen zu durchdringen, um eines Tages dahin zu kommen, einen höheren Zustand des Bewusstseins und des Seins in sich zu erfahren, aus dem alle die spirituellen, künstlerischen und anderen Kenntnisse hervorgehen. Das beinhaltet eine Gegenwärtigkeit und ein besonderes inneres Erwachen, die dem Menschen, solange er der bleibt, der er ist, unbekannt bleiben.

Diese innere Gegenwärtigkeit stellt wirklich den Pfeiler jeder mystischen Erfahrung oder jeder künstlerischen Schöpfung dar. Durch eine intensive Meditationspraktik kann der Sucher zu einer direkten, intuitiven Wahrnehmung der Tatsache gelangen, dass das ERHABENE nicht eine Sache ist, die einfach erkannt und im Gedächtnis gespeichert werden muss, sondern im Gegenteil, ES muss gefühlt und in der Gegenwart unablässig gelebt werden.

Auf dem Gebiet des künstlerischen Schaffens ist die innere Welt das Reich der Inspiration; die äußere Welt ist bloß die Domäne des Gedächtnisses, wo man lediglich wiederholen und mechanisch imitieren kann.

Damit der Sucher Zugang zu einem höheren Zustand des Seins bekommen kann, muss er die Empfindung von sich selbst, so wie er sie normalerweise kennt, aufgeben. Aber er fürchtet diese innere Veränderung, denn er fürchtet, sich nicht wiederzuerkennen; er hat Angst, in einer unverständlichen Leere zu verschwinden, die ihm bis dahin unbekannt war.

* * *

Ein Aspirant auf dem Pfad, der auf eine, ihm ungewohnte Weise strebt, kontinuierlich seiner selbst bewusst zu sein, und der versucht, auf alles, was seine Sinne erfahren, und auf alle Gedanken, die ihm durch den Kopf gehen, aufmerksam zu achten, nimmt sich sicher keine leichte Aufgabe vor. Diese erfordert von ihm einen ständigen und schwierigen Kampf, der ihn aber früher oder später, wenn er aufrichtig und hartnäckig genug ist, zu seiner URSPRÜNGLICHEN QUELLE führen wird.

Zeuge zu sein von allem, was in einem abläuft, stellt daher in Wirklichkeit eine authentische spirituelle Praktik dar; das ist der Weg, der zum inneren Erwachen führt. Erwachen aus der Trance, in der man, ohne sich dessen bewusst zu sein, sein ganzes Leben verbringen kann, erfordert eine unaufhörliche Anstrengung vonseiten des Aspiranten. Seine ganze Existenz muss diesem erhabenen Ziel gewidmet sein. Der Wunsch schmiedet das Schicksal des Menschen.

Wie früher gesagt, basiert die Empfindung, die der Mensch für gewöhnlich von der Kontinuität seiner Identität hat, auf seinem Gedächtnis. Er kann ohne Gedächtnis keine Empfindung von seiner Identität haben; und diese Art von Identität kann von Natur aus nicht wirklich sein. Sie ist tatsächlich nur scheinbar. Sie ist nur das Resultat von Reizen, die ihn von außen erreichen. Außerdem machen ihn die kontinuierlichen Veränderungen des existentiellen Lebens, denen er unaufhörlich unterliegt, ebenso veränderlich; und da er in sich keinen Schwerpunkt hat, ist er in sich geteilt. Er ist, sozusagen, unvollständig; er ist nicht „ganz". Das Ziel jeder spirituellen Praxis ist – wenn sie authentisch ist –, den Aspiranten von der üblichen Empfindung, die er von sich hat, zu befreien und ihn „ganz" zu machen. Man kann behaupten, dass Buddha und Christus als in sich „ganze" und „vollständige" Wesen ins Dasein gekommen sind.

Paradoxerweise kann man eine echte Meditationspraktik nur in Angriff nehmen, wenn man schon genügend ganz in sich ist. Man bleibt innerlich geteilt und lau – was den Sucher nirgendwohin führt; er wird nur spirituell träumen. Man ist im Allgemeinen dermaßen geteilt in sich, dass man in allem geteilt ist, was man im äußeren Leben zu unternehmen oder auszuführen beschließt; und ohne sich dessen bewusst zu sein, geht man eine spirituelle Praktik mit der gleichen Haltung oder in dem gleichen Zustand des Seins an.

Große Maler und große Komponisten haben vielleicht eine größere Chance als gewöhnliche Sterbliche, mit einer spirituellen Praktik Erfolg zu haben – falls sie sich entschließen, sich ihr zu widmen; denn Künstler (wenn sie authentisch sind) sind im Allgemeinen leidenschaftliche und hartnäckige Wesen. Trotz der Schwierigkeiten, auf die sie auf ihrem Weg treffen können, führen sie ein Projekt, wenn sie es einmal angefangen haben, zu Ende. Rembrandt, Gustav Mahler und besonders Beethoven (den das schreckliche Handicap der Taubheit, die bereits sehr früh in seinem Leben aufgetreten war, nicht daran hindern konnte, sein Schicksal zu erfüllen) sind dafür schlagende Beweise. Diese großen Wesen waren, in einem bestimmten Maß, mehr als die gewöhnlichen Leute in sich ganz.

* * *

Aufgrund einer geheimnisvollen und stark verwurzelten Gewohnheit hört der Zeugungsakt nicht auf, das Leben fortzuführen und nach dessen Gegenteil zu rufen: dem Tod. Unaufhörlich bilden sich himmlische Gestirne und lösen sich wieder auf. Lebende Geschöpfe werden kontinuierlich geboren und sterben. Fortwährend erscheinen Gefühle und verschwinden wieder. Gedanken entstehen und vergehen pausenlos. Gegenstände nehmen Form an und zerfallen wieder. Wünsche wachsen und nehmen ab. Auch die Empfindungen sind veränderlich und flüchtig. Nun, was bleibt an Dauerhaftem hinter all diesen Bewegungen, hinter all diesen Schöpfungen und hinter all diesen unaufhörlichen Zerstörungen im Menschen und um ihn herum?

Ist es für ihn nicht eine lebenswichtige Pflicht zu streben, das UNWANDELBARE in sich zu erkennen, in dem Geburt und Tod und alle diese fortwährenden Veränderungen keinen Platz haben?

* * *

Was das Studium gewisser Gewohnheiten im Menschen betrifft, die besonders verhängnisvoll sind, ist es sehr wichtig anzumerken, dass das Bedürfnis, unangenehme Ereignisse aus dem existentiellen Leben oder negative Geschichten zu erzählen, eine Tendenz darstellt, die sich merkwürdigerweise noch mehr als andere in dem Maß verstärkt, wie man ihr nachgibt; und wenn man älter wird, kann diese Tendenz zu einer unkontrollierbaren Gewohnheit werden (sogar mit einer Art unbewusster Freude), sich nur mit traurigen Themen zu beschäftigen und nur über negative Aspekte der Existenz zu sprechen. Indem man solchen Tendenzen freien Lauf lässt, ergießt man nur seine Negativitäten über seine Umgebung und die Personen, mit denen man sein Leben teilt.

Der Aspirant muss sein Möglichstes tun, um zu vermeiden, negative Gedanken oder Gefühle gegenüber jemandem auszudrücken – vor allem gegenüber Personen, die mit ihm leben. Das ist hier ein Beispiel für eine unnütze Gewohnheit, vor der er sich hüten muss, aus Angst, dass sie sich in eine Art permanente Wesenheit in ihm verwandeln könnte, die ihn auf seine Kosten bewohnt.

* * *

Wie gesagt, nehmen die Energien im Menschen und in der Natur, aufgrund des Gesetzes der Schwerkraft, immer die Richtung des geringsten Widerstandes – nämlich des Gefälles; und wenn ihnen nicht bewusst eine aufsteigende Richtung gegeben wird, wird sich die absteigende Bewegung weiter verstärken, bis sie unumkehrbar wird. Denn so, wie ein brennender Baum andere Bäume in seiner Nachbarschaft entzündet, bis der ganze Wald in Flammen steht, so zieht eine unüberlegte Handlung andere Handlungen nach sich, bis sie schließlich den Urheber der anfänglichen Handlung zerstört. Der Mensch ist der Erbe seiner eigenen Taten, ob gut oder schlecht. Die Wiederholung erzeugt eine Gewohnheit, und die Gewohnheit ist die Mutter der Wünsche; und hinter jedem Wunsch (erfüllt oder nicht) versteckt sich eine Unzufriedenheit.

Es ist die Bedingung des Lebens und jedes Lebewesen schlechthin, Unsicherheit und Leid zu sein. Kein Geschöpf kann dem Preis entgehen, der dafür zu bezahlen ist, das Herabsteigen in die Materie gewünscht zu haben. Wer Materie sagt, sagt Unsicherheit; und wer Unsicherheit sagt, sagt Leid.

Es ist jedoch notwendig, auf der Tatsache zu bestehen, dass der Schmerz des existentiellen Lebens vom Aspiranten nicht negativ oder pessimistisch betrachtet werden darf; denn schon die Tatsache, dass seine inneren Augen sich für diese universelle Wirklichkeit öffnen und dass er deutlich die Unmöglichkeit sieht, Leid zu vermeiden und anderen lebenden Geschöpfen Leid zuzufügen (Pflanzen eingeschlossen), um überleben zu können, soll ihn vielmehr ermutigen, seinen Blick auf sein eigenes Inneres richten zu wollen und zu beginnen, die Tür der Hoffnung zu suchen, die sich zu einem anderen UNIVERSUM in ihm öffnet, jenseits allen Leides.

Man hört in Indien oft das Wort „Mukti" (Befreiung). Was ist mit Befreiung gemeint? Befreiung von was? Warum Befreiung? Worin besteht die Befreiung und worauf bezieht sie sich?

Vielleicht kann ein motivierter Aspirant die Antwort auf alle diese Fragen in sich finden, wenn er sich die Mühe macht, mit all dem Ernst, dessen er fähig ist, darüber nachzudenken. Denn es gibt nicht zwei Personen in der Welt, die die gleiche Art von Wünschen haben, die der gleichen Art von Dingen anhängen und die Opfer der gleichen Tendenzen sind.

Aufmerksam auf die Art der Gedanken zu achten, die man in sich einlässt, sowie wachsam zu sein hinsichtlich der Art Taten, die zu begehen man sich erlauben darf, ist der Anfang des Weges, der zur Befreiung führt. Für einen ernsthaften Sucher ist es notwendig, ständig über sich zu wachen, so wie eine Mutter unablässig über ihr Kind wacht, falls es hinfallen oder etwas tun sollte, das es ernstlich verletzen und später zum Behinderten machen würde. Die sich wiederholenden Gedanken und Handlungen werden schließlich immer zu nicht infrage gestellten Gewohnheiten im Menschen. Aus diesem Grund ist es für den Aspiranten nötig, kontinuierlich auf der Hut zu sein, aus Angst, ein flüchtiger und wertloser Gedanke oder ein entwürdigender Wunsch könnte Wurzel in ihm fassen und zu einer dauerhaften Tendenz werden, die später schwer auszurotten sein wird.

* * *

Der Geist des Menschen ist ein Falschspieler; er ist direkt mit seinem gewöhnlichen Ich verknüpft. Er schlägt ihm alle möglichen Dinge für sein Vergnügen vor, nennt ihm aber nicht den Preis, den er später zu bezahlen hat. Da er der spirituellen Entwicklung, nach der der Sucher strebt, entgegengesetzt ist, tut er sein Möglichstes, um ihn zu hindern, sein Ziel zu erreichen – denn er weiß, dass das Gelingen des Aspiranten seinen Tod bedeutet. Wenn das HIMMLISCHE ICH dominiert, überstrahlt es das gewöhnliche Ich; und wenn das gewöhnliche Ich dominiert, verdunkelt es das HIMMLISCHE ICH. Denn der HIMMLISCHE ASPEKT des Menschen kann nicht mit seinem gewöhnlichen Ich koexistieren.

Das ganze Leben des Suchers muss der Suche nach seiner WAHREN IDENTITÄT gewidmet sein: seinem GÖTTLICHEN WESEN. Er muss bewusst alles in sich kultivieren, was schön, edel, großzügig und mitfühlend ist und was ihm auf seiner Reise zu seiner HIMMLISCHEN STADT helfen kann.

Seine erste Pflicht besteht darin, sich gegenüber den Arten von Gewohnheiten, die er in sein Wesen einlassen könnte, extrem wachsam zu zeigen, aus Angst, sie könnten sich später nicht nur als ein Problem für die anderen, sondern auch als schädlich für ihn selbst erweisen – denn, einmal in im installiert, wird die Gewohnheit ein mächtiger und hartnäckiger Gott.

KAPITEL 8

Wo das Göttliche finden?

W enn der Aspirant durch eine tiefe innere Versenkung während seiner Meditation zu einer Wiedervereinigung mit seiner GÖTTLICHEN QUELLE kommt, kann er in diesen privilegierten Augenblicken andere, für gewöhnlich unbekannte Dimensionen seines Bewusstseins berühren, durch die er einen besonderen intuitiven Einblick in das Geheimnis des Universums und der Schöpfung haben wird – ein sehr spezielles Verständnis, das sich vollkommen von der Kosmogonie unterscheiden wird, die er gewohnt war, von den vielfältigen religiösen Dogmen dieser Welt vorgesetzt zu bekommen.

In diesen außergewöhnlichen Augenblicken wird ihm klar werden, dass es im unermesslichen Raum des Kosmos weder oben noch unten, weder rechts noch links, weder hier noch dort, ja nicht einmal ein Zentrum gibt, und dass dies ein Zustand ist, der vom Menschen normalerweise unmöglich erfasst werden kann, solange er noch nicht dahin gekommen ist, sein „kleines Ich" zu überschreiten, um seine WAHRE IDENTITÄT zu entdecken, die nicht nur eine EINHEIT ist, sondern auch sein HIMMLISCHER ASPEKT. Diese ERHABENE GÖTTLICHKEIT, die man im Allgemeinen außerhalb von sich platziert, ist nicht irgendwo da oben im Himmel angesiedelt, sondern in Wirklichkeit innen, im Wesen des Menschen selbst.

Wenn jemand das GÖTTLICHE in sich erfahren hat, wird er, ganz gleich, wie widrig die Umstände sind, denen er später begegnen mag, diese besondere Erkenntnis, die er durch eine direkte Erfahrung gewonnen hat, nicht mehr verlieren können, während der blinde Glaube an ein äußeres Dogma immer anfällig bleiben wird für die unausweichlichen Schwankungen, welche der Tatsache geschuldet sind, dass die menschliche Natur und die existentielle Welt sehr veränderlich sind – ein blinder Glaube, für den der Mensch heute bereit ist, sich mit erbitterter Überzeugung zu schlagen und von dem er morgen sogar mit völliger Gleichgültigkeit Abstand nehmen wird.

Erst wenn sich der Sucher nach einer ausdauernden Meditationspraktik in bestimmten Momenten mit dem HÖHEREN ASPEKT seiner Natur vereint, kann er anfangen, ein unmittelbares intuitives Wissen von den geheimnisvollen Gesetzen, die das Universum regieren, sowie von der WIRKLICHKEIT hinter dem Sichtbaren zu haben. Im Allgemeinen ist dem Menschen nicht bewusst, dass er mit seinen sehr begrenzten Sinnesorganen nur einen infinitesimalen Teil der WIRKLICHKEIT sieht und erfasst; daher kann sein Urteil über das Rätsel des Universums, über das Leben und über den Tod nur unvollständig und meistens fehlerhaft sein.

Wenn ein Aspirant danach strebt, die HÖCHSTE WIRKLICHKEIT zu erkennen, welche das gesamte Universum umfasst und sogar die Ursache für seine Existenz ist, und wenn er wirklich aufrichtig in seinem Wunsch ist, von allen seinen blinden und eitlen Glaubensvorstellungen befreit zu werden, darf er sich nicht einen Augenblick lang unüberprüfbaren Spekulationen über eine GOTTHEIT hingeben, von der er glaubt, sie bewohne irgendeinen Teil des Raumes, weit weg von ihm; denn, ohne sich dessen bewusst zu sein, würde er GOTT auf diese Weise nur begrenzen oder auf einen beschränkten Platz im Kosmos einengen und dadurch die Welt auf ewig von ihrem SCHÖPFER getrennt halten.

Wenn man von einer HÖCHSTEN GOTTHEIT spricht, die irgendwo da oben im Himmel wohnt, tun die, die das behaupten, trotz der Aufrichtigkeit einiger von ihnen, nichts anderes, als den Menschen tragisch als getrennt von dieser GÖTTLICHKEIT, von der sie sprechen, anzusehen, ohne Hoffnung für ihn, sich mit IHR zu vereinen; und das, weil sie keine Übungen intensiver Konzentration und strikter Meditation gemacht haben, um den Intellekt zum Schweigen zu bringen und so in sich die Leere zu schaffen, die für eine direkte Erfahrung des ERHABENEN unerlässlich ist.

Wenn der Mensch von dem HÖHEREN ASPEKT seiner Doppelnatur abgeschnitten ist, wird er unweigerlich Opfer seines niederen Ich und in sich geteilt; in ihm können daher nur die Vielheit und blinder Glaube herrschen, der ihn in einer Welt finsteren Aberglaubens gefangen hält, ebenso weit entfernt von der höchsten WIRKLICHKEIT und dem LICHT seines HIMMLISCHEN WESENS, wie diese GÖTTLICHKEIT, von der man annimmt, dass sie sich irgendwo hoch oben in der Unermesslichkeit des Sternenhimmels befinde. Wenn er also durch religiöse Dogmen, die mit der GÖTTLICHEN WAHRHEIT unvereinbar sind, blind gemacht wurde, wird ihm fatalerweise das Mitgefühl für seinen Nächsten fehlen. Die schrecklichen Religionskriege, die diesem blinden Glauben entspringen und die im Namen eines liebenden GOTTES geführt werden, werden unausweichlich Liebe durch Verfolgung und Hass ersetzen.

Man kann nicht umhin festzustellen, wie sehr sich die verschiedenen Religionen dieser Welt ständig im Konflikt miteinander befinden, und wie sehr sie kämpfen, um ein Maximum von Männern und Frauen in ihr jeweiliges Lager zu ziehen, ihnen unüberprüfbare Glaubenssätze einhämmernd, die sie letztendlich nur von ihrem Nächsten trennen, statt sie mit ihm zu vereinen. Daher brechen im Namen eines mitfühlenden GOTTES, weit oben im Himmel, religiöse Kriege aller Art aus und verursachen schreckliche Verwüstungen unter den verschiedenen Völkern dieser Welt.

Im Allgemeinen ist der Mensch in sich geteilt. Er gleicht einer Armee, deren Oberhaupt abwesend ist und die sich ohne höhere Befehlsgewalt findet, um sie zu kontrollieren. Und wenn es keine höhere Befehlsgewalt gibt, die in einer Armee regiert, um die Soldaten zu disziplinieren und eine gewisse Ordnung unter ihnen aufrechtzuerhalten, dann werden Letztere unweigerlich völlig frei handeln, wie es ihnen gerade gefällt. Sie werden verrücktspielen und sich schließlich betrinken, sich prügeln, plündern, töten etc. Das ist Anarchie!

Genauso geht es mit dem unerleuchteten Menschen. Wenn der HÖHERE ASPEKT seiner Doppelnatur – der EINHEIT ist – in ihm nicht anwesend ist, um ihn zu kontrollieren und zu disziplinieren, um eine gewisse Ordnung herzustellen, dann wird es unweigerlich sein niedriger Aspekt sein – der Vielheit ist –, der sich in aller Freiheit aufführen wird, wie es ihm gefällt. Er wird nur für die Befriedigung seiner persönlichen Interessen und seiner Wünsche des Augenblicks (die sich ständig ändern) handeln, ohne sich um die Folgen seiner Handlungen für seine Mitmenschen und für die Welt zu kümmern. Aber niemand kann vermeiden, zu ernten, was er sät, denn es ist unmöglich, den Bedingungen zu entgehen, die man für sich und für die Welt schafft – eine Welt, in der zu leben man absolut nicht vermeiden kann, trotz allem, was man daransetzen mag, um ihr zu entfliehen.

Überall herrschen ständige Zwistigkeiten zwischen verschiedenen Nationen (und sogar innerhalb einer Nation), absurde Kriege, primitive und zügellose Sexualität etc. Der Aspirant muss, durch eine konstante und hartnäckige spirituelle Praxis dahin kommen, seine Kräfte auf ein einziges Ziel hin zu sammeln: die Entdeckung seines HIMMLISCHEN URSPRUNGS, durch die allein er sich nicht nur mit seinen Mitmenschen wieder verbinden kann, sondern auch das Geheimnis seiner Geburt und seines Todes enthüllen kann und damit nicht mehr den beiden Göttern ausgeliefert sein muss, die über die gesamte inkarnierte Welt herrschen.

So, wie er normalerweise ist, ist der Mensch ein innerlich geteiltes Wesen. Die zahllosen Persönlichkeiten in ihm, die seine niedere Natur bilden, stehen in kontinuierlicher Opposition zueinander. Und ohne es zu merken, findet er sich in einem ständigen Konflikt und zwischen seinen gegensätzlichen Wünschen hin- und hergerissen: was die eine wünscht, wünscht die andere nicht; was die eine hofft, hofft die andere

nicht; was die eine liebt, liebt die andere nicht etc. Und wenn
er sich die Mühe macht, sich von sich selbst zu lösen, um sich
zu erforschen, wird er nicht umhin können zu bemerken, wie
oft es ihm passiert ist, die Person oder die Sache nicht mehr
zu lieben, die er noch vor einem Tag oder vor einer Stunde
geliebt hat!

Der Sucher widmet sich einer Praktik der Meditation, des
Yoga, des Zen oder anderer spiritueller Wegen, aber es fällt
ihm schwer zu verstehen, dass er eine solche Reise antritt,
indem er sich als den mitnimmt, der er für gewöhnlich ist.
Man möchte das ERHABENE dem zufügen, was man übli-
cherweise ist. Man möchte nichts in sich opfern, um das
Recht zu haben, Zutritt zur königlichen Kammer seines
HIMMLISCHEN MONARCHEN zu bekommen und im HEILIGEN
LICHT gebadet zu werden, das diesen Ort durchflutet. Wenn
jemand etwas Wohlschmeckendes essen möchte, sich elegan-
te Kleidung anschaffen oder ein schönes Haus bewohnen
möchte, gibt ihm sein Verstand deutlich zu verstehen, das ein
Preis zu bezahlen ist, um diese Wünsche zu befriedigen.
Wenn es sich jedoch darum handelt, die GÖTTLICHE GNADE
zu erlangen, hätte man diese gerne umsonst, ohne im Aus-
tausch etwas von sich zu geben.

Alle Menschen werden von einem tiefen, geheimen Bedürfnis
erfüllt, ihrer Natur innewohnend, sich einer höheren Autorität zu unterwerfen, um von ihr geleitet zu werden; und wenn
sie diese nicht im Inneren ihrer selbst finden, suchen sie sie
im Äußeren.

Da die meisten Menschen innerlich geteilt und von dem
HÖHEREN ASPEKT ihrer Natur, der alleine sie in sich *einen*
kann, abgeschnitten sind, leben sie nur aus dem gewöhnlichen Aspekt ihres Wesens heraus und werden nur von ihm
angeleitet. Sie gehorchen dem, was dieser Aspekt ihnen sagt,
gemäß dem, was ihm gefällt oder nicht gefällt, ohne dass sie
in der Lage wären, ihn zu hinterfragen; sie verfügen nicht
über das Unterscheidungsvermögen, das ihnen erlauben wür-

de zu wissen, ob ihre Art Glaube sowie ihre Weise, im Leben zu sein und zu handeln, für ihre spirituelle Entwicklung nutzbringend sind und sie zu einem höheren Niveau des Seins in ihnen anheben können oder nicht.

Solange es jemandem noch nicht gelungen ist, durch eine ausdauernde Meditationspraxis sowie durch verschiedene spirituelle Übungen, die mitten in der Schwierigkeit des existentiellen Lebens ausgeführt werden, sich wieder mit dem HÖHEREN ASPEKT seiner Doppelnatur zu vereinen, wird ihn unweigerlich der niedrige Aspekt seiner selbst regieren.

Aufgrund seiner Schwäche und mangelnder Unterscheidung riskiert er daher, sich irgendeiner äußeren Autorität zu unterwerfen, die seine Bewunderung auf sich zieht; das innere Bedürfnis zu gehorchen, das jedem Menschen innewohnt, ist also von seiner ursprünglichen Zweckbestimmung abgewandt und verwandelt sich in die blinde Gewohnheit, ohne Unterscheidung und ohne Autonomie des Gedankens zu gehorchen – eine Gewohnheit, die ihm durch die Abhängigkeit von seinen Älteren seit seiner zartesten Kindheit eingepflanzt worden ist. Er könnte sich daher der Autorität irgendeines Individuums unterwerfen, das eine starke Persönlichkeit besitzt und sich in einer äußeren Position von Macht und Prestige befindet, die ihn beeindruckt. Er wird dieser Person nicht nur blind und ohne Unterscheidung gehorchen, sondern er wird nicht anders können, als sich mit ihr zu identifizieren und sie imitieren zu wollen, indem er versucht, deren Glaubenssätze in seine Mitmenschen zu implantieren, mit Gewalt, wenn nötig – wie das leider in der Geschichte der Menschheit und bei verschiedenen Religionen dieser Welt häufig vorgekommen ist. Die Zugehörigkeit zu irgendeinem Glauben kann die Menschen nur in rivalisierende Lager aufteilen und permanente Reibereien zwischen ihnen hervorrufen.

KAPITEL 9

Stärke und Schwäche

Im Allgemeinen kann der Mensch nicht erkennen, dass er, wenn er in sich zentriert und mit seinem HÖHEREN ASPEKT vereint wäre, stark wäre, und dass er, wenn er im Gegenteil zerstreut und von diesem Aspekt seiner Natur entfernt wäre, schwach und nutzlosen Einflüssen und Autoritäten ausgeliefert wäre, sowohl in sich als auch außerhalb seiner selbst. Die biblische Geschichte von Samson und Dalila ist eine erstaunliche symbolische Veranschaulichung. Als Samson mit dem GÖTTLICHEN ASPEKT seiner Natur verbunden war, war er in sich geeint, was ihm eine unüberwindliche Kraft gab, über alles hinaus, was die phänomenale Welt kennen mag. Aber als seine Aufmerksamkeit begann, sich von seiner URSPRÜNGLICHEN QUELLE abzuwenden und von außen angezogen zu werden (von Dalila, die die existentielle Welt sowie eine äußere Autorität symbolisiert), wurde er in sich geteilt und verlor nicht nur die außergewöhnliche Stärke, die ihn belebte, sondern auch seine Sehkraft – die seine Fähigkeit der Unterscheidung zwischen dem, was für ihn nutzbringend war, und dem, was ihn zu Fall brachte und ihm damit Leid verursachte, symbolisiert.[12]

Jemand kann von einer äußeren Sache nur versucht werden, wenn er ihr, bewusst oder unbewusst, einen gewissen Wert beimisst. Und je mehr Wert er dieser Sache gibt, desto mehr fühlt er sich gepeinigt, wenn ihm diese Sache weggenommen zu werden droht. Außerdem versetzt ihn alles, was ihn in Versuchung führt, zwischen zwei Pole; er wird hin- und hergerissen zwischen dem, was ihn äußerlich anzieht, und dem, was ihn innerlich ruft.

---

[12] Siehe Kapitel 8 (Das weltliche Ich und das Heilige) meines Buches: *Hindernisse für die Erleuchtung und die Befreiung.*

Wenn sich ein Aspirant erst einmal auf einen spirituellen Weg gemacht hat, wird er für den Rest seines Lebens zu einem Schlachtfeld. Alles, was es fertigbringt, seine Aufmerksamkeit anzuziehen und außen festzuhalten, entzweit ihn innerlich und schwächt ihn. Denn alles, was sein Interesse und seine Aufmerksamkeit kontinuierlich festhält, wird unweigerlich eine Trennwand bilden zwischen ihm und dem HÖHEREN ASPEKT seiner Natur – durch den alleine er Einheit, Kraft, Stabilität und Weisheit in sich finden kann. Paradoxerweise wird man durch den Geist unterjocht, wenn er schlecht angewendet und ausschließlich auf die Außenwelt gerichtet wird, und man wird von der Versklavung durch diesen selben Geist befreit, wenn er gemeistert und bewusst auf das Innere gerichtet wird.

Wenn der Sucher nicht die Anstrengung macht, sein Leben dem einzigen Ziel zu widmen, das zählt – seine GÖTTLICHE QUELLE zu finden und sich mit IHR zu vereinen – wird er nicht verhindern können, nach außen gezogen zu werden, um zu versuchen, dort sein Glück zu finden, und von aller Art Glaubensansichten versklavt zu werden, um die Leere zu füllen, die er in sich fühlt; aber diese Glaubensansichten werden ihn ihm Grund nur mehr denn je in eine Welt illusorischer Träume einschließen.

Im Allgemeinen hat der Mensch seine Aufmerksamkeit nach außen gerichtet, indem er verzweifelt sein Glück sucht, und zwar durch das, was ihm die Außenwelt an Prestige, Macht, Reichtümern, Sinnesfreuden und Zerstreuungen bieten kann, die andere für ihn erfinden, die ebenfalls ihr Glück in dem Reichtum suchen, den sie dadurch anhäufen können, dass sie Vergnügungsobjekte und irdische Güter für ihre Mitmenschen herstellen, ohne sich zu fragen, ob diese Dinge, die sie ihnen anbieten, ihnen guttun oder nicht. Aber, ohne dass er sich dessen bewusst ist, verbirgt sich im Menschen hinter dieser erbitterten Suche nach dem Glück ein geheimes Streben nach einer anderen Art von Fülle und von inneren Reichtümern, einer Fülle und Reichtümern, die ihm niemand wegnehmen kann. Ohne dass er sich darüber klar ist, wird dieses tief innerliche Streben fehlinterpretiert und er richtet es eher nach außen als auf sein Inneres; denn seit jeher ist er dem Einfluss dessen, was er die anderen um sich herum hat tun sehen, sowie der Dinge, denen er eine Bedeutung beigemessen hat, unterlegen.

Den meisten Leuten fällt es schwer zu verstehen, dass sie seit ihrer frühesten Kindheit von ihren Älteren beeinflusst und konditioniert worden sind, die nicht aufgehört haben, ihr Glück außerhalb ihrer selbst zu suchen; und da es sehr schwer ist, gegen den Strom der Masse zu schwimmen, schlagen sie ihrerseits aus Unwissenheit und aus Schwäche den Weg ein, der den geringsten Widerstand bietet und imitieren folglich nur. Daher können sie ihr ganzes Leben mit einer unablässigen Suche nach dem Glück und nach einer allerletzten Befriedigung verbringen, die man in der phänomenalen Welt nicht erreichen kann. Denn nichts Materielles (das eine greifbare Form, eine Farbe, einen Geruch und andere, mit den Sinnesorganen wahrnehmbare Merkmale hat) kann ein dauerhaftes Glück bringen, so erlesen es auch sein mag; tatsächlich hat alles, was sichtbar ist, unausweichlich einen Anfang gehabt und ist daher aufgrund eines Naturgesetzes dazu verurteilt, zu altern und in einer nahen oder fernen Zukunft zu verschwinden.

Die Suche nach dem Glück außerhalb von sich selbst macht den Menschen, in seiner Besessenheit, es sich zu verschaffen, oft unempfindlich für das Leid, das er anderen, zufügen kann. Der unbewusste Impuls, jemand anders zu erniedrigen, um höher und besser als er zu erscheinen, der Kampf um Macht und Prestige, die mörderischen Kriege, um eine andere Nation zu beherrschen und sie zu plündern, die Mogeleien, um irgendein Vergnügen zu bekommen sowie viele andere Handlungen dieser Art sind tatsächlich nur Manifestationen eines unbewussten und intensiven Strebens nach dem allerhöchsten Glück, das man in Wirklichkeit nur innerlich finden kann. Wer reich ist, ist niemals zufrieden mit dem, was er besitzt; er

81

möchte immer noch mehr. Und trotz allem, was er sich weiter an irdischen Gütern erwerben kann, bleibt er im Grund seiner selbst immer unzufrieden. Ebenso, trotz allem, was ein Mann (oder eine Frau) an sexuellen Genüssen erfahren konnte, kann er nicht umhin, weiter nach der allerletzten Befriedigung bei diesem Akt zu suchen.

Bewusst oder unbewusst strebt er stets, diese Sättigung zu finden. Schließlich kommt er mit einem gealterten und verbrauchten Körper ans Ende seines irdischen Lebens, aber sein Geist bleibt immer noch gequält von dieser gierigen Suche nach einem endgültigen Glück, das er zu bekommen erhoffte – vergeblich.

In seinem üblichen Zustand ist der Mensch auf eine Weise seiner selbst unbewusst, die er unmöglich erfassen kann, wenn er nicht besondere Konzentrationsübungen macht, die ihn genügend von sich selbst lösen können, um zu einer anderen Möglichkeit, zu sein und sich zu empfinden, aufzuwachen. Wenn er der bleibt, der er für gewöhnlich ist, und wenn er fortfährt, das Leben durch die Augen und die Wünsche seines gewöhnlichen Ich zu sehen, kann er nicht vermeiden (aufgrund einer Schwäche, die sich vor langer Zeit in ihm eingenistet hat), von äußeren Sachen, an die er sich heftet, ständig angezogen zu werden und zu glauben, dass sein Leben, wenn er sie nicht besitzen kann, unbefriedigend sein werde. Auf diese Weise wird, ohne dass er es merkt, alles, was er begehrt, ihn schließlich in psychische Ketten legen und zu einer ständigen Quelle des Leids werden.

Daher kann seine Beschäftigung mit einer Ernährung, die ihm als nützlich für seine körperliche Gesundheit vorgestellt worden ist, ohne dass er deren heimlichen Einfluss auf seine Psyche wahrnimmt, schließlich zu einer Besessenheit werden, sozusagen zu einer Art religiösen Glaubens, der ihn hindern wird, sich eher mit seiner spirituellen Gesundheit zu beschäftigen. Die Sorge um das Wohlergehen seines planetarischen

Körpers kann so zum einzigen Ziel seines irdischen Lebens werden.

Der blinde Glaube und die Lüge üben eine seltsame Macht auf den Menschen aus. Haben sie sich einmal in seiner Psyche festgesetzt, sind sie fähig, überall Verwüstungen anzurichten, wo sie ihre Keime der Zerstörung säen können; und sie finden immer einen triftigen Grund, ihr zerstörerisches Werk erfolgreich durchzuführen, angesichts dessen man sich völlig hilflos finden kann – wie es so oft im Laufe furchtbarer Kriege geschieht, die diesen Planeten zerreißen.

Ein kluger Sucher wird bei der Erforschung seiner selbst bestimmt entdecken, auf welche Weise eine selbstzerstörerische Lüge (die sich hinter mechanischen Gedanken, eitlem, innerem Geschwätz und unkontrollierten Fantasien versteckt), ohne dass man es für gewöhnlich vermutet, sogar die anderen in ihrem Kielwasser mitzureißen sucht.

Selbsterforschung

Wenn der Aspirant an seine spirituelle Suche wirklich ernsthaft herangeht, wird er einsehen müssen, dass seine Versuche, möglichst gegenwärtig und seiner selbst bewusst zu bleiben – um sich eines Tages mit dem HÖHEREN ASPEKT seiner Natur wieder zu vereinen und mit ihm verbunden zu bleiben –, anfangs auf einige Schwierigkeiten treffen werden. Wenn er es mit seinem Wunsch, die Hindernisse zu kennen, die ihn von seiner GÖTTLICHEN QUELLE trennen, wirklich ehrlich meint, wird er feststellen müssen, wie schwierig es für ihn ist, diese ungewohnte Gegenwärtigkeit erfolgreich in sich zu festigen – welche die erste Bedingung jeder spirituellen Beschäftigung ist, sowie der Weg par excellence, der zum Erreichen dieses erhabenen und derart außergewöhnlichen Ziels führt.

Er wird nicht vermeiden können zu bemerken, dass, aufgrund seiner Konditionierung, seiner verschiedenen Bindungen und all der alten Tendenzen und Gewohnheiten, die seit einer so fernen Vergangenheit Wurzel in ihm geschlagen haben, der Kampf darum, zu akzeptieren, mit seiner HÖHEREN NATUR verbunden zu bleiben – vorausgesetzt, dass er diesen anderen Aspekt seiner Doppelnatur bereits erkannt hat – und sich deren Autorität zu unterwerfen, sicher nicht leicht ist; tatsächlich beinhaltet er die schwierige Aufgabe zu akzeptieren, sich von seinen Glaubensvorstellungen, seinen Neigungen und seinem Hingezogensein zur Welt der Sinne freizumachen, welche das GÖTTLLICHE LICHT, das in ihm wohnt, verdunkeln.

Der Aspirant wird sich in diesem Augenblick mit dem lebenswichtigen Problem konfrontiert sehen, das Mittel zu finden, wieder wie ein Kind zu werden, das gerade geboren ist – das heißt, mit einem neuen Geist, nichts wissend, nichts suchend, frei von allen Vorurteilen der Vergangenheit und von jedem lästigen Glauben, um ganz neu anfangen zu können zu lernen, die Wirklichkeit hinter dem Greifbaren und hinter dem Geheimnis der phänomenalen Existenz wiederzuerkennen. Der Sucher wird sich nur in einem Zustand tiefer Meditation diesem besonderen Bewusstsein nähern können (welches das Kind in den allerersten Augenblicken seiner Geburt hatte) und es, wenn seine Stufe des Seins hoch genug ist und wenn er auf ein derartiges Ereignis genügend vorbereitet ist, wiedererkennen können – eine Erfahrung, die für den Aspiranten wie eine Neugeburt oder vielmehr wie eine Auferstehung sein wird.

Die Ursache des Problems, das einer solchen Erfahrung ein Hindernis entgegensetzt und mit dem sich die Sucher konfrontiert sehen, möglicherweise, ohne es zu verstehen oder gar imstande zu sein, es zu sehen (da dieses Problem zu einem integralen Teil ihrer Natur geworden ist), besteht in der Tatsache, dass sie diese rätselhafte Reise ins Innere ihrer selbst zwar voller guter Absichten und Träume bezüglich des Ziels ihrer Suche antreten, aber ohne die Arten von Neigungen und Gewohnheiten zu berücksichtigen, die sie in sich tragen und die sie (gemäß den speziellen Tendenzen eines jeden) daran hindern, eine gewisse Schwelle zu überschreiten, die ihnen Zugang zu einer ganz anderen Dimension und einer ganz anderen Welt in ihrem Wesen gibt. Sie werden Fehlschläge erleben, ohne den Grund dafür zu verstehen, und sogar Gefahr laufen, ihre spirituellen Praktiken mitten auf dem Weg aufzugeben.

Am Anfang ist es für einen Aspiranten schwierig zu erkennen, dass es gerade seine Neigungen, seine Glaubensvorstellungen und seine unerwünschten und noch nicht transformierten Gewohnheiten sind, welche (neben ihrem Beitrag zur Bestimmung seiner Ebenen des Bewusstseins, der Intelligenz und des Seins) die hauptsächlichen Gegner darstellen werden, gegen die zu kämpfen er früher oder später akzeptieren muss;

besser früher als später, denn jeder Tag, der vergeht, verleiht ihnen einen immer größeren Einfluss auf sein Wesen.

Jede Tendenz, jeder Glaube und jede unerwünschte Gewohnheit im Aspiranten muss durch regelmäßige Arbeit ins Gegenteil verkehrt werden: Faulheit in Eifer, Trägheit in Anstrengung, Ungenauigkeit in Genauigkeit, innere Schwäche in hartnäckigen Willen und so weiter... Wenn er die Notwendigkeit versteht und es schafft, seine alten Gewohnheiten und seine nicht nutzbringenden Neigungen zu verändern, wird sich im Aspiranten alles ändern – was ihm erlauben wird, eine klarere Vision von dem zu haben, was er in seinem Wesen zu vollbringen sucht, und was für ihn zur Folge haben wird, dass die Strecke seiner schwierigen spirituellen Reise verkürzt und ihm leichter gemacht werden wird.

Das Drama des Menschen ist, dass er sich nicht kennt. Er weiß nicht einmal, was es bedeutet, sich zu kennen und welche wichtige Rolle die Selbsterkenntnis spielt, um die Richtung zu bestimmen, die sein irdisches Leben jeden Augenblick nimmt. Folglich verbringt er sein Dasein, ohne sich die Mühe zu machen, sich kennen zu lernen und zu erkennen, was die meiste Zeit in seinem Wesen vor sich geht. Er ist mit sich und mit seinem Los zufrieden, trotz der Wechselfälle und der Leiden, die sein üblicher Zustand des Seins ihm so oft einbringt, und trotz der unerwünschten Wirkung, die dieser Zustand auf andere hat. Er kann oder will nicht sehen, dass er nur ein Agglomerat von Tendenzen, Glaubensvorstellungen und Gewohnheiten ist, von denen die Mehrheit wertlos ist, und dass er, wenn für ihn die Stunde kommen wird, der phänomenalen Welt Adieu zu sagen, unausweichlich alle die Tendenzen und Gewohnheiten, die seine Persönlichkeit ausmachen, gute wie schlechte, mitnehmen wird, und dass sie es sind, die den Bewusstseinszustand bestimmen werden, zu dem er nach seinem Tod unerbittlich gravitieren wird (gemäß der Schwere oder der Feinheit seines unsichtbaren Wesens), und die sein zukünftiges Schicksal bestimmen werden.

Es muss noch ein Charakteristikum des Menschen hervorgehoben werden, welches eine der hauptsächlichen Ursachen für zahllose Fehler ist, die er begeht, nämlich dass er, so wie er für gewöhnlich ist, sich nie dessen bewusst ist, was er denkt. Seine Gedanken und seine Handlungen laufen ab, ohne dass er zuschaut. Sein Geist ist sozusagen nie hinter seinen Gedanken, hinter seinem Blick, hinter seinem Hören. Ohne spezifische spirituelle Übungen, um ihm zu helfen, innerlich aufzuwachen, kann er nicht wissen, auf welche Weise er nicht so bewusst ist, wie er glaubt, noch was in ihm abläuft.

Wenn es dem Aspiranten durch verschiedene Übungen gelingen wird, sich seiner selbst auf eine Weise bewusst zu werden, die ihm vollkommen ungewohnt ist, wird er später imstande sein, einen sehr subtilen Schritt zu machen, der ihm erlauben wird anzufangen, hinter seinem Sehen und hinter seinem Hören zu sein. Er wird alles auf eine Weise hören und sehen, die ihm bis dahin unbekannt war – unbeteiligt und erstaunlich lebhaft. Alle die Eindrücke, die ihn durch seine Sinnesorgane erreichen werden, werden eine Intensität annehmen, die ihn überraschen wird, denn er wird die Welt und die Dinge mit einem anderen Blick sehen, den er in seinem üblichen Zustand des Seins unmöglich haben kann. Hinter seinem Sehen und hinter seinem Hören bleibend, wird er anfangen, der Zeuge von all dem zu werden, was aus der äußeren Welt in sein Wesen eindringt. Er wird daher zwischen sich und dem Sichtbaren einen Abstand herstellen, was ihn davor schützen und daran hindern wird, sich mit dem, was seine Augen sehen, und mit dem, was seine Ohren hören, zu identifizieren. In solchen Momenten wird er eine unerwartete Ermutigung durch den Nada bekommen, diesen geheimnisvollen Ton im Inneren seiner Ohren, der derart schrill und kristallklar ertönen und ihn innerlich wacher denn je machen wird.

Je mehr ein Sucher die Kraft finden kann, einen Abstand zwischen sich und das, was in seinem Inneren abläuft, zu legen – zwischen seine unkontrollierten Gefühle, seine mechanischen Gedanken, seine Art, das Leben zu betrachten, und das, was in seiner Weise, sich seinen Mitmenschen gegenüber zu verhalten, nicht wahrheitsgemäß ist – desto mehr wird er fähig sein, sich in die Position eines Beobachters zu versetzen. Der bloße Akt, sich zu beobachten, verändert sofort den Platz dessen, der beobachtet, und dessen, der in ihm beobachtet wird; das erzeugt zwischen dem Beobachter und dem Beobachteten eine Distanz, die dem Aspiranten erlaubt, immer weniger mit dem, was in seinem Geist abläuft, identifiziert zu sein. Dieser so spezielle und so wichtige Akt muss stets während seines Kontakts mit der Außenwelt und bei allen äußeren Tätigkeiten in die Praxis umgesetzt werden.

Je mehr ein Aspirant es fertigbringt, der Beobachter zu bleiben, desto mehr wird er zwischen sich und das, was innerlich und äußerlich beobachtet wird, eine Distanz legen können – was für ihn zu dem wertvollen Mittel werden wird, um nicht nur eines Tages diesen UNWANDELBAREN UND SCHWEIGENDEN ZEUGEN erkennen zu können, den er in seinem Wesen trägt, ohne es im Allgemeinen zu wissen, sondern auch, um es zu schaffen, sich in diesen HIMMLISCHEN ASPEKT seiner Natur, der ihm zuvor verborgen war, zu integrieren und eins mit IHM zu werden – eine Einswerdung, die für ihn von größter Bedeutung ist und die das Ziel jeder spirituellen Praktik, die er durchführt, darstellt.

Jeder Mann (und jede Frau), der (die) in die Welt der Phänomene inkarniert ist, ist ausnahmslos die Vereinigung einer mikroskopisch kleinen Eizelle und einer Samenzelle gewesen, bevor er sich in einen Menschen verwandelt hat. Und, in diesem Stadium angekommen, ist es für ihn sehr schwer zu begreifen, dass er als Mensch gewissermaßen zu einer anderen Art winziger Zelle geworden ist (unsichtbar in der schwindelerregenden Unermesslichkeit des Universums, in dem er sich so geheimnisvoll befindet), mit der rätselhaften Möglichkeit versehen, sich zu einer anderen Ebene des Seins und des Bewusstseins zu entwickeln. Aber im Unterschied zum physischen Prozess der Umwandlung der mikroskopisch kleinen Eizelle und der Samenzelle in dem Menschen, der er geworden ist – ein Prozess, der automatisch abgelaufen ist –, kann sich die Art Entwicklung, die von ihm in der Gegenwart verlangt wird (und die er im Allgemeinen nicht verstehen kann) nicht ganz alleine vollziehen; sie benötigt für ihre Durchführung die bewusste Beteiligung der Person selbst, denn das GÖTTLICHE kann und will seinen Willen dem Menschen nicht aufzwingen – was auch nicht gerecht wäre. Jener muss aufgrund eines besonderen Verständnisses akzeptieren, selbst die unerlässlichen Anstrengungen zu machen, um seinem SCHÖPFER bei dessen rätselhaften Absichten zu helfen, damit sich diese spezielle und geheimnisvolle Evolution in ihm verwirklichen kann.

Die Selbstillusion (durch blinden, nicht verifizierbaren Glauben) sowie die Eigenliebe sind zwei Asuras (Götter der Finsternis), die den Menschen hindern, die andere Welt zu erkennen, die er tief in sich selbst trägt – eine unsichtbare Welt von äußerster Feinheit und ätherischer Durchsichtigkeit, die bei Weitem die scheinbare Realität des Sichtbaren überstrahlt, welche, nachdem sie eine greifbare Form angenommen hat, nur vorübergehend und vergänglich sein kann. Diese beiden Asuras im Menschen tragen dazu bei, ihn in sich selbst eingeschlossen zu halten, in einem Universum, das nur ihm alleine gehört, einem imaginärem Universum, in dem er sein Leben verbringt, nur der sichtbaren und groben Welt Glauben schenkend, während er eine unbewusste und unbestimmte Sehnsucht nach etwas ebenso Unbestimmtem empfindet, das er in einer unbestimmten Zukunft zu erreichen hofft – das aber im Grunde nur ein Traum von etwas Unbestimmtem ist und folglich nicht realisierbar sein kann.

Sobald er in die phänomenale Welt geboren ist, fängt der Mensch an, die QUELLE seines Ursprungs zu vergessen. Und während der ganzen Zeit, in der er heranwächst (da sein Heranwachsen unter Personen stattfindet, die im Allgemeinen damit beschäftigt sind, Probleme zu lösen, vor die sie die existentielle Welt unablässig stellt, Leiden durchzumachen, welche die Zwänge des äußeren Lebens ihnen ständig zufügen, und zu genießen, was das Sichtbare ihnen durch die Sinnesfreuden als Ausgleich bieten mag), entfernt er sich immer weiter von seiner URSPRÜNGLICHEN QUELLE. Etwas Lebenswichtiges ist für ihn verloren gegangen und zum Schluss wird er seine Existenz ausschließlich in Zeit und Raum wahrnehmen. Einmal erwachsen, wird auch er, wie seine Älteren, sich nur noch um zahllose Probleme sorgen, die ihn pausenlos bombardieren, sowie um Streitigkeiten der äußeren Welt, die nie aufhören. Sobald ein Problem gelöst ist, glaubt er, dass er endlich Frieden haben wird; aber leider, kaum ist ein Problem geregelt, taucht stattdessen ein anderes auf, und das endlos. Endlich in der Abenddämmerung seiner irdischen Reise angekommen, ist er erschöpft und hat mit seinem Leben nichts anderes gemacht, als herauszufinden, wie er die unlösbaren Probleme der existentiellen Welt lösen und wie er Geistesruhe und ein bisschen äußeres Glück finden kann, wobei er den anfänglichen Grund für seine Inkarnation in die Materie vernachlässigt hat – die Suche nach seiner URSPRÜNGLICHEN IDENTITÄT.

Jede Meditationspraktik und jede spirituelle, im aktiven Leben durchgeführte spirituelle Übung hat in Wirklichkeit nur ein Ziel: den Aspiranten in sich zu einen, um ihm zu helfen, in sich genügend Kraft zu sammeln, um seinen Blick in die der Außenwelt entgegengesetzte Richtung wenden und somit anfangen zu können, die geheimnisvolle innere Reise anzutreten – die Reise der Rückkehr in seine URSPRÜNGLICHE HEIMAT.

Wenn der Sucher den intensiven Wunsch und den unerschrockenen Willen in sich kultivieren kann, sich von sich selbst und von allem zu entfernen, was er für gewöhnlich will und nicht will, um dahin zu kommen, der Zeuge all dessen zu werden, was ihm von außen widerfährt und was innerlich in ihm abläuft – von niemandem etwas erwartend, vom Leben nichts suchend und von sich selbst nichts mehr wünschend –, wird das in seinem Wesen und in seinem Geist eine besondere Freiheit schaffen, die ihm nach und nach erlauben wird, der phänomenalen Welt nur noch das Nötigste an Glauben und Wert einzuräumen und sich folglich nicht mehr an das Sichtbare zu binden; er wird auf diese Weise immer fähiger werden, seinen Blick auf das Innere seines Wesens gerichtet zu halten, auf das SUBTILE in sich – welches für gewöhnlich seinem Verständnis entgeht, verschleiert durch die grobe Materie und durch die sichtbare Welt, die ihn umgibt. Er wird dann sehen, dass das SUBTILE im Menschen schließlich die Substanz seines Geistes selbst verändern wird. In den Tiefen jeden Mannes und jeder Frau verborgen, existiert eine seltsame, unaussprechliche Angst, die direkt mit der Furcht verbunden ist, seinen physischen Körper zu verlieren. Mehr noch, wenn es sich darum handelt, seine ehrgeizigen Pläne, seine sexuellen (oder anderen) Begierden, seine Träume und vor allem seine vielfältigen Glaubenssätze loszulassen, weicht der Mensch mit unbewusstem Entsetzen vor einer solchen Eventualität zurück. Es ist, als ob er fühlte, dass er durch die Vollbringung eines solchen Opfers gleichzeitig die Empfindung von seiner Existenz verlieren würde.

Am Anfang seiner Reise in rätselhafte Regionen seines Bewusstseins gibt es, im Aspiranten vergraben, ein Gefühl, dass er um keinen Preis irgendetwas von sich und in sich verlieren dürfe, und dass die Praktik der Meditation allein darin bestehe, sich zu bemühen, das ERHABENE zu finden und es dem hinzuzufügen, der er normalerweise ist. Er sieht nicht oder kommt nicht zu dem Verständnis, dass alle die nutzlosen Tendenzen, die seine gewöhnliche Persönlichkeit bilden, kontinuierlich eine Barriere errichten und ihn hindern werden, auch nur den kleinsten Einblick in seinen HIMMLISCHEN URSPRUNG zu bekommen, ganz zu schweigen von einem endgültigen Eintauchen in IHN.

Zu erkennen, was falsch in ihm ist, ebenso wie Glauben, Tendenzen, und Gewohnheiten, die Hindernisse darstellen, bedeutet anzufangen, den Weg zur Befreiung und der Rückkehr zu seinem HIMMLISCHEN ZUHAUSE in sich zu erkennen.[13]

---

[13] Der Autor war im Laufe seiner Reisen durch Indien und seiner verschiedenen Begegnungen mit spirituellen Lehrern, in Pune, Pondicherry, Madras und anderswo, immer erstaunt zu hören, dass sich die meisten damit zufrieden gaben zu sagen: „Erkennt, dass ihr das ERHABENE seid und alles wird für euch gut gehen!", ohne den Suchern je die notwendigen Mittel zu geben und ohne je von nutzlosen Tendenzen zu sprechen, die hauptsächlich ein Hindernis für die Verwirklichung ihrer GÖTTLICHEN NATUR bilden. Daher blieben die armen Sucher ratlos, in Dunkelheit, ewig darauf wartend – ohne Anweisungen und ohne Mittel – zu „erkennen", dass „sie das ERHABENE sind".

Das paradoxe Hindernis

Wird das Studium seiner selbst nicht in die Meditations-praktik des Aspiranten integriert, so wird sich dieser früher oder später in einer Sackgasse finden. Und selbst wenn er in gewissen privilegierten Momenten seiner Meditation höhere Bewusstseinsebenen in sich berührt hat, werden diese Zustände immer begrenzt bleiben. Aus diesem Grund muss er mit viel Mut und Ausdauer die verschiedenen unerwünsch-ten Tendenzen in sich studieren, die ihm den Weg zur Entfal-tung seines spirituellen Strebens versperren – ohne sich schuldig zu fühlen oder sich über sich zu ärgern. Die Ten-denz zur Selbstzerstörung – in jedem Mann und in jeder Frau verborgen – ist eines der ernstzunehmenden Hindernisse, welches er erforschen und durch ein tiefes Verständnis seiner komplexen Funktion in sich überwinden muss.

Die Tendenz zur Selbstzerstörung, die tief in seinem Wesen vergraben ist, kann recht merkwürdige Formen annehmen, die für gewöhnlich schwer zu verstehen sind. Bewusst oder unbewusst weiß der Mensch, dass er nicht vermeiden kann, eines Tages zu sterben, und dass er unausweichlich seinen Körper verlieren wird. Da er gemeinhin von seiner FUNDAMENTALEN QUELLE abgeschnitten ist – durch die al-leine er erfahren kann, wie es sich anfühlt zu sein –, ist sein physischer Körper an die Stelle dieses Aspektes seiner Dop-pelnatur getreten und zu dem wertvollen Instrument gewor-den, dank dessen er spüren kann, dass er existiert. Aber das Leben ist prekär, unsicher und voller Risiken und kann von Natur aus nur vergänglich sein. Und da der Mensch sich nur noch durch seine körperliche Form kennt, wünscht er insge-heim, dass diese ewig dauern möge; folglich kann er die Reali-tät der Vergänglichkeit dieser Existenzform nicht akzeptieren. Da er jedoch tief in sich selbst die Unmöglichkeit erkennt, einen solchen Wunsch zu verwirklichen, wird er in sich hin-

und hergerissen und schließlich von einem ständigen Dilemma und einer ständigen unbewussten Qual erfüllt werden.

Da zudem sein Körper, der für ihn unendlich kostbar geworden ist, anfällig ist, ständig bedroht von der Zerstörung durch Krankheiten, Unfälle aller Art oder durch Naturkatastrophen, stellt sich eine unbewusste Angst in ihm ein. Ein seltsamer Widerspruch entsteht nun in der Psyche des Menschen. Tief in seinem Geist verborgen schlägt der Keim eines seltsamen, paradoxen Gedankengangs Wurzel in ihm; es ist, als ob er sich sagte: „Da ich sowieso eines Tages sterben und unvermeidlich meinen Körper verlieren werde, und da ich nicht ertragen kann, ständig in dieser beängstigenden Erwartung zu bleiben, kann ich genauso gut jetzt ein Ende machen und endlich Frieden haben!"

Nun, um diesen Plan der Selbstzerstörung erfolgreich durchzuführen, der so geheimnisvoll im Grund seiner Seele verwurzelt ist, bekommt der Mensch schwere Krankheiten, zieht Feindschaften auf sich, findet ein absurdes Vergnügen an Dingen und Tätigkeiten, die für seinen Geist und seinen Körper zerstörerisch sind, provoziert Situationen, die schwere und sogar tödliche Unfälle nach sich ziehen, unterstellt sich der Autorität eines tyrannischen Chefs, der ihn zwingt, über seine Fähigkeiten hinaus zu arbeiten oder verbindet sich mit einem Partner (einer Partnerin), der (die) ihn moralisch und sogar physisch zerstört.

Aber es bleibt nicht dabei, denn, ohne sich darüber klar zu sein, sucht er, andere bei seinem Fall mitzureißen, indem er zum Beispiel aus völlig absurden Gründen mörderische Kriege auslöst. Endlose Streitigkeiten in Familien sind ein weiteres Beispiel; nicht zu vergessen, dass der Groll und der Hass, die jemand kontinuierlich in sich hegt, in Wirklichkeit eine Form des Selbstmordes darstellen.

Es gibt keinen Mann und keine Frau in der Welt, der/die nicht, in einem mehr oder weniger hohen Maß, Opfer dieser unbewussten Tendenz zur Selbstzerstörung wäre – einer

Tendenz, die manchmal die subtilsten Formen annehmen kann. Daher kann der Sucher durch ein ernsthaftes Studium seiner selbst entdecken, dass, wenn sich jemand nicht auf einen spirituellen Weg einlassen möchte, sich hinter dieser Weigerung ebenfalls eine Art der Selbstzerstörung versteckt. Somit kann ein Aspirant besser gerüstet und wachsamer sein, um die subtilen Manifestationen dieses Problems schneller in sich zu erkennen, wenn er während seiner Meditationspraxis oder bei seinen verschiedenen spirituellen Übungen, die er im aktiven Leben ausüben soll, anfängt, halbherzig zu werden; er muss sich dann fragen, ob sich hinter dieser Lauheit nicht das gleiche Phänomen versteckt.

Er muss sich auch daran erinnern, dass das Vergessen seiner selbst, seiner URSPRÜNGLICHEN QUELLE, ein echter kontinuierlicher innerer Tod ist und dass, das WAHRE LEBEN in sich zu finden, gerade eine Bewegung zurück zur URSPRÜNGLICHEN QUELLE beinhaltet – die in Wirklichkeit eine Neugeburt und eine echte Auferstehung ist.

Die meisten Gedanken, inneren Gespräche und ständigen Vorstellungen, die den Menschen für gewöhnlich erfüllen, sind oft sinnlos und sogar negativ und stellen eine Quelle des Leids für ihn dar. Wenn der Sucher sich genügend von sich selbst abkoppeln kann, um zu sehen, was in ihm abläuft, wird er entdecken, dass die meisten dieser Gedanken, dieser inneren Gespräche und dieser Fantasien nicht nur ziellos sind, sondern auch selbstzerstörerisch, und dass sie dazu beitragen, ihn in einem Zustand der Träumerei zu halten, der, in dem Maß, wie er sich einnistet und permanent wird, ihn immer mehr von seinem WAHREN WESEN, von seinem HIMMLISCHEN WESEN, entfernt.

Manche Personen wenden manchmal die Selbstkasteiung an und erlegen sich Entbehrungen aller Art auf, indem sie diese als spirituelle Übungen ansehen. Diese Entbehrungen sind, ohne dass diese Personen sich dessen bewusst sind, andere Formen des versteckten Wunsches, sich selbst zu zerstören[14].

Die im Menschen verborgene Tendenz zur Selbstzerstörung kann von einem klugen Aspiranten positiv genutzt werden; er kann diesen unbewussten Wunsch in den Wunsch verwandeln, stattdessen die Tendenzen, seine Glaubensvorstellungen und die schädlichen Gewohnheiten, die noch in seinem Wesen verwurzelt sind, zu zerstören, was für ihn spirituell gesehen viel nutzbringender sein wird und ihn schnell zum Erfolg seines Strebens, sich mit dem HIMMLISCHEN URSPRUNG wieder zu vereinen und in ihn einzutauchen, führen wird.

Alle Tendenzen im Aspiranten, die der Vollendung seines spirituellen Strebens entgegenstehen, müssen kontinuierlich mit einem klaren Geist geprüft und untersucht werden, ohne Selbstkritik oder Schuldgefühle, damit sich eines Tages seine Befreiung von dieser Existenzform vollziehen kann und er in sich die WAHRE NATUR sowie das LEBEN jenseits von Zeit und Raum finden kann, das LEBEN, für das er in aller Wahrheit vorherbestimmt ist.

---

[14] Wie man in Indien bei Personen sehen kann, die einen Arm in die Luft halten, bis dieser verdorrt, oder auch in anderen Teilen der Welt, wo man Selbstgeißelung praktiziert.

Der Ruf

Ist es dem Aspiranten einmal geglückt, und sei es nur ein wenig, den HÖHEREN ASPEKT seiner Doppelnatur zu erkennen, wird er, wenn er bei seiner spirituellen Praxis ernsthaft und wirklich entschlossen ist, ans Ende dieser geheimnisvollen und schwierigen Reise zu kommen, erkennen müssen, dass das Schlimmste, was ihm auf dem Weg passieren kann und was in Wirklichkeit einem echten Tod gleichkommt, darin besteht anzufangen, diesen leuchtenden Aspekt seiner Natur zu vergessen. Je ernsthafter ein Sucher bei seinen spirituellen Kämpfen ist, desto mehr wird er bekümmert und irritiert sein feststellen, welche Schwierigkeiten er hat, mit diesem erhöhten Zustand seines Bewusstseins und seines Gefühls verbunden zu bleiben, der ihm ungewohnt und wie eine Neugeburt ist, jedes Mal wenn er ihn wieder in sich findet. Er wird nicht wissen, was er tun soll, um kontinuierlich mit dem HÖHEREN ASPEKT SEINER Natur verbunden zu bleiben, der noch sehr fragil und schwer in ihm am Leben zu halten ist. Er wird bemerken, dass dieser Zustand der Transparenz des Seins, nachdem er in bestimmten Momenten seiner Meditationen diesen ätherischen Zustand berührt hat, zu seiner großen Verzweiflung verschwinden wird, sobald er die geringste Bewegung oder die geringste Geste macht.

Außerdem wird er sehen, dass alle Sorgen und Freuden des existentiellen Lebens auf sein Wesen ständig in der Weise einwirken, dass sie ihn vergessen lassen, was er in privilegierten Augenblicken als einen Zustand höheren Seins und Bewusstsein in sich berührt und erkannt hat, sei es im Laufe seiner Meditation, sei es während einer, im aktiven Leben durchgeführten Konzentrationsübung. Er wird die absolute Notwendigkeit erkennen zu streben, diese ätherische Präsenz und diesen erhöhten Zustand des Seins und des Sich-Empfindens, die ihm völlig ungewohnt und von größter Bedeutung für seine spirituelle Entwicklung sind, in sich zu festigen.

Wenn er wirklich die Bedeutung dieses unbeschreiblichen Aspekts seiner Doppelnatur für seine Befreiung erfasst hat und wenn er es mit seinem Wunsch, sich von seiner Versklavung durch sein gewöhnliches Ich und durch diese so unsichere und prekäre Existenzform zu befreien, wirklich aufrichtig meint, riskiert er, entmutigt zu werden, wenn er feststellt, wie fragil dieses besondere Selbsterinnern und diese ungewohnte und spezielle Gegenwärtigkeit in ihm sind. Das geringste unerwartete Problem, das seine Aufmerksamkeit fesselt, irgendein Wunsch nach den Gütern dieser Welt oder nach der Bewunderung der anderen, eine sexuelle Anziehung, eine Schwäche seiner Gesundheit, selbst ein ganz kleine, oder eine einfache plötzliche Wetteränderung (zu kalt, zu heiß, zu feucht etc.), lassen ihn allmählich oder auch schnell in seiner Bemühung nachlassen, für diesen ätherischen Aspekt seiner Natur, der für ihn noch nicht gewohnt geworden ist, innerlich verfügbar und gegenwärtig zu sein.

Aber hier taucht ein unerwarteter Lichtschein auf, um ihn zu ermutigen und ihm zu helfen, dieses schwierige Problem hoffnungsvoll zu lösen. Denn, als Ergebnis seiner langen Stunden der Konzentration und der Meditation in der Vergangenheit, werden ihm Momente widerfahren, in denen sich von Zeit zu Zeit plötzlich mitten in der Bewegung des äußeren Lebens schwache Rufe in ihm zu manifestieren beginnen werden, um ihn zu sich selbst zurückzurufen und ihn zu ermuntern, die nötigen Bemühungen zu machen, um diesen außergewöhnlichen Zustand des Bewusstseins und der Gegenwärtigkeit wiederzufinden und festzuhalten.

Aber er wird sich merkwürdigerweise mit einem unerwarteten Widerstand konfrontiert sehen, der aus seinem gewöhnlichen Ich stammt, ja sogar mit einer Weigerung, diesen inneren Rufen zu gehorchen. Denn in diesen wertvollen Augenblicken wird ihm scheinen, dass alles, was ihn gleichzeitig von außen ruft, wichtiger sei und zuerst erledigt werden müsse, damit er danach frei sei, auf die Rufe in sich zu antworten. Aber leider wird die Zeit vergehen und er wird vergessen haben, diesen entscheidenden inneren Schritt zu machen. In der Außenwelt wird stets etwas Unerwartetes auftauchen, das seine Aufmerksamkeit eindringlich beanspruchen und ihn somit hindern wird, der geheimnisvollen Stimme in sich zu gehorchen, die ihn so subtil ruft, um ihn zu drängen, die unerlässliche Bemühung zu machen, die ihm eines Tages erlauben wird, sich endgültig in diesem ätherischen Zustand des Bewusstseins zu etablieren, einem Zustand der Transparenz, der seine WAHRE NATUR ist – der aber, für den Moment, viel zu fragil ist, um in ihm aktiv zu bleiben.

Genau da wird sich für den Sucher das Problem stellen, einer höheren Autorität in sich zu gehorchen. Er wird sich vor die Tatsache gestellt sehen, dass er nicht weiß, wie er innerlich gehorchen soll, wenn er diesen Ruf in seinem Wesen vernimmt. Er wird von nun an, wie ein neu geborenes Kind, lernen müssen, auf eine höhere Macht in sich zu hören und ihr zu gehorchen, wenn er auf dieser rätselhaften Suche weiter gehen möchte. Er wird erkennen müssen, dass er nicht nur nicht weiß, wie er auf diese Rufe antworten soll, wenn er sie in sich wahrnimmt, sondern dass er ihnen vor allem nicht gehorchen will; denn die äußeren Umstände sowie die Forderungen seines Körpers und des äußeren Lebens erscheinen ihm noch wichtiger. Er wird sich daher vor einem echten Dilemma sehen: wie es schaffen, die dringenden Rufe der phänomenalen Welt zu befriedigen und gleichzeitig diesem inneren Ruf zu gehorchen.

Erst nach zahlreichen Versuchen und wiederholten Fehlschlägen wird der Sucher intuitiv zu verstehen beginnen, dass ein Teil dieser spirituellen Arbeit an ihm gerade darin besteht, die Probleme und die unerwarteten Ereignisse, die kontinuierlich im äußeren Leben auftauchen, nicht nur als Mahnungen an seine eigene Vergänglichkeit zu benutzen, sondern vor allem als Mittel, um ihm zu helfen, diesen Zustand erhöhten

Bewusstseins in sich wiederzufinden, und um zu beginnen, darin zu bleiben. Jedoch, um diese Mittel erfolgreich einzusetzen, wird sich ihm die Frage, diesen inneren Rufen sofort zu gehorchen, wenn sie sich in ihm bemerkbar machen, mit noch größerer Schärfe stellen.

Der Aspirant wird sich nun in Bezug auf die Notwendigkeit dieses Gehorsams mit einer merkwürdigen Ambivalenz in sich konfrontiert sehen. Ihm wird klar werden, dass er jedes Mal auf etwas in sich, mit dem er beschäftigt ist, verzichten muss, um diesem inneren Ruf gehorchen zu können; aber gleichzeitig wird ihm eine Stimme heimlich einflüstern: „Ja, aber nicht sofort, denn erst muss ich die Geschichte zu Ende bringen, die ich mir gerade erzähle, oder das, was ich gerade mache, oder auch das, was ich für die Zukunft plane, und so weiter, und dann werde ich dem Ruf gehorchen." Der Sucher kann daher sein ganzes Leben verbringen, ohne je Zeit zu finden oder einzuwilligen, auf diese Rufe zu antworten, die so geheimnisvoll in ihm auftauchen, um ihn einzuladen, die unerlässliche Anstrengung zu machen, der höheren Autorität seiner Doppelnatur zu gehorchen.

Er wird zugeben müssen, dass der niedere Aspekt seiner selbst noch dramatisch stark ist und dass er den Platz absolut nicht dem höheren Aspekt seiner Natur überlassen möchte, denn er spürt, dass er, wenn er nachgibt, sein Verschwinden besiegeln wird. Die beiden Aspekte seiner Natur können nicht nebeneinander existieren, es handelt sich da um ein unerbittliches Gesetz, das nur schwer verständlich zu machen ist. Wenn es darum geht, den Tod des niedrigen Aspektes seiner selbst zu akzeptieren, um dem GÖTTLICHEN ASPEKT seiner Natur zu erlauben, SEINEN legitimen Platz in ihm einzunehmen, weicht der Aspirant entsetzt vor einem solchen Opfer zurück. Es ist, als ob er sich sagte: „Aber, was wird dann aus mir werden?" Die Antwort auf diese Frage lautet, dass er ganz einfach wieder in sein HÖCHSTES WESEN aufgenommen werden wird – aus dem er ohnehin ursprünglich entsprungen ist.

* * *

In der Tiefe jedes lebenden Geschöpfes existiert ein geheimnisvoller Drang oder, man kann sagen, eine lebenswichtige und ausgeprägte Notwendigkeit, sich einer höheren Autorität zu unterwerfen. Der Mensch fühlt instinktiv, dass der Gehorsam gegenüber einer höheren, einzigartigen und unsichtbaren Autorität unerlässlich ist, um eine gewisse Einheit zu schaffen, sowohl in ihm als auch außerhalb seiner selbst. Die Notwendigkeit zu diesem Gehorsam ist in der gesamten Schöpfung eine Selbstverständlichkeit, damit sich eine gewisse Ordnung einstellt, ohne welche es nur Chaos gäbe. So findet sich dieses Bedürfnis, sich einer höheren Autorität zu unterwerfen, bei vielen Tieren wieder, sei es in einem Wolfsrudel, einer Gruppe von Affen, einer Elefantentruppe oder einem Rudel von Hirschen etc., und noch offensichtlicher bei Insekten, wie Bienen oder Ameisen. Auch die Pflanzen können, auf ihre Weise, diesen Drang nicht vermeiden, den Gesetzen einer unsichtbaren Autorität in sich zu gehorchen, welche aufgrund einer langen rätselhaften Gewohnheit ihr Wachstum, ihr Verhalten, die Blüten und die Früchte reguliert, die sie produzieren, jede Pflanze und jeder Baum zu seiner Zeit und gemäß ihrer oder seiner Art. Selbst der Kosmos im Ganzen ist der Notwendigkeit unterworfen, einer mathematischen Regel zu gehorchen, welche die Bewegung jeder seiner Galaxien, seiner Planeten und jedes seiner Sterne bestimmt, die im unermesslichen Raum kreisen. Dieser Drang zum Gehorsam existiert auch im Menschen. Aber da dieser gegenüber der Existenz seines HIMMLISCHEN MEISTERS in sich unempfindlich geworden ist, treibt ihn die Notwendigkeit, einer höheren Autorität zu gehorchen, die seinem Wesen innewohnt, ungewollt dazu, sie im Äußeren zu suchen.

Indessen, sich unerleuchteten Wesen zu unterwerfen und ihnen zu gehorchen, kann den Menschen nur in schwierige, ja sogar gefährliche Situationen bringen, und zwar aufgrund von kontinuierlichen Streitigkeiten und unaufhörlichen Kämpfen zwischen entgegengesetzten Lagern, die früher oder später entstehen und unausweichliche Leiden nach sich ziehen – so wie es jeden Tag zwischen verschiedenen Völkern und Nationen dieser Welt geschieht.

Der Aspirant wird sich mit der dringenden Notwendigkeit konfrontiert sehen, seinen eigenen MEISTER und HIMMLISCHEN SOUVERÄN in sich selbst zu finden und sich DESSEN AUTORITÄT zu unterwerfen – wenn er aufrichtig strebt, sein WAHRES ZUHAUSE in sich zu finden, um sich zu befreien von dem glühenden und geheimnisvollen, in sich begrabenen Wunsch, zu suchen, in die phänomenale Welt zurückzukehren, in eine körperliche Behausung, die so unsicher und dem Zufall ausgesetzt ist.

Ein ernsthafter Sucher kann nicht umhin, die Dringlichkeit zu erkennen, sich mit seinem ganzen Sein seiner spirituellen Suche und seiner Meditationspraktik zu widmen, bevor er am Ende seiner irdischen Reise ankommt. Er wird sehen, dass jeden Augenblick Krankheit und Tod auf ihn lauern und ohnehin das letztendliche Schicksal eines jeden darstellen, der sich in eine zerbrechliche körperliche Materie inkarniert hat; und er wird feststellen, dass sein Leben dabei ist, schnell und unausweichlich in einer Abwärtsbewegung auf Alter, Abnutzung und Zerfall zuzufließen – wie Wasser, das, vom Gipfel eines Berges fließend, seine Reise rein und kristallklar beginnt und in dem Maß, wie es in die Ebenen absteigt und dort stagniert, immer schmutziger und trüber wird.

Verglichen mit der unvorstellbar gigantischen Menge an Materie, welche die unzähligen Galaxien bildet, die den Kosmos erfüllen, und mit der Lebensdauer der Sterne, verschwinden der Mensch sowie seine Lebensdauer in einem wahrhaft lächerlichen Nichts, gleich den Milliarden von mikroskopisch kleinen, für das Auge nicht wahrnehmbaren Zellen, die sich in der Luft befinden und von deren Existenz man für gewöhnlich nicht einmal etwas ahnt. Das Leben jeden Mannes und jeder Frau ist dabei, mit rasender Geschwindigkeit abzulaufen, von der Geburt bis zum Tod, mit einer Geschwindigkeit, die sie aus Gewohnheit nicht wahrnehmen, und zwar aufgrund all der Sorgen und all der Freuden, mit denen das Sichtbare sie kontinuierlich versieht, sie so in einem seltsamen Wachschlaf haltend – außer sie stoßen auf eine Lehre, die ihnen eine rettende und unverhoffte Hilfe bringen kann, um diesen rätselhaften Schlaf zu verstehen, in dem sie im Allgemeinen ihr ganzes Dasein verbringen, und die ihnen den Weg zur Befreiung zum WAHREN LEBEN hin zeigen kann. Aber jede Hilfe, die sie von einem anderen erhalten können, erspart den Suchern auf keinen Fall, unaufhörlich die unerlässlichen, persönlichen Bemühungen zu machen, um zu einem Wiedererkennen des WAHREN SEINS in sich zu kommen und sich mit IHM zu vereinen.

Dem Ruf folgen

Wenn der Aspirant nach einer gewissen Zeit der Meditationspraktik dahin kommen wird, immer tiefere Schichten seines Bewusstseins zu erreichen, wird er bemerken (wenn sein Niveau des Seins und der Sensibilität hoch genug ist), dass er, nachdem er seine Meditation beendet hat, in bestimmten unerwarteten Momenten des Tages plötzlich an sich erinnert wird. Er muss in diesen kostbaren Augenblicken erkennen, dass dieser Ruf, der an ihn ergeht, er weiß nicht, auf welche geheimnisvolle Weise, als Ergebnis seiner vorhergehenden Meditationsübungen auftritt. Und ihm wird sich nun in aller Eindringlichkeit die Frage stellen, wie er lernt, diesem Ruf zu gehorchen, wenn es ihm eines Tages gelingen soll, eine gewisse Schwelle in seinem Wesen zu überschreiten, was ihm erlauben wird, in seiner Meditation und bei seinen verschiedenen Konzentrationsübungen noch weiter und noch tiefer zu gehen. Tatsächlich darf er nicht vergessen, dass die Weise, in der er seinen Tag verbringt, sowie die Art von Gedanken, die zu hegen er sich erlaubt, eine unbestreitbare Wirkung auf seine Meditation haben. Die Qualität seines Tages wird ihm später helfen können, zu viel höheren Ebenen seines Bewusstseins und seines Seins aufzusteigen, die für seine Evolution und seine Befreiung von dieser Existenzform von lebenswichtiger Bedeutung sind.

Jedes Mal, wenn der Sucher im Laufe des Tages diesen geheimnisvollen Ruf vernimmt, muss er lernen, ihm sofort zu folgen, und muss eine so aufrichtig wie mögliche Anstrengung unternehmen, um sich in diesem Zustand des Bewusstseins und der inneren Gegenwärtigkeit, die ihm ungewohnt sind, zu halten, bis ein tiefes und ganz besonderes Erwachen in seinem Wesen spürbar zu werden beginnen wird. Er muss diese Anstrengung während 10 oder 15 Sekunden aufrechterhalten (oder auch mehr, wenn notwendig) und darf in seinem Bemühen nicht nachlassen, bis er sich in diesem Zustand des Erwachens, der angefangen hat, sich in ihm zu manifestieren, etabliert hat. Er wird bemerken, dass sich dieser innere Zustand trotz seines Wunsches, ihn nicht zu verlieren, innerhalb kurzer Zeit verflüchtigen wird, und dass er erneut in seinen üblichen Zustand der Abwesenheit zu sich versinken wird, während er dabei ist, mechanisch an etwas anderes zu denken oder ganz einfach ziellos zu träumen – ohne sich dessen überhaupt bewusst zu sein. Wenn dem GÖTTLICHEN mit Fug und Recht die Qualität der OMNIPRÄSENZ zugeschrieben wird, kann man im Gegensatz dazu auf den Menschen den Ausdruck Omniabsenz anwenden!

Das Hauptproblem, dem der Sucher begegnen wird, vor allem am Anfang seiner Versuche, dieses Erwachen in sich zu festigen, ist, zu akzeptieren, diesem Ruf jedes Mal zu gehorchen, wenn er sich in seinem Wesen manifestiert, um diese ungewohnte Gegenwärtigkeit in sich zu erneuern. Er wird sich darüber belehren lassen müssen, dass, obwohl in ihm, seinem Wesen innewohnend, das Bedürfnis besteht, sich einer höheren Autorität zu unterwerfen, der Gehorsam gegenüber diesem Ruf aufgrund seiner unerwünschten Tendenzen und Gewohnheiten, die seit langem in ihm eingeschweißt sind, nicht so einfach ist, wie er es am Anfang dieser geheimnisvollen inneren Reise denken könnte. Etwas in ihm wird sich sogar gegen die geforderte Anstrengung auflehnen, denn dieser Gehorsam wird in genau diesen Momenten von ihm verlangen, seine Träumereien und das, was seinen Geist in Beschlag nimmt und was ihm im Allgemeinen am Herzen liegt, aufzugeben. Die verschiedenen Arten von Fallen und von Entschuldigungen, die auf den Sucher warten, um ihn zu hindern, diesen Aufrufen nachzukommen, sind am Anfang dieses spirituellen Abenteuers schwer zu entdecken.

Er wird vielleicht lange in die gleichen Arten von Fallen tappen, die sein gewöhnliches Ich ihm stellt, um ihn zu hindern, diesem Ruf zu folgen; denn im Grunde weiß das weltliche Ich in ihm, dass es am Ende ganz verschwinden wird, so wie eine

Eizelle und eine Samenzelle ihre Individualität gänzlich verlieren und als Eizelle und als Samenzelle sterben, um ein Mensch zu werden, oder so wie ein Dattelkern stirbt, wenn er anfängt, eine Palme zu werden.

Der Sucher muss durch ein lebendiges Verständnis dahin kommen, eine Übereinkunft mit sich zu treffen, um zu akzeptieren, auf der Stelle diesem Ruf zu gehorchen, wenn er ihn plötzlich in sich vernimmt, so wie es ein Untertan demütig vor seinem König tut. Er muss jeden Morgen seinen Tag vorbereiten, vorzugsweise nach seiner Meditation, und sich an diese Übereinkunft erinnern, die er mit sich getroffen hat.

Der Aspirant wird feststellen müssen, wie lau er mit der Zeit wird oder wie er sogar die Vereinbarung vergisst, die er mit sich getroffen hat, und aufhört, auf diesen Ruf zu antworten. Er muss daher seine Entscheidung ständig in sich erneuern, denn wenn es um den unaufhörlichen Verzicht geht, den er bei einer authentischen spirituellen Praktik an den Tag legen muss, findet er sich anfangs willenlos und tragisch menschlich.

* * *

Es ist für den Sucher notwendig, sich darüber klar zu werden, dass es niemals er selbst ist, der diese wertvollen Wiederaufnahmen der Bewusstheit bewirkt, die ihm während des Tages plötzlich widerfahren, sondern dass diese unschätzbaren Geschenke Rufe sind, die von einer höheren Autorität in ihm stammen, der Autorität seines HIMMLISCHEN SOUVERÄNS, der ihn zu verschiedenen Zeiten des Tages an ihn selbst erinnert, um ihn aufzuwecken; denn ohne die Hilfe seines GÖTTLICHEN MEISTERS ist es dem Menschen unmöglich, ganz alleine die Barrieren des Wachschlafs zu überwinden, in dem er sein ganzes irdisches Dasein verbringen kann und der die Grundursache unaufhörlicher Leiden in dieser Existenzform ist.

Selbst wenn der Aspirant ernsthaft die nötigen Anstrengungen unternimmt, diesen Rufen ein paar Tage lang nachzukommen, wird er bemerken, dass sich schon während eines Tages seine Reaktionen auf diese Rufe nach und nach abschwächen werden. Er wird die Anstrengung einmal, zweimal, dreimal und sogar viermal machen, dann kann es sein, dass er beim fünften Mal, sei es, weil er körperlich erschöpft oder mit einer Arbeit beschäftigt ist, während er abrupt an sich erinnert wird, zu sich sagt: „Später, später, ich muss zuerst das zu Ende bringen, was ich gerade mache." Und später wird er vergessen haben, diese essenzielle Anstrengung zu machen, die alleine das Mittel ist, um zu einem anderen Universum in seinem Wesen zu gelangen, jenseits von Schöpfung und Auflösung.

Zudem, selbst wenn der Sucher mehrere aufeinanderfolgende Male mit genügendem Ernst auf diese Rufe antwortet, die so geheimnisvoll während des Tages auftauchen, wird er sich vielleicht nach dem vierten oder fünften Mal gehenlassen und schließlich diese Rufe in sich nicht einmal mehr bemerken.

Eine andere Art Falle, die ihn am Anfang dieser spirituellen Praxis erwartet und die seiner Aufmerksamkeit entgehen kann, wenn er nicht vorgewarnt wurde, ist, dass er sich, wenn ihn diese Rufe drei oder vier aufeinanderfolgende Male erreicht haben, vielleicht dabei ertappt, sich zu sagen: „Aber ich bin doch gerade, vor kaum einer Minute, diesem Ruf gefolgt!" Sollte er sich in diesem Fall nicht fragen, was er wirklich sucht, sowie, ob sein Wunsch wirklich aufrichtig ist, sich in diesem Zustand der Wachheit zu etablieren, der so kurz aufrechtzuerhalten und so schwer in ihm zu festigen ist.

Man bleibt verwirrt angesichts dieses merkwürdigen Widerspruchs, der im Menschen existiert; denn einerseits gibt es, seiner Natur innewohnend, diesen Drang, einem höheren Prinzip zu gehorchen, und andererseits existiert gleichzeitig in ihm die Weigerung, dieser Autorität zu gehorchen, und zwar wegen der Bedrohung, die dieser Gehorsam für alle die langjährigen Tendenzen und Gewohnheiten darstellt, die ihn beherrschen.

Der Sucher muss stets verfügbar und bereit sein, dieser inneren Autorität, die ihn im Laufe des Tages an ihn selbst erinnert, zu antworten, um zu versuchen, sich jedes Mal aus seinem Wachschlaf zu reißen, wenn er sich erneut darin versunken sieht. Er muss akzeptieren, diesem Ruf nicht hundert Mal am selben Tag zu gehorchen, sondern, wenn nötig, hunderttausend Mal, bis es ihm eines Tages gelingt, in sich diese ungewohnte innere Gegenwärtigkeit zu konsolidieren, die nicht ein kostenloses Geschenk ist, sondern ein Schatz, den er sich durch eigene Anstrengungen erwerben muss.

* * *

Wenn der Aspirant im Laufe seiner Meditation sehr hohe Bewusstseinsebenen erreicht, kann er nicht ewig bewegungslos sitzen bleiben, um sie nicht wieder zu verlieren, sei es, weil er natürlichen Bedürfnissen folgen, essen, sich waschen oder Aufgaben erledigen muss, die notwendig sind, um sein körperliches Leben aufrechtzuerhalten; sobald er aufstehen wird, werden diese außergewöhnlichen Zustände unweigerlich verschwinden und er wird sich, wie immer, in kurzer Zeit bei sich selbst wiederfinden, bei seinem gewöhnlichen Ich, das die Zügel wieder in die Hand genommen haben wird und ihn führen wird, wie es ihm beliebt, samt dem, wozu er Lust oder nicht Lust hat. Und wenn der Aspirant zu einer anderen Tageszeit ein neues Mal meditieren möchte, wird er gezwungen sein, wieder bei null anzufangen, um das wiederzugewinnen, was er in der Bewegung der existentiellen Welt verloren hat, statt wenigstens ein Minimum dieser Transparenz des Seins und dieser ungewohnten inneren Gegenwärtigkeit auch bei seinen täglichen Tätigkeiten zu bewahren, um noch weiter gehen zu können, wenn er sich erneut hinsetzen wird, um zu meditieren.

Aus diesem Grund muss der Sucher jeden Morgen, ohne Ausnahme, wie ein Kämpfer seinen Tag vorbereiten, weil er weiß, dass er einem listigen und hartnäckigen Gegner gewachsen sein muss, und er muss sich erinnern, dass er nie versäumen darf, die entscheidende Anstrengung zu machen, auf den Ruf dieser höheren Autorität mit demütiger Ehrfurcht zu antworten, jedes Mal wenn er ihn geheimnisvoll in sich vernimmt – um eines Tages dahin zu kommen, eine bestimmte Schwelle in seinem Wesen zu überschreiten und diese innere Wachheit endgültig in sich zu festigen. Was nur dank der Arbeit eines ganzen Lebens, und mehr, geschehen kann.

KAPITEL 14

Die Früchte des Gehorsams

Wenn der Sucher während des Tages plötzlich diesen Ruf in sich vernimmt, während er beschäftigt ist, mit jemandem zu sprechen, wird er mehrere wichtige Sachen bemerken, die ihm bei seinem zukünftigen Vorgehen erheblich helfen können. Erstens wird er feststellen, dass er nur einen Moment vorher abwesend zu sich war und gewohnheitsmäßig dabei war, mechanisch zu sprechen, indem er Worte und Sätze verwendete, die er sich bereits in seiner Jugend angeeignet hat und die er anwendet ohne die Notwendigkeit, nachdenken zu müssen. Zweitens wird er bemerken, dass er emotional engagiert war und sich mit dem Inhalt seiner Worte identifizierte. Ob das, was er sagte, der Realität des Augenblicks entsprach oder nicht, ist eine ganz andere Sache! Drittens wird er sehen, dass, eine zehn bis fünfzehn Sekunden lange Bemühung zu machen, um wieder zu sich zu kommen und in sich ein Maximum an Losgelöstheit und innerer Gegenwärtigkeit herzustellen, ihm am Anfang seiner Versuche viele Probleme bereiten wird. Er riskiert, vor den Schwierigkeiten, die er erfahren wird, diese spirituelle Arbeit an sich zum Erfolg zu führen, zurückzuweichen und sogar versucht zu sein, auf dem Weg aufzugeben.

Wenn es ihm mit seinem Wunsch, sich selbst zu übersteigen, wirklich ernst ist, muss er unaufhörlich üben, bis er das Mittel findet, mit der Person vor sich weiter zu sprechen, indem er vielleicht sein Sprechtempo etwas verlangsamt, bei bestimmten wichtigen Worten innehält oder auch zwischen zwei Sätzen eine kurze Pause einlegt, so als ob er damit beschäftigt sei, darüber nachzudenken, was er sagen werde, während er gleichzeitig diese lebenswichtige Anstrengung macht und nicht akzeptiert, darin nachzulassen, bevor er erneut diesen Zustand besonderer Gegenwärtigkeit in sich hergestellt hat.

Ist der Aspirant alleine, wenn er diesen geheimnisvollen Ruf vernimmt, wird es für ihn leichter sein, ihm zu gehorchen und diese Rückkehr zu sich selbst zu vollziehen, indem er seine Tätigkeit unterbricht und für einige Sekunden bewegungslos bleibt, während derer er mit all seinem Ernst versuchen wird, diese unerlässliche Bemühung zu machen, bis er wirklich erreicht hat, in sich diesen Zustand tiefen, inneren Gegenwärtigseins herzustellen. Tatsächlich wäre es vorzuziehen, dass er die Kraft fände, mit dem, was er macht, wenn sich dieser Ruf in ihm manifestiert, fortzufahren, während er sich bemüht, in sich diese ungewohnte innere Gegenwärtigkeit herzustellen.

Am Anfang können einige zu sehr extravertierte Aspiranten eine bestimmte Schwierigkeit erfahren, diesen inneren Ruf zu erkennen; in diesem Fall können sie vorübergehend eine äußere Stütze als Hilfe verwenden, die in einem Gegenstand besteht, der an dem Ort platziert ist, an dem man während des Tages am häufigsten vorbeikommt, ein Objekt, das in ihnen Ehrfurcht erweckt, wie eine Buddha-Statue, eine Ikone, ein Bild Christi, ein Kreuz oder auch ein symbolisches Objekt wie eine Lampe, und das, jedes Mal, wenn ihr Blick zufällig auf dieses Objekt fällt, sofort als ein Mittel der inneren Mahnung anzuwenden ist, um diese Bewegung der Rückkehr zu sich selbst durchzuführen und zu versuchen, für zehn oder fünfzehn Sekunden eine intensive innere Präsenz in sich zu erwecken. Sie dürfen auf keinen Fall absichtlich suchen, dieses Objekt anzuschauen, denn es ist wichtig, dass das Objekt selbst sie überrascht, damit sie feststellen können, wie sie noch einen Moment vorher abwesend und in sich selbst verschlossen waren, und damit sie verstehen, zu welchem anderen Zustand des Bewusstseins und des Seins sie aufgerufen werden. Daher wird diese plötzliche Erinnerung zu einem wichtigen Mittel des Vergleichs, um ihnen zu helfen, besser zu verstehen, worin dieses besondere Erwachen besteht, das sie in sich zu festigen suchen. Nur der kontinuierliche Gehorsam gegenüber dieser inneren Autorität, jedes Mal wenn diese ihn an ihn selbst erinnert, kann dem Sucher helfen, sich von dem zu lösen, der er normalerweise ist, damit er es eines Tages schaffe, permanent in einem Zustand der Transparenz des Seins zu bleiben, jenseits von Zeit und Raum. Aber dieser unbeschreibliche Zustand kann sich nicht von alleine in ihm einstellen; dieses außergewöhnliche Resultat erfordert unaufhörliche und hartnäckige Bemühungen von seiner Seite.

* * *

Wenn der Aspirant in bestimmten Momenten des Tages plötzlich zu sich selbst gerufen wird, wird es ihm möglich sein, genau in diesen Augenblicken zu unterscheiden, ob seine Handlungen oder seine Worte zu seinem Gesprächspartner dem Anspruch der gegenwärtigen Situation gerecht werden oder nicht. Er wird beginnen, vor sich selbst und vor dem, was er zu tun oder zu sagen riskiert und was ihm hinterher Probleme schaffen könnte, geschützt zu sein.

Durch ständigen Gehorsam gegenüber diesen Winken, die ihn so subtil und unerwartet erreichen, um ihn zu verschiedenen Zeiten des Tages an ihn zu erinnern, wird der Sucher feststellen können, dass er für gewöhnlich seinen Gesprächspartner nicht wirklich sieht; da er im Allgemeinen alles von der Oberfläche seiner selbst aus betrachtet, sieht er nicht die Art Person, die sich vor ihm befindet, noch die Wirkung, welche die Worte, die er gerade ausspricht, auf jene haben. Ihm wird klar werden, auf welche Weise er für gewöhnlich in sich schläft, und wie wertvoll diese Präsenz ist, die er in seinem Wesen zu kultivieren sucht. Sie wird ihm helfen zu lernen, zu verschiedenen Personen unterschiedlich zu sprechen und wahrzunehmen, auf welche Weise er Äußerungen machen kann, die von seinem Gesprächspartner verstanden und akzeptiert werden – ob er ihm nun vorher bekannt oder nicht bekannt war –, Äußerungen, die Letzteren vielleicht abgeschreckt hätten oder sogar ein Gefühl der Feindseligkeit hervorgerufen hätten, wenn der Sucher weiter in sich geschlafen hätte und nicht diese Bemühung um innere Präsenz gemacht hätte.

115

Durch dieses besondere Erwachen, das sich in seinem Wesen zu vollziehen begonnen hat, wird der Aspirant erkennen, wie man, ohne es im Allgemeinen zu wissen, einen anderen daran hindern kann, etwas für seine Zukunft Wichtiges zu verstehen und daher eine Tür vor ihm schließen kann, allein durch die Weise, in der man innerlich ist, während man spricht, und durch die Art der Worte, die man an ihn richtet; wohingegen man ihm eine Möglichkeit bieten kann, einen ganz anderen Blick auf die Welt und die Dinge zu haben, wenn man seiner selbst auf eine andere Art bewusst ist als die, auf die man es gewöhnlich ist, und wenn man das, was man zu sagen hat, auf eine andere Weise ausdrückt. Durch diese neue Haltung wird man vielleicht einen unsichtbaren Samen in das Wesen des anderen gesät haben, der später keimen wird und ihm einen unverhofften Weg zu seiner Befreiung zeigen wird.

Als Folge der ganzen spirituellen Arbeit, die er mit Ernst und Hartnäckigkeit an sich ausgeführt hat, wird der Sucher anfangen, sich von sich und von der äußeren Welt sehr entfernt zu fühlen. Eine tiefe Veränderung des Blicks auf das Leben und auf die Personen, mit denen er lebt oder in Berührung kommt, wird sich in seinem Wesen vollziehen. Er wird sich manchmal dabei ertappen, die Personen (oder die Person), mit denen er zusammenlebt, mit einem anderen Blick zu sehen, so als ob er sie zum ersten Mal sehe – einem Blick, der aus einer tiefen Stille in ihm kommt. In diesen besonderen Momenten wird ihm voller Verwunderung klar werden, wie sehr er den anderen nie wirklich gesehen noch ihn verstanden hat, und wie oft der andere sich alleine in sich fühlt.

Dieses Gehorchen des Aspiranten gegenüber einer höheren Autorität wird schließlich eine tiefe Leidenschaftslosigkeit gegenüber seinem weltlichen Ich sowie gegenüber der Außenwelt in ihm schaffen. Er wird bemerken, dass diese Aufrufe (wenn er gelernt haben wird, auf sie zu hören und ihnen zu gehorchen), immer in Momenten zu ihm kommen werden, wenn er in belanglosen Gedanken verloren ist oder wenn er sich mit dem, was ihn von außen anzieht, identifiziert. Und trotz der Tatsache, dass er gezwungen sein wird, weiter da draußen in der phänomenalen Welt zu leben, wird er beginnen, gleichzeitig in einer anderen Welt in sich zu leben. Auf eine ganz besondere Weise wird er sich dabei finden, in beiden Welten gleichzeitig zu leben. Außerdem werden alle die Konzentrationsübungen, die der Aspirant im aktiven Leben durchzuführen sucht, in ihm eine sehr subtile Teilung[15] der Aufmerksamkeit entwickeln, die ihm erlauben wird, seinen Geist auf sein eigenes Inneres gerichtet zu halten, während sein Blick weiter die Außenwelt betrachtet. So wird er, auf eine für gewöhnliche Sterbliche unbegreifliche Weise, fähig sein, hinter seinem Sehen und hinter seinem Hören zu sein. Auf diese Weise wird er zu einem Kanal zwischen der oberen und der unteren Welt werden können.

Schon am Anfang seines Engagements auf einem spirituellen Pfad ist es für den Sucher wichtig zu erkennen, dass er, je mehr er diesen Rufen gehorcht, die aus einer rätselhaften Welt in ihm stammen, desto mehr imstande sein wird, ihnen zu gehorchen, und dass er, je weniger er gehorcht, desto weniger imstande sein wird, ihnen zu gehorchen. Das Gleiche gilt für seine Konzentrationsübungen: je mehr er sie macht, desto mehr wird er sie machen und sich konzentrieren können, und je weniger er sie macht, desto weniger wird er sie machen und sich konzentrieren können. Ein Mensch macht sich im Allgemeinen nicht klar, dass es nicht so ist, dass er die Anstrengungen in Bezug auf sich nicht machen *kann*, sondern vielmehr so, dass er sie nicht machen *will*.

Der Sucher muss ständig bereit sein, diesem merkwürdigen Widerspruch, der in ihm besteht, unermüdlich zu trotzen: auf

---

[15] Selbst wenn sie sich dessen nicht bewusst gewesen sind, war diese wertvolle Fähigkeit zur Teilung der Aufmerksamkeit bei sehr seltenen großen Komponisten vorhanden, was ihnen erlaubte, Orchesterwerke von äußerster Komplexität zu schreiben.

der einen Seite ist das Bedürfnis in ihm vorhanden, sich einer höheren Autorität zu unterwerfen und ihr zu gehorchen, und auf der anderen Seite existiert in ihm der Rebell, den es zu meistern gilt.

Jedes Mal, wenn er zu sich zurückgerufen wird, wird er, wenn er genügend Unterscheidungsvermögen zeigt und wenn er wirklich begierig ist, sich kennenzulernen, nicht umhin können zu bemerken, dass er sich in diesen Augenblicken zwischen zwei Welten hin- und hergerissen sieht. Am Anfang wird er bemerken, dass etwas in ihm sich sträubt, zu reagieren. Denn diese Rufe finden immer einen Weg, um in den unpassendsten Momenten aufzutauchen, wenn er mit inneren Gesprächen oder damit beschäftigt ist, sich an attraktiven (oder, merkwürdigerweise, auch an negativen) Vorstellungen zu ergötzen.

Tatsächlich hat er sich, ohne sich das klar zu machen, in eine sehr heikle Situation gebracht, als er beschlossen hat, diese seltsame innere Reise zu unternehmen, um diesen Unbekannten in sich kennenzulernen, mit dem er, ohne es zu wissen, so lange gelebt hat und der, ohne dass er es gemerkt hat, sein Leben kontrolliert hat. Er muss jedoch verstehen, dass diese Rufe genau in den Augenblicken zu ihm kommen, in denen er riskiert, in einer nutzlosen Handlung, Vorstellung oder Fantasie gefangen zu sein, die durch ihre konstante Wiederholung schließlich zu einer nicht infrage gestellten Gewohnheit würde, deren Opfer er werden würde.

Da der Mensch nicht vermeiden kann, ein Geschöpf der Gewohnheit zu sein, wie kann es da ein Aspirant schaffen, diese gefahrvolle Brücke der irdischen Existenz zu überqueren, ohne der Bindung an eine Sache oder an ein Vergnügen anheimzufallen, die zur Folge hätte, seinen Geist in der entscheidenden Stunde seines Todes zurückzuhalten und ihn zu hindern, nicht zerstreut zu bleiben, ihm auf diese Weise die Pforte schließend, die zur Glückseligkeit seiner HIMMLISCHEN HEIMAT führt? Seine Emanzipation ist direkt verbunden mit seinem Grad der Selbsterkenntnis und der Kenntnis der verschiedenen Tendenzen und der nichtssagenden Glaubensansichten, die er in sich trägt und die das LICHT seines GÖTTLICHEN WESENS verdunkeln. Und die Befreiung hängt davon ab, in welchem Grad er akzeptiert, sich einer höheren Autorität in seinem Wesen zu unterwerfen und ihr zu gehorchen.

Mit zunehmender Selbsterkenntnis wird der Sucher bemerken, dass dieser Akt des Gehorsams eine Veränderung seines Verhaltens in seinem täglichen Leben nach sich ziehen wird. Er wird nicht mehr auf die gleiche Weise wie in der Vergangenheit denken und handeln können, ohne sich selbst infrage zu stellen; er wird sich besser ausgestattet finden, um seine Gedanken, seine Worte und seine Handlungen zu überprüfen, bevor er sie in die Tat umsetzt.

Des Weiteren wird, als Ergebnis seiner langen Meditationspraktiken und der unablässigen Wiederholung des Aktes des Gehorsams gegenüber dieser Autorität in sich, in bestimmten Momenten die seltsame Fähigkeit in ihm erwachen, die Gesamtheit einer Situation gleichzeitig zu erkennen, ohne dass er danach gesucht hätte. Später wird er nicht umhin können, wiederholt bekümmert festzustellen, wie sinnlos es ist, die Aufmerksamkeit eines anderen auf die Fehler zu ziehen, die jener (oder jene) durch seine Worte oder durch seine Handlungen begeht und die jenem in einer nahen oder fernen Zukunft Leiden verursachen können; denn er wird sehen, dass die Person, an die er sich richten wird, zu sehr mit ihren Worten und Handlungen identifiziert und zu sehr emotional darin verwickelt sein wird, und dass sogar die Gefahr bestünde, dass sie sich mehr denn je an das klammern würde, was sie gerade sagt oder tut. Das ist der Grund, warum sich der Sucher meistens gezwungen sehen wird, voll tiefer, mitfühlender Traurigkeit Schweigen zu bewahren.

* * *

Wenn das Niveau der Sensibilität und der Intelligenz des Aspiranten hoch genug ist, wird er eine andere bedeutsame Tatsache feststellen, die geheimnisvoll in seinem Bewusstsein entsteht, wenn er plötzlich diesen Ruf in sich vernimmt und wenn er es schafft, sich von seinen Träumereien oder von dem, was seinen Geist erfüllt, loszureißen. Er wird wahrnehmen, dass sein Bewusstsein noch einen Augenblick vorher, während er in seinen Gedanken eingeschlossen war, ebenfalls verengt war, und dass sich während der zehn bis fünfzehn Sekunden, in denen er sich bemüht, sich von sich selbst und von dem, was ihn beschäftigt, zu entfernen, um sich erneut innerlich gegenwärtig zu machen, sein Bewusstsein gleichzeitig ausdehnt; und er wird sofort anfangen, das, was sich ihm präsentiert (sei es eine Person oder ein Objekt), von einer Stelle weit hinter seinen Augen zu betrachten, aus der inneren Tiefe seines Kopfes. Er wird nicht mehr in das verwickelt sein, was er sehen wird: es wird kein Für und kein Wider mehr geben, sondern nur den Akt des Sehens.

Der Sucher wird also verstehen, dass er normalerweise nur von der Oberfläche seiner selbst aus denkt, schaut und hört; tatsächlich lebt er gewohnheitsmäßig aus dem äußeren Aspekt seines Geistes und seines Gefühls heraus. Bei den anderen wird er gleichfalls erkennen können, wie weit sie in sich eingeschlossen sind und von der Oberfläche ihres Geistes und ihres Wesens aus denken, schauen und fühlen, und wie sehr sie folglich nur oberflächlich leben und empfinden.

Wenn der Aspirant durch diese innere Gegenwärtigkeit, die er in sich zu festigen sucht, einen anderen Zustand des Bewusstseins und des Seins, der in ihm erwacht, erkennt, wird er gleichzeitig spüren, dass sich aus der Tiefe seiner selbst ein unsagbarer und geheimnisvoller SCHWEIGENDER ZEUGE erhebt, den er schon vorher in seinem Wesen getragen hat, ohne ihn erkannt zu haben; er wird anfangen, das zu sehen, was sich durch den Blick dieses UNWANDELBAREN ZEUGEN in ihm und nicht mehr durch seine eigenen physischen Augen seiner Sicht präsentiert. In solchen Momenten wird er bemerken, dass er die anderen und das Leben mit einem neuen Blick und einem neuen Verständnis sieht – mit einem unbeteiligten Blick, frei von subjektiven Emotionen der Vergangenheit. Das bedeutet jedoch ganz und gar nicht, dass er den Gefühlen und den Problemen der anderen gegenüber gleichgültig wird (wie man im Allgemeinen denken könnte), sondern diese neue Art, die Welt und die Schöpfung zu betrachten, wird ihn im Gegenteil befähigen, für einen anderen auf eine Weise zu fühlen, die den gewöhnlichen Sterblichen unbegreiflich ist; er wird von unermesslichem Mitgefühl für jedes lebende Geschöpf, das einen zerbrechlichen Körper bewohnt, erfüllt sein. Denn er wird von da an wissen, dass es, trotz der äußeren Erscheinungen, keinen Mann oder keine Frau gibt, der/die nicht in der Tiefe seines/ihres Wesens eine konstante Unzufriedenheit verbirgt. Niemand kann je wissen, welcher seelische Schmerz in der Person, die sich vor ihm befindet, vergraben ist.

Solange der Mensch von seinem WAHREN WESEN, seiner GÖTTLICHEN QUELLE, abgeschnitten bleibt, wird er sich stets unvollkommen und leer in sich fühlen, trotz all der Freuden und der Güter, welche ihm die äußere Welt zuweilen bietet, um sein Dasein annehmbar zu machen; Freuden und irdische Güter, von denen er spürt, dass sie nicht andauern können – ganz wie sein körperliches Leben und das Universum selbst. Unbeständigkeit ist das unvermeidliche Los von allem, was eine Form angenommen hat, die mit den Sinnesorganen wahrgenommen werden kann – welche selbst der Vergänglichkeit und dem Untergang geweiht sind. Was gibt es in diesem Fall an Unvergänglichem hinter den Augen, die sehen, und hinter dem Geist, der das, was die Augen sehen, aufzeichnet? Was hat der Mensch im Augenblick seiner Geburt mit sich gebracht oder vielmehr in sich mitgebracht, was während seines Wachstums, seines Alterns und des Todes seiner körperlichen Form unverändert bleibt? Was ist dieses rätselhafte und für gewöhnlich unerklärliche Bewusstsein in ihm, was so geheimnisvoll und schweigend diese unaufhörlichen

Bewegungen in ihm bezeugt, die in ihm und außer ihm stattfinden, ohne je selbst davon beeinflusst zu sein, und welches
der Aspirant, jedes Mal wenn er es schafft, es wieder zu erreichen, erstaunlich unverändert und konstant wiederfindet?

Gehorchen, um zu sterben, und sterben, um zu leben

Die unaufhörliche Praktik dieser inneren Präsenz, die der Aspirant während des Tages in sich zu festigen sucht, wird sich unweigerlich auf seine Meditation auswirken, denn die Weise, in der er seinen Tag verbringt, darf auf keinen Fall von seinen Meditationsübungen, die er in der Stille seines Zimmers ausübt, getrennt werden. Wenn er nicht verlieren möchte, was er während seiner Meditation gewinnt, und wenn er sich aufrichtig von den Hemmnissen befreien möchte, die ihn hindern, sich mit seinem HIMMLISCHEN URSPRUNG zu vereinen, wird er mehr denn je die Dringlichkeit dieser plötzlichen rettenden Rufe empfinden, die ihn während seiner äußeren Tätigkeiten so unerwartet erreichen, um ihn von seinem üblichen Zustand des Seins loszureißen und um das sinnlose Umherschweifen seiner Gedanken, seiner Vorstellungen und seiner inneren Gespräche anzuhalten. Dieser kontinuierliche Gehorsam gegenüber einer höheren Autorität, den er in sich zu kultivieren sucht, wird sich auch als sehr nützlich erweisen, um den inneren Willen zu entwickeln, der für seine anderen Kämpfe mit seinen unerwünschten und noch nicht transformierten Neigungen und Gewohnheiten notwendig ist.

Wenn sich der Sucher permanent in einem Kloster aufhalten müsste, würde von ihm in jedem Augenblick des Tages und der Nacht absoluter Gehorsam verlangt. Im Allgemeinen sind die meisten Aspiranten zu dem Zeitpunkt, an dem sie auf eine spirituelle Lehre treffen, gezwungen, im tätigen Leben zu bleiben, sei es, weil sie schon die Verantwortung für eine Familie haben, sei es, dass andere äußere Verpflichtungen sie zurückhalten. Sie müssen daher die große Bedeutung des Gehorsams in ihrer spirituellen Praxis verstehen, des Gehorsams gegenüber einer höheren Autorität, in diesem Fall aber im Inneren ihrer selbst. Indessen müssen sie zunächst durch eine fleißige Arbeit der Meditation und verschiedener Konzentrationsübungen dahin kommen, diese Autorität in sich zu finden und zu erkennen, um hinterher zu akzeptieren, sich ihr zu verschreiben und auf ihre Rufe zu antworten, wenn sie sich in ihnen bemerkbar machen.

Keine intellektuelle Darstellung kann jemandem erlauben, das Wesen dieses befreienden Erwachens zu erkennen, das er in sich dauerhaft zu machen streben muss. Der Sucher muss zu diesem inneren Erwachen durch eine direkte Erfahrung kommen, die nur das Ergebnis einer hartnäckigen Arbeit an ihm selbst sein kann. Durch seine ununterbrochenen Bemühungen muss alles, was in ihm schädlich oder nutzlos ist, sterben oder sich in leuchtende und konstruktive Energien umwandeln, damit sich dieses unbeschreibliche Erwachen, das ihm von Ewigkeit her bestimmt ist, in ihm verwirklichen kann.

Es wird ihm dann möglich sein, durch spirituelle und künstlerische Schöpfungen von Schönheit, die aus diesem Erwachen in seinem Wesen erwachsen können, die Welt zu erheben – eine Welt, die tragisch von ihrer GÖTTLICHEN QUELLE abgeschnitten ist und die im Begriff ist, in den Wassern ihrer Tränen zu ertrinken, verursacht durch das Leid, welches ihre eigenen Handlungen erzeugen.

Diese Mittel und diese Konzentrationsübungen, mit denen sich der Sucher auseinandersetzen muss, werden ihm nicht nur helfen, das befreiende Erwachen in seinem Wesen zu festigen, sondern sie werden auch eine besondere Aufmerksamkeit in ihm entwickeln, die eine Waffe von höchster Bedeutung sein wird, um ihm zu helfen, in größtmöglichem Maß unzerstreut zu bleiben, wenn unvermutet seine unausweichliche Todesstunde kommen und er in diesem dramatischen Augenblick damit ringen wird, seinen planetarischen Körper zu verlassen – so wie er in seiner Geburtsstunde um die Befreiung aus der mütterlichen Gebärmutter gekämpft hat.

Wenn für ihn dieser schwindelerregende Moment kommen wird, dem existentiellen Leben Adieu zu sagen, werden ihn sein Körper, seine Familie, seine Freunde, seine Besitztümer, die Welt und sogar das Universum verlassen. In diesem überwältigenden Augenblick, den er wie eine gigantische kosmische Auflösung erleben wird, wird er sich alleine mit sich selbst finden, und vor allem mit dem, was er während seines kurzen Aufenthalts auf diesem Planeten aus sich gemacht haben wird. Wird er fähig sein, während dieses geheimnisvollen, einweihenden Übergangs, der vom Augenblick seiner Geburt an auf in wartete, unzerstreut und fest konzentriert zu bleiben?

Wenn jemand zu hören bekommt, dass er inkarniert ist, um sterben zu lernen, wird das im Allgemeinen eine Reaktion spöttischer Belustigung, der Bitterkeit oder der Auflehnung in ihm hervorrufen. Er wird seinem Gesprächspartner einen empörten Blick zuwerfen und ihm erwidern: „Was für eine Idee! Ich bin in diese Welt gekommen, um zu leben und das Leben zu genießen, und nicht, um meine wertvolle Zeit damit zu vergeuden, zu lernen, wie zu sterben." Es ist ihm nämlich für gewöhnlich unmöglich zu verstehen, dass, sterben zu lernen, ihn vorbereiten würde, mit einem ruhigen Gemüt das unerbittliche Ereignis des Verlustes seines planetarischen Körpers zu akzeptieren, der ihn seit jeher erwartet und dem er nicht entgehen kann, was immer er auch tun mag. Aber was die gewöhnlichen Sterblichen nicht begreifen können, ist, dass dieser Lernprozess, um ihn vorzubereiten, seinen körperlichen Tod zu akzeptieren, ihn durch die gleiche Gelegenheit paradoxerweise lehren wird, wie er sein irdisches Dasein voller leben kann.

Jeder dieser Rufe, die den Sucher ihm Laufe des Tages zwischen seinen Meditationssitzungen erreichen, um ihn aus dem Zustand der Abwesenheit zu reißen, in den er einen Augenblick vorher erneut gehüllt war, stellt eine echte, schweigende Unterweisung dar; eine Unterweisung im Gehorsam gegenüber einer höheren Autorität in ihm, welche die einzige ist, der er sich mit Vertrauen unterwerfen kann, denn sie wird ihn nie betrügen.

Sie ruft ihn, um ihn zum GROßEN ERWACHEN und zum WAHREN LEBEN zu führen, die ihn erwarten und die das himmlische Erbe bilden, was ihm seit jeher bestimmt ist. Der Gehorsam gegenüber einer äußeren Autorität (vor allem einer, die nicht erleuchtet ist) beinhaltet oft Risiken für den, der sich ihr unterwirft; sie kann ihn manchmal in gefährliche Situationen mitreißen, die seinen Fall und die Zerstörung seines Wesens verursachen können. Wenn der Aspirant diesen Rufen gehorcht und die allergrößte Anstrengung unternimmt, sich vom Festhalten an einer zwecklosen Vorstellung, an böswilligen Gedanken gegenüber einem anderen oder an einer sexuellen Fantasie loszureißen, ist er, selbst wenn er es am Anfang dieser Arbeit an sich selbst nicht erkennt, tatsächlich dabei, durch kleine, wiederholte Tode zu gehen, die darauf abzielen, ihn auf die schwierigste Prüfung vorzubereiten, die ihn unabwendbar am Ende seiner vorübergehenden Reise auf dieser Erde erwartet: den großen Tod, eine Einweihung, mit dem Verlust seiner körperlichen Hülle.

Nach seinem Tod wird der Mensch ganz einfach wieder in seine URSPRÜNGLICHE QUELLE aufgenommen, in eine Welt, die nur für ihn selbst besteht, so wie es ihm auf einer anderen Ebene jede Nacht widerfährt, wenn er seine Augen schließt und der nächtliche Schlaf ihn in die Welt seiner Träume entführt. Aber da er für gewöhnlich sein Leben verbringt, ohne Vorbereitungen für diese geheimnisvolle innere Reise, die ihn seit seiner Geburt erwartet, zu treffen – Vorbereitungen, die ihn noch zu Lebzeiten diesen Aspekt seiner Doppelnatur erkennen lassen würden – erscheint ihm der Zustand, in dem er sich nach dem Tod vorfindet, unverständlich. In diesem entscheidenden Moment fühlt er sich hilflos und orientierungslos. Er ist unfähig zu begreifen, was ihm widerfährt. Dieser Zustand erscheint ihm wie eine Leere, in der er seine Identität verloren hat – eine Identität, die ihm vertraut war, solange er am Leben war. Er erkennt sich in diesem Zustand nicht wieder, so wie er sich zu Lebzeiten während seines nächtlichen Schlafes nicht auf die gleiche Weise erkannte wie in seinem Zustand während des Tages. Aber diese Leere, die er nach seinem Tod erlebt, ist nicht ein Nichts, wie man zu glauben geneigt sein könnte. Dieses Nichts enthält das GROSSE ALLES, seinen HIMMLISCHEN URSPRUNG, aus dem er aufgetaucht ist – das GROSSE ALLES, in dem die Zeit nicht existiert.

Man hört von der „anderen Welt" sprechen, in die sich der Verstorbene nach dem Ablegen seines planetarischen Körpers begeben würde – eine andere Welt, die irgendwo im Himmel liege. Obwohl es tatsächlich andere Dimensionen gibt, die den gewöhnlichen Sterblichen unbekannt sind, aber für spirituell hoch entwickelte Wesen zugänglich sind, können diese Dimensionen in keiner Weise an einem geographischen Ort lokalisiert werden, wie es für die Galaxien, die Sterne und für jedes andere Objekt gilt, das sich auf die Welt der Form bezieht.[16]

Die Leute erkennen nicht, dass während ihres gesamten Lebens ihr nächtlicher Schlaf lauter kleine Tode darstellt, die er erleidet, ohne sich dessen bewusst zu sein, und die Hinweise

---

[16] Man kann bekräftigen, dass die höchsten musikalischen Inspirationen, die von bestimmten außergewöhnlichen Komponisten wie Debussy (in allen seinen Werken), Paul Dukas (in seinem Werk „La Peri") oder Gustav Holst (vor allem in seinem Werk „Die Planeten") empfangen worden sind, aus höheren Dimensionen stammen, die im Allgemeinen unbekannt sind. Die große Musik drückt geheimnisvoll diese anderen Dimensionen aus, deren Existenz sie beweist.

auf das sind, was, im Augenblick ihres Todes, ihr letzter Schlaf sein wird, aber auf einer ganz anderen Stufe.

Die Weise, in der jemand sein Leben gelebt hat, die Gedanken, die er ständig wiederholt hat, die Art von Handlungen, die er vollbracht hat, sowie die Weise, in der er sich seinen Mitmenschen gegenüber verhalten hat, haben alle dazu beigetragen, aus ihm das zu machen, was er im entscheidenden Moment seines Todes geworden sein wird, und werden, aufgrund des unabwendbaren Gesetzes der Anziehung und der Schwerkraft, den Zustand des Bewusstseins und den Zustand des Seins festlegen, zu denen er unausweichlich hilflos gravitieren wird – seien seine Zustände von einem erhabenen, einem gewöhnlichen oder einem niedrigem Niveau.

Das spirituelle Wachstum eines Aspiranten kann erst anfangen, wenn er, nach einer ernsthaften Praxis der Meditation und verschiedener, im tätigen Leben ausgeführter Konzentrationsübungen dahin kommt, sich von sich selbst und davon zu lösen, wie er sich üblicherweise sieht und empfindet, wodurch er in seinem Geist die nötige Stille schafft, um die heimliche Stimme zu hören und zu erkennen, die ihn so sanft und mit unermüdlicher Ausdauer zum ERWACHEN ruft. Der Mensch wird zu einer neuen Geburt aufgerufen, um wieder zum Leben zu erwachen, nachdem er so lange und so dramatisch in seinem üblichen Zustand des Seins begraben war. Wenn er einmal dieses UNSAGBARE ERWACHEN in sich erkannt hat, wird sich ihm fortan das Problem stellen, diese ätherische Empfindung von sich selbst, deren entscheidende Bedeutung für seine Befreiung er fühlt, zu festigen. Aber es werden mehr denn je und auf die seltsamste Weise unerwartete Ereignisse in seinem Leben auftauchen, um zu suchen, ihn zu stoppen. Attraktive Arbeitsmöglichkeiten oder andere verlockende Aktivitäten werden sich ihm unerwartet bieten und sein gewöhnliches Ich kann ihm mit viel Spitzfindigkeit und List eindringlich suggerieren, dass er sich ihnen sofort widmen muss. Jedoch, wenn er sich eine kurze Pause zum Nachdenken gönnt, wird er sich vielleicht klar machen, dass das, was ihn von außen anzieht, letztendlich nicht so wichtig ist, wie er im vorhergehenden Augenblick glaubte, und dass es vielleicht besser sei, sich nicht zu engagieren; denn sobald er angefangen hat, kann er sich vielleicht nicht mehr aus der Sache herausziehen – und das wichtigste Ziel seines Daseins wird ein weiteres Mal vergessen sein.

In solchen Augenblicken wird er umso mehr die dringende Notwendigkeit fühlen, zu einer kontinuierlichen Aufgabe seiner selbst und all dessen zu kommen, was ihn anzieht und seine Aufmerksamkeit von außen fesselt, um konstant mit diesem leuchtenden Aspekt seiner Doppelnatur verbunden bleiben zu können. Je mehr es einem Aspiranten gelingt, zu dem ERHABENEN ASPEKT seines Wesens zu gelangen und während seiner Meditation und seiner diversen Konzentrationsübungen in ihn einzutauchen, desto mehr kann er sich von der Knechtschaft befreien, welche die ermüdenden Forderungen seiner niederen Natur und die Stimulierungen der Außenwelt darstellen, die ihm die Empfindung von seiner Existenz geben; und je mehr er sich von dem HIMMLISCHEN ASPEKT seiner Natur entfernt, desto mehr ist er den Forderungen seines weltlichen Ich unterworfen und von äußeren Stimulierungen abhängig, um sich zu empfinden und zu erkennen, dass er existiert.

Weil er von seiner HÖHEREN NATUR abgeschnitten ist, klammert sich ein unerleuchteter Mensch an die Dramen des Lebens, mit all den Qualen, die die existentielle Welt ihm auferlegt und die ihn mit den emotionalen Stimulierungen versehen, die er braucht, um seine Existenz zu spüren. Alle die Stimulierungen (angenehme oder unangenehme), die von außen durch seine Sinnesorgane aufgenommen werden, halten den Menschen auf die eine oder andere Weise gefangen und können ihn nur von seiner URSPRÜNGLICHEN QUELLE entfernen. Der GÖTTLICHE ASPEKT seines Wesens ist von äußeren Stimulierungen unabhängig; er liegt in Wirklichkeit im Inneren seiner selbst und ist seine wahre Natur.

Wenn ein Sucher nicht orientierungslos leben möchte, wenn er wünscht, dass das Geschenk seines Lebens nicht in nichtssagenden Tätigkeiten verloren geht, wenn er sein Leben nicht in vergeblichen und nutzlosen Leiden verbringen möchte und danach strebt, sich von dem Bedürfnis nach äußeren Stimulierungen zu befreien, dann muss er sich bemühen, mit allen Mitteln, die ihm zur Verfügung stehen, aufzuwachen. Und um aufzuwachen, muss er auf seine gewöhnliche Identität, so wie er sie gewohnheitsmäßig gekannt hat, und auf alles, was ihn von außen anzieht und von seinem HIMMLISCHEN URSPRUNG entfernt, verzichten.

Aber selbst wenn ihm das am Anfang nicht klar ist, sind alle Konzentrationsübungen, die er zu machen sucht, unerlässliche Mittel, um ihn wieder in sich selbst zu einen, um die verschiedenen Teile seines Wesens, die normalerweise zergliedert sind, wieder zusammenzufügen und ihn damit innerlich verfügbar und fähig zu machen, auf den Ruf seines HIMMLISCHEN SOUVERÄNS zu antworten.

Jedes Mal, wenn dieser schweigende Ruf einer höheren Autorität sich in ihm bemerkbar macht, um ihn aus seinem Zustand der Abwesenheit einen Augenblick vorher zu reißen und ihn daran zu erinnern, die größte Anstrengung zu machen, um diesen Zustand der Gegenwärtigkeit und des ungewohnten Bewusstseins in ihm zu erneuern, muss er sich daran erinnern, dass das dazu dient, ihn am Ende seiner irdischen Reise zu befähigen, im Rahmen des Möglichen unzerstreut und wach zu bleiben, während er den dunklen Korridor zwischen diesem Leben und dem UNENDLICHEN durchquert, und als Bezwinger des Todesgottes hervorzugehen.

Es muss hier wiederholt werden, dass kein intellektuelles Wissen über dieses innere Erwachen, das er zusammentragen konnte, ihm zur unvermeidlichen Stunde, da der Tod für ihn den finalen Vorhang über das Theater der phänomenalen

Welt senken wird, helfen wird, unzerstreut und konzentriert zu bleiben. Wenn er es nicht schon vor diesem schicksalhaften Augenblick geschafft hat, sich mit diesem besonderen Zustand vertraut zu machen und sich darin zu halten, wird es ihm unmöglich sein, sich diesem unerbittlichen Moment zu stellen, angesichts dessen er sich machtlos fühlen wird.

Das Gleiche gilt für seine unerwünschten Neigungen; wenn es ihm nicht gelungen ist, sie zu Lebzeiten umzuwandeln, wird er sich nach seinem Tod nicht mehr davon befreien können; nun, der Aspirant benötigt eine Menge Konzentrationspraxis anhand verschiedener Übungen, um diese Tendenzen in schöpferische Energien umzuwandeln.

Solange jemand zu sehr von der Außenwelt absorbiert ist, mit der er sich vollständig identifiziert, und solange er überzeugt bleibt, dass er auf dieser Erde ausschließlich deswegen ist, um das phänomenale Dasein zu genießen, kann er nicht akzeptieren, sein Leben damit zu verbringen zu lernen, zu sich und zu allem Sichtbaren zu sterben; er kann sich nicht vorstellen, dass, zu sich zu sterben, gleichzeitig darin besteht, zu lernen, sein Leben natürlicher und vollständiger zu leben. Und in seiner Ratlosigkeit wird er fragen: „Aber, zu was sterben und um was in mir zu finden?"

Ein einfacher intellektueller Diskurs kann einem Sucher nicht helfen, dieses besondere Erwachen in seinem Wesen zu erkennen. Selbst wenn er durch eine regelmäßige Meditationspraxis dahin gekommen ist, ein wenig dieses Erwachen in sich zu erkennen, kann ihm kein rationales, mentales Wissen helfen, das Erwachen, das er entdeckt hat, zu festigen. Ohne eine konstante Konzentrationspraxis, in der Stille seines Zimmers sowie in der Bewegung des äußeren Lebens ausgeführt, kann sich dieses innere Erwachen in ihm nicht zu einem ganz anderen Bewusstseinszustand und zu einem ganz anderen Seinszustand konsolidieren. Er wird ganz einfach sein Leben damit verbringen, immer mehr vor sich hin zu dämmern, bis zum endgültigen Schlaf des Todes.

Es darf auch nicht vergessen werden, dass jeder Mann und jede Frau das aufnimmt, was er/sie, je nach Konditionierung, nach der Weise, in der er/sie erzogen wurde, und gemäß dem jeweiligen Glauben, über dieses spirituelle Erwachen sagen hört, und dass, ohne eine persönliche Bemühung, um diesen Zustand des Erwachens in sich zu erreichen, alle die diskursiven mentalen Manipulationen über ein so delikates Thema, ihn/sie nicht zur WIRKLICHKEIT dieses UNBESCHREIBLICHEN UNIVERSUMS, das in den Wesenstiefen verborgen ist, führen werden.

KAPITEL 16

Das Mitgefühl und seine Rolle in einer spirituellen Praktik

Eines der Gefühle, von größter Bedeutung für die spirituelle Evolution des Aspiranten, welches er während seines Aufenthaltes auf dieser Erde niemals aufhören darf, in sich zu tragen, ist das Mitgefühl. Aber Mitgefühl darf keinesfalls mit Mitleid verwechselt werden, vor allem nicht mit Sentimentalität, die in Wirklichkeit nicht nur wertlos ist, sondern zudem niemandem helfen kann; im Gegenteil, Sentimentalität ist selbst ein verhängnisvoller Zustand, der den Menschen in sich einschließt und ihn so daran hindert, die Realität des existentiellen Lebens und die Personen, mit denen er in Berührung kommt, mit einem klaren und unbeteiligten Geist zu betrachten.

Aus einem Zustand der Sentimentalität heraus kann man nicht weise handeln, denn Sentimentalität bedeutet, dass man sich mit Ereignissen, mit denen man konfrontiert ist, oder mit Bedingungen, in denen man sich befindet, identifiziert, Ereignissen und Bedingungen, die im Gegenteil erfordern, dass man Abstand zu sich selbst hat, um sie verstehen zu können.

Wenn man das Geheimnis des Zustandes des Mitgefühls zu erklären sucht, findet man sich in einer merkwürdigen Sackgasse. Man kann nur sagen, dass es sich da um eine sehr rätselhafte Empfindung handelt, die mit dem Intellekt weder erfasst noch verstanden werden kann.

Diese geheimnisvolle Empfindung, die aus den Tiefen seines Wesens aufsteigt, muss stets in die spirituellen Praktiken des Suchers eingeschlossen sein und ihn überallhin, wohin er sich begibt, und bei allem, was er im aktiven Leben unternimmt, begleiten.

Außerdem muss er sich unablässig ins Gedächtnis rufen, dass er seine Meditationsübungen oder andere Konzentrationsübungen nicht zu seinem alleinigen Vorteil ausführt, dabei die Leiden, die die Welt um ihn herum befallen, vergessend, sondern dass er, im Gegenteil, kämpft, um sich in einem anderen Zustand seiner Natur zu etablieren, um später die Früchte seiner Arbeit an sich selbst anderen Männern und Frauen zukommen zu lassen, die ein unbefriedigendes und zielloses Dasein führen. Wenn der Aspirant im Lauf seiner Meditation anfängt, tief in sich versunken zu sein, wird der außergewöhnliche Zustand, der ihn durchströmt und in diesem privilegierten Augenblick von seinem Wesen Besitz ergreift, nicht nur durch eine unbeschreibliche Stille des Geistes und eine geheimnisvolle Transparenz des Seins charakterisiert sein, sondern auch durch eine seltsame Mischung aus Frieden, Zartheit, Mitgefühl und rätselhafter Liebe, deren wahre Natur den gewöhnlichen Sterblichen völlig unbekannt ist.

Diese außergewöhnlichen Empfindungen werden zu einem gewissen Grad von sehr seltenen, großen Komponisten in besonderen und privilegierten Augenblicken ihrer schöpferischen Inspiration erlebt.[17]

Wenn der Sucher es schaffen wird, sich selbst zu überschreiten und während seiner Meditation gut konzentriert zu sein,

---

[17] Die Musik von César Franck ist eine der geheimnisvollsten und wichtigsten künstlerischen Beiträge auf diesem Gebiet; sie drückt Gefühle der Liebe von solcher Weite und solcher Tiefe aus, dass sie in Wirklichkeit eine Art spirituelle Einweihung ohne Worte darstellt. Die Musik dieses großen Komponisten (vor allem „Psyche") drückt von Anfang bis Ende das seltsame Gefühl einer Liebe aus, so mitfühlend und so unsagbar, dass sie nicht aufhört, den zu verzaubern, der sie hört, und ihn in eine unaussprechliche Welt zu tragen, die von den himmlischsten Schwingungen erfüllt ist. Und jedes Mal, wenn der Zuhörer erneut dieser Musik lauscht, hört sie nicht auf, ihn zu sich zu rufen und eine unaussprechliche Wahrheit in ihm zu wiederholen, die er in seinem Wesen trägt, ohne es gemeinhin zu wissen, bis zu dem Tag, da sie ihre Mission erfüllt hat, die darin besteht, im Sucher einen spirituellen Weg anzuregen, um den wahren Sinn seiner Inkarnation auf dieser Erde zu verstehen.

werden seine Bemühungen durch das Auftauchen eines schwer zu beschreibenden Gefühls in ihm gekrönt sein können, welches die Empfindung von tiefster Traurigkeit vermittelt, vermischt mit höchster Glückseligkeit; dieser seltsame Zustand, eine Mischung von äußerster Traurigkeit, höchster Glückseligkeit, größter Zartheit und äußerster mitfühlender Liebe wird seinen Solarplexus auf so unerwartete Weise erfüllen, dass es sein kann, dass er von einem unkontrollierbaren Schluchzen ergriffen werden wird, das seinen ganzen Körper lange schütteln wird.

Die Erfahrung dieser Empfindung, die sein Wesen überschwemmen wird – einer so ungewohnten und außergewöhnlichen Empfindung, die mit nichts Bekanntem in der phänomenalen Welt verglichen werden kann –, wird sich als so erschütternd und überraschend erweisen, dass das sein plötzliches Schluchzen erklären wird; aber allmählich wird sich dieses Schluchzen beruhigen und er wird sich in einen sanften Frieden und eine unsagbare stille Zärtlichkeit gebadet finden, die er in seinen zukünftigen Meditationen wiederfinden wird.

Es kann sein, dass er nun entdeckt, dass eine bestimmte psychische Kraft in ihm erwacht ist; und von diesem Tag an wird es ihm im Laufe seiner Meditationen passieren können, seinen Rücken und seinen Nacken sich aufrichten und sich nach oben strecken zu fühlen (unabsichtlich und ohne Bemühung von seiner Seite), und zwar durch die Wirkung dieser Kraft, die seinen Rumpf während des Restes seiner Meditation weiter aufrecht halten wird. Außerdem wird sich der Aspirant jedes Mal, wenn er aus seiner Meditation herauskommt, wundern, ein seltsames und rätselhaftes Lächeln in sich zu tragen, begleitet von einer unbeschreiblichen Empfindung schmelzender Zartheit in seinem Solarplexus. Es wird sein, als ob er innerlich durch unsichtbare Tränen hindurch lächle. Ein Gefühl unendlicher mitfühlender Liebe wird seine Brust erfüllen, mit einer subtilen Empfindung oder Vibration von äußerster Feinheit in der Höhe des Herzens, etwas rechts vom Solarplexus.

Wenn er aus der Meditation herauskommen wird, wird er nicht umhin können zu bemerken, dass seine Augen offener und größer sein werden und dass er nicht nur klarer sehen wird, sondern dass alles, worauf sein Blick fallen wird, von weit hinter seinen Augen gesehen werden wird, aus dem Hintergrund seines Kopfinneren.

In seinem tiefsten Inneren wird der Aspirant jedoch wissen, dass, trotz der außerordentlichen Erfahrungen, die zu machen er privilegiert gewesen sein wird, so strahlend und so seligmachend sie auch gewesen sein mögen, die Erleuchtung absolut nicht die Befreiung bedeutet – abgesehen von sehr seltenen Ausnahmen.

Was die spirituellen Übungen des Suchers betrifft, muss er versuchen zu verstehen, und zwar nicht mit seinem Intellekt, wie man das gemeinhin so oberflächlich tut, sondern mit äußerster Aufrichtigkeit und größtem Ernst, dass Mitgefühl, in einem ganz besonderen Sinn, wichtiger ist als Liebe. Mitgefühl, das der Sucher unaufhörlich in sich zu kultivieren und zu hegen suchen muss, geht jeder echten Liebe voraus; denn man wird nie die wahre Natur einer selbstlosen Liebe kennen können, solange es an Mitgefühl mangelt.

Ohne sich dessen bewusst zu sein, hat der Mensch die meiste Zeit nur einen subjektiven Blick auf das Leben und seine Mitmenschen, durch seine persönlichen Interessen des Augenblicks hindurch – durch das hindurch, was ihm nützlich ist und was ihm nicht nützlich ist, was er liebt und was er nicht liebt, was ihm Vergnügen bringt und was ihm keines bringt und so weiter. Nun, solange er fortfährt, das Leben und die anderen zu betrachten, indem er nur die persönlichen Interessen seines niedrigen Ich berücksichtigt, wird es ihm nach wie vor unmöglich sein, das Leid und die starke Unzufriedenheit wahrzunehmen, die in den Tiefen der Person, die sich vor ihm befindet, begraben sein können. Er muss, dank spiritueller Übungen, die ihm erlauben, sich von sich selbst und von seinen persönlichen Interessen zu entfernen, die Mittel finden dahinzukommen zu sehen, was seinen Augen für gewöhnlich verborgen bleibt.

Im Allgemeinen ist der Mensch ständig auf der Suche nach etwas, das ihm Freude bereiten kann; er fragt sich aber nie, ob er nicht, indem er einen Wunsch befriedigt, der in einem bestimmten Augenblick plötzlich in ihm auftaucht, anderen später Probleme verursachen oder sogar Leid zufügen wird, welches sich weit um ihn herum ausbreiten kann, wie die Wellen in einem Teich, wenn man einen Stein hineinwirft – ganz zu schweigen von der Bindung, die aus dem Vergnügen entsteht, das er gewinnen konnte, als er einen blinden oder nutzlosen oder gar verhängnisvollen Wunsch befriedigte.

Außerdem weiß man nie, auf welche Weise man schließlich das Opfer eines Wunsches, den man blind befriedigt hat, werden kann, wenn sich dieser später in eine hartnäckige Tendenz verwandelt.

Der Aspirant, der Mitgefühl für seine Mitmenschen und für alle anderen lebenden Geschöpfe empfindet, findet sich vor sich selbst und vor jeder nicht infrage gestellten und unüberlegten Handlung geschützt, die er zu begehen riskiert und die in der Folge seinen spirituellen Möglichkeiten schaden könnte. Es ist jedoch nötig, hier zu wiederholen, dass Mitgefühl auf keinen Fall mit Mitleid oder Sentimentalität verwechselt werden darf. Echtes Mitgefühl ist eine seltene Eigenschaft spiritueller Natur;[18] es umfasst die gesamte Schöpfung, ob Menschen, Tiere oder Pflanzen. Im Gegensatz dazu haben Mitleid und Sentimentalität ein deutlich eingeschränkteres Handlungsfeld; sie sind noch direkt mit dem persönlichen Ich verbunden.

---

[18] Bestimmte große Kunstwerke haben eben gerade zur Aufgabe, im Menschen besondere Gefühle einer außergewöhnlichen Erhebung zu erwecken. Die Musik von Gustav Mahler sucht, im Zuhörer wahres Mitgefühl sowie eine Empfindung der Zerbrechlichkeit und der Flüchtigkeit des existentiellen Lebens zu erwecken.

Ein kluger Sucher kann nicht umhin zu erkennen, dass wirkliches Mitgefühl einen edlen und viel wahreren und aufrichtigeren Seinszustand darstellt als Mitleid und vor allem als Sentimentalität. Insbesondere Sentimentalität erweist sich als viel zu selbstbezogen, um wahr und aufrichtig sein zu können.

Der Aspirant, der mit Mitgefühl in seinen Beziehungen zu anderen handeln kann, arbeitet mit Unterscheidungskraft und mit einem klaren und ruhigen Geist, während der, welcher anderen gegenüber in einem Zustand des Mitleids und der Sentimentalität handelt, mit einem unruhigen und begrenzten Geist arbeitet, ohne sich dessen bewusst zu sein; er handelt im Allgemeinen, um sich Erleichterung zu verschaffen. Aus diesen Zuständen heraus kann er, ohne es zu wissen, Fehler in seinem Urteil begehen und denen einen schlechten Dienst erweisen, denen er zu helfen glaubt.

* * *

Jeder Sucher, der aus dem Gefängnis dieser Existenzform befreit zu werden strebt, muss sich stets daran erinnern, dass es kein Lebewesen gibt, sei es menschlich, tierisch oder pflanzlich, das nicht, in seinen Tiefen vergraben, ein starkes Gefühl der Unsicherheit in sich trägt. Das existentielle Leben ist derart unsicher und prekär! Naturkatastrophen aller Art, tödliche Krankheiten und Räuber sind ständige Bedrohungen für jedes Geschöpf, das einen zerbrechlichen Körper trägt; folglich lebt es in einer ständigen bewussten oder unbewussten Angst vor dem, was ihm jeden Moment zustoßen könnte und was seinen Körper zu zerstören droht – einen Körper, der für es so notwendig geworden ist, um einen, wenn auch begrenzten, Beweis zu haben, dass es wirklich existiert.

Der Mensch baut sich seinen Lebensraum, um sich vor Räubern zu schützen, seien es wilde Tiere oder böswillige Menschen, so wie die Schildkröte ihren schützenden Panzer bildet, den sie überall auf sich herumträgt, um sich unter ihn zurückzuziehen, wenn sie ihr Leben von irgendeinem Räuber bedroht sieht – ein Panzer, den sie auf wunderbare Weise herstellt, ausschließlich auf der Grundlage von Pflanzen, die sie isst. Aus dem gleichen Schutzbedürfnis heraus bauen die meisten anderen Lebewesen, einschließlich der Insekten und der Pflanzen, wie Rosen und Kakteen, ihr Verteidigungssystem gegen alles, was ihre Existenz bedrohen kann; die Bäume schützen sich mithilfe ihres dicken und harten Stammes.

Das dringende Bedürfnis zu überleben bildet das erste Motiv, welches das Verhalten aller inkarnierten Geschöpfe, die diesen Planeten bevölkern, bestimmt, sei es im Wasser oder auf dem Land. Und es ist auch der Grund für die Angst, die sie erfüllt. Sie müssen unaufhörlich die unerlässlichen Mittel entwickeln, um sich unter den ewig wechselnden Existenzbedingungen vor anderen Lebewesen zu schützen; sie müssen auch ständig andere Lebensformen zerstören, im ihre eigene körperliche Hülle zu erhalten.

Es ist wichtig für den Sucher zu verstehen, dass, aufgrund einer gewissen Fähigkeit zur Reflexion, die sich beim Menschen entwickelt hat und die ihm erlaubt, das Leben, den Tod und die Ungewissheit seines eigenen Daseins mit anderen Augen zu betrachten als die anderen Lebewesen, im Gegensatz zu den Tieren, nur bei ihm eine Tendenz zur Selbstzerstörung auftritt. Und der Preis, den er für seine Fähigkeit zur Reflexion bezahlt, so begrenzt sie auch sei, ist der, eine unbewusste Angst zu empfinden, begleitet von einem merkwürdigen, konfliktgeladenen Widerspruch zwischen dem Wunsch, zu leben, und dem, zu zerstören. Er kennt nicht den wahren Grund, aus dem er in diese Welt gekommen ist. Die meiste Zeit fragt er nicht einmal nach dem Sinn des Lebens, danach, zu wissen, was er sucht oder was er finden soll. Er versteht nicht, warum er einwilligen soll, diese Daseinsform zu leben, trotz allem, was diese an Ungewissheit und Unsicherheit mit sich bringt.

Das psychische und physische Leid feststellend, das bei jedem existiert, der einen sterblichen Körper trägt – empfindlich für

Schmerzen und jeden Augenblick bedroht, zerstört zu werden –, sollten die Menschen da nicht umso mehr Mitgefühl für ihre Mitmenschen und für jedes andere Geschöpf empfinden und ihnen wenigstens etwas moralische Unterstützung geben, deren sie bedürfen, um ihr Leben etwas erträglicher zu gestalten? Die Weise, in der sie mit größtem Stoizismus das Leid anderer ertragen, übersteigt das Fassungsvermögen!

Der Aspirant soll nicht glauben, dass die bloße Tatsache, sich mit dem Gedanken zu tragen, eine Anstrengung zur Selbstgegenwärtigkeit zu machen, mit der Handlung selbst gleichzusetzen ist. Es besteht ein sehr großer Unterschied zwischen dem Glauben, Bemühungen um Bewusstheit seiner selbst zu machen, und dem wirklichen Ausführen dieser Bemühungen. Zu glauben, dass man Mitgefühl empfindet, und diese Empfindung wirklich zu haben, sind ebenso zwei Sachen, die weit voneinander entfernt sind. Man kann sich lange einbilden, dass man, weil man die Worte spirituelle Bemühung oder Mitgefühl denkt, tatsächlich damit beschäftigt ist, sie zu praktizieren, während man sich diese Zustände in Wirklichkeit bloß vorstellt und nicht lebt.

Es ist von größter Bedeutung für den Sucher, sich daran zu erinnern, dass die spirituelle Arbeit, die er an sich auszuführen sucht, um seine unerwünschten Tendenzen zu transformieren, um sich des Zustands der GNADE, nach der er strebt, würdig zu machen, äußerst diskret und so uneigennützig wie möglich ausgeführt werden muss. Er muss mit einem Maximum an Gewissenhaftigkeit und an Aufrichtigkeit darauf achten, Mitgefühl nicht mit dem bewussten oder unbewussten Hintergedanken zu praktizieren, für seine Bemühungen eine Gegenleistung zu bekommen oder von den anderen anerkannt zu werden; er muss, im Gegenteil, diese Arbeit heimlich ausführen, zwischen dem GÖTTLICHEN und sich.

Das Mitgefühl muss ein so integraler Teil seiner Natur werden, dass er sich nicht mehr fragen muss, ob er es fühlt oder nicht, denn solange der Sucher sich noch der Tatsache bewusst ist, dass er eine Empfindung des Mitgefühls oder der Liebe in sich trägt, die lieber auf eine Person als auf eine andere gerichtet ist, kann er sicher sein, dass diese erhabenen und edlen Empfindungen weder authentisch geworden sind, noch sich endgültig in seinem Wesen verankert haben. Ohne dass er sich das vielleicht klarmacht, bedeutet das, dass in ihm noch eine Unterscheidung zwischen einer Person und einer anderen besteht und folglich eine Präferenz. Die Sonne ist sich nicht bewusst, ihr Licht um sich herum zu verbreiten; sie denkt nicht daran, es auf einen bestimmten Stern oder Planeten zu richten; sie ist ganz einfach Licht; ihre wirkliche Natur ist Licht, und sie strahlt es von sich aus, ohne eine Präferenz für irgendetwas.

$$* \ * \ *$$

Wenn die Leute jemanden anschauen, merken sie im Allgemeinen nicht, dass sie durch den Filter ihrer Konditionierung schauen, der Weise, in der sie erzogen worden sind, dessen, was die Älteren ihnen beigebracht haben, und dessen, was ihnen gewohnheitsmäßig gefällt und nicht gefällt. Sie können nicht vermeiden, ihre subjektive Weise, zu sein, zu denken und zu handeln, auf das Leben und auf ihre Mitmenschen zu projizieren; und wenn das, was sie von den anderen erwarten, ihrem Glauben und dem, was sie für gut oder schlecht halten, nicht entspricht, können sie fähig werden, ohne einen Moment innezuhalten, um nachzudenken und sich zu fragen, ob die anderen rechthaben oder nicht, diese moralisch oder physisch zu verfolgen, um sich selbst zu bestätigen und ihre Überzeugungen durchzusetzen, ohne das geringste Mitgefühl oder Bedauern über das Leid zu empfinden, das sie um sich herum verursachen.

Es ist bei vielen Leuten eine schwer auszurottende Gewohnheit geworden, nur zu leben, um ihre persönlichen Interessen des Augenblicks zu befriedigen, ohne über die Konsequenzen ihrer Handlungen nachzudenken, noch sich um die Schäden zu kümmern, die sie den anderen oder um jene herum in der

Welt verursachen, wobei sie weder die Natur verschonen noch die verschiedenen Lebewesen, die von dieser abhängen, um zu überleben. Da sie dramatisch von ihrer GÖTTLICHEN QUELLE abgeschnitten sind, durch die alleine sie ein echtes Gefühl der Fülle und der Glückseligkeit erfahren können, empfinden sie weder für ihre Mitmenschen, noch für die Tiere, die ihnen ausgeliefert sind, Mitgefühl; und sie sind bereit, ihnen beliebige Leiden zuzufügen, um sofortigen Genuss zu bekommen. Übrigens, wenn jemand angesichts des Leids eines Tieres kein Mitgefühl empfindet, wie kann er da Mitgefühl für seine Mitmenschen empfinden?

✳ ✳ ✳

Nicht, indem er sich in eine Einsiedelei flüchtet, kann ein Sucher lernen, echtes Mitgefühl zu erkennen und in sich zu etablieren, sondern vielmehr in seiner Beziehung zu seinen Mitmenschen und bei seinem Kontakt mit der existentiellen Welt, so hart und unerbittlich diese auch sein mag.

Der Mensch erlernt Mut, indem er den Gefahren der phänomenalen Welt die Stirn bietet. Er lernt durch die Schwierigkeiten selbst, die das existentielle Leben ihm aufbürdet. Denn ironischerweise ist es nur in den Situationen der Unsicherheit, die ihn anstacheln, Anstrengungen zu unternehmen, um zu überleben, dass sich seine Intelligenz und sein Intellekt entwickeln.

Die ständige Betrachtung der Zerbrechlichkeit des Lebens des Anderen soll im Aspiranten nicht nur eine Empfindung kontinuierlichen Mitgefühls anregen, sondern auch, und das ist von kapitaler Bedeutung für seine Befreiung, den Anfang eines spirituellen Erwachens.

Echtes Mitgefühl lässt sich im eigenen Heim erlernen. So oft hört man den einen Partner eines Paares in Bezug auf den anderen erklären: „Ich liebe ihn nicht mehr!". Die Worte „nicht mehr" sind schreckliche Worte für etwas so Wichtiges, und sollen als Hinweis dienen, um das infrage zu stellen, was

Liebe genannt wird. Für Personen, die so sprechen, ist es wichtig, sich zu fragen, ob sie die Person, mit der sie ihr Leben zu teilen beschlossen haben, jemals wirklich geliebt haben, und ob sie wirklich wissen, was Liebe ist.

Ist es möglich, einen anderen zu lieben, ohne Mitgefühl für ihn zu empfinden? Hat man, ohne sich dessen bewusst zu sein, den anderen am Anfang ausschließlich deswegen „geliebt", weil man sexuelle Bedürfnisse zu befriedigen hatte? Weiß man die Person, mit der man sein Leben teilt, trotz der Unterschiede in Gedanke und Temperament, die unweigerlich bestehen, zu akzeptieren und zu lieben? Jeder Mann und jede Frau ist unvollständig, innerlich geteilt und in sich Opfer. Ohne dass sie es erkennen, ist die unüberlegte Weise, in der sie anderen gegenüber handeln, im Grunde nur die Manifestation der Unzufriedenheit und der inneren Einsamkeit, die sie erfüllen.

Hat man den anderen wirklich je aus einer inneren Stille heraus betrachtet, ohne sich etwas von ihm oder von ihr zu erwarten? Und selbst wenn man 100 Jahre mit einem Partner (oder einer Partnerin) gelebt hat, ist es jemals möglich, ihn zu kennen? Übrigens, ist es überhaupt jemals möglich, einen anderen zu kennen? Jeder Mensch ist in aller Wahrheit unsichtbar und lebt in einer Welt in sich, die ihm eigen ist und die nie mit irgendjemandem geteilt werden kann.

Wenn es sein Schicksal ist, sein Leben mit jemandem zu teilen, kann ein Aspirant das Eheleben als echte Karma-Yoga-Praktik (Yoga durch Aktion) benutzen. Wenn er wirklich aufrichtig bei seinem spirituellen Vorgehen ist, kann er nicht umhin zu erkennen, dass die Tatsache, fortwährend eher die Bedürfnisse der anderen als die eigenen zu berücksichtigen, freiwillig auf das, was er liebt oder nicht liebt oder auf das, was ihm gefällt oder nicht gefällt, zu verzichten, eine echte spirituelle Praktik darstellt. Auf diese Weise ist er dabei zu lernen, zugunsten des anderen zurückzutreten und Selbstverleugnung zu praktizieren – was sicherlich von ihm verlangt würde, wenn er in einem Kloster leben würde, wo Gehorsam die Regel ist. Während seines ganzen Lebens muss er bereit sein, dem anderen zu helfen, und muss ohne Zögern akzeptieren, die notwendigen Aufgaben zu übernehmen, um seine Gefährtin (oder seinen Gefährten) zu entlasten, wenn dieser erschöpft oder gar mit einer schwachen Gesundheit behaftet ist. Wenn man es will, fehlt es nicht an Gelegenheiten, mitfühlend zu sein. Und jeder Tag, der vergeht, ist eine Gelegenheit, die für immer verloren ist, wenn man nicht guten Gebrauch davon macht.

Das Studium seiner selbst muss vom Aspiranten immer ernst genommen werden; die unparteiische Prüfung einer Handlung, die er begangen hat, oder eines Wortes, das er ausgesprochen hat, kann ihm manchmal den Mangel an Mitgefühl enthüllen, der sich darin versteckte und den er anders nicht hätte entdecken können. Er muss seine Motivationen hinter dem, was er getan hat, hinterfragen. Wenn er sich daher, aufgrund eines etwas depressiven Zustandes oder infolge einer schlimmen Nachricht, zu einem Freund (oder einer Freundin) begeben möchte, muss er sich darüber im Klaren sein und erkennen, dass er diese Person nicht um ihrer selbst willen sehen möchte, sondern um seiner selbst willen, um sich Erleichterung zu verschaffen. Wenn er sich ihr auf diese Weise gegenüber sieht, wird er klarer und fähiger sein, voller Mitgefühl zu bemerken, dass vielleicht auch sein Vertrauter ein Bedürfnis hat, Hilfe und Linderung zu erfahren; so können sie sich gegenseitig helfen.

Der Sucher muss dahin kommen, immer aufmerksamer und gegenwärtiger für die Weise zu sein, in der er sich anderen oder dem Leben gegenüber benimmt, damit sich nichts Unerwünschtes in ihm einnisten und zu einer eingewurzelten Gewohnheit oder Tendenz werden möge, die ihm letztendlich schaden und seine spirituellen Möglichkeiten gefährden könnte.

Das Mitgefühl und sein Platz
in einer sexuellen Beziehung

Es muss jetzt ein anderer Aspekt einer spirituellen Praxis angesprochen werden, mit dem sich der Aspirant auseinandersetzen muss und der ihn vor eines der rätselhaftesten und schwierigsten Probleme stellt, das er angehen muss, ein Problem, das sich meistens als ein schwerwiegendes oder sogar schreckliches Hindernis erweist, welches manche Männer und Frauen auf dem Pfad überwinden müssen, bevor sie in der Lage sind, eine ernsthafte Meditationspraktik auch nur anzufangen.

Der Aspirant soll sich bemühen, den sexuellen Aspekt der phänomenalen Existenz so objektiv und so gründlich zu studieren wie nur möglich, um ihn durch ein lebendigeres und richtigeres Verständnis in sich zu kontrollieren und sich schließlich sogar von ihm zu befreien. Dieser Aspekt des existentiellen Lebens ist die seltsamste und unwiderstehlichste der Kräfte, die die Schöpfung regieren, eine Kraft, der zu widerstehen sich die Männer und die Frauen dieser Welt geheimnisvollerweise außerstande finden und mit der sie nicht argumentieren können.

Wenn die Sucher diesen Aspekt ihrer Natur verstehen wollen, um ihn, und sei es nur teilweise, zu kontrollieren, müssen sie erst einmal entdecken, was hinter dieser Anziehungskraft (der die meisten Leute so blind gehorchen, ohne sie je infrage zu stellen) verborgen ist, und müssen die maßgebliche Rolle verstehen, die sie im Leben der großen Mehrheit der Männer und Frauen spielt, die diese Erde bevölkern.

Es ist wichtig für jeden Mann und jede Frau, der/die innerlich genügend frei werden möchte, um eine ernsthafte Meditationspraktik unternehmen zu können, seine/ihre Lage in diesem geheimnisvollen und unbegreiflichen Universum der sexuellen Anziehung zu kennen. Es ist für beide erst einmal notwendig, die Tatsache zu bedenken, dass sie, wenn sie männlichen Geschlechts sind, den angezogenen Pol und folglich den schwachen Pol darstellen, und dass sie, wenn sie zum weiblichen Geschlecht gehören, den Pol der Anziehung und daher den starken Pol bilden. Ferner muss der schwache Pol (der Pol, der angezogen wird) wissen, dass er eine Gefahr für den starken Pol und für sich selbst darstellt, gerade deswegen, weil er der schwache Pol ist; und der starke Pol (der Pol der Anziehung) muss auf der Hut sein und den Taktiken des schwachen Pols misstrauen. Denn im Gegensatz zu dem, was man für gewöhnlich glaubt, hat der Pol, der angezogen wird, Angst vor dem Pol, der ihn anzieht. Diese bewusste oder unbewusste Angst, die der Mann vor dem Pol hat, der ihn anzieht, ist einer der Gründe für den Mangel an Mitgefühl, den er so oft der Frau entgegenbringt, und umgekehrt ist die bewusste oder unbewusste Furcht, die die Frau vor dem Pol hat, den sie anzieht, ebenfalls einer der Gründe für den Mangel an Mitgefühl, den sie dem Mann gegenüber zeigen kann. Diese doppelte Situation hat den Mangel an Liebe zur Folge, den man leider so oft im existentiellen Leben feststellen kann.

Daher kann jeder, der seine eigene Lage angesichts dieser seltsamen Kraft kennt, dieser mit etwas mehr Unterscheidung widerstehen und fähig sein, sich mit Weisheit von ihr zu lösen, und sei es anfangs nur ein wenig.

Außerdem ist es für die Männer und Frauen, die sich bereits einer Meditationspraktik widmen, unerlässlich, sich die Mühe zu machen, diesen Aspekt ihrer inkarnierten Natur mit einem Geist zu studieren, der so klar und so unparteiisch wie möglich ist, um deutlich zu verstehen, auf welche Weise sie Spielbälle in den Händen der GROßEN NATUR waren und immer noch sind, die sie, ohne dass sie sich dessen bewusst waren, bis dahin nach ihrem Belieben manipuliert hat, und auf welche Weise diese unwiderstehliche Kraft der Anziehung und des sexuellen Aktes sich auf dem Weg ihrer spirituellen Evolution als echtes Hindernis erweisen kann, wenn es ihnen nicht gelingt, das seltsame Geheimnis zu durchschauen, das die GROßE NATUR so raffiniert darin verborgen hat. Es ist ebenfalls wichtig für sie zu verstehen, auf welche Weise und in welchem Maß dieser Aspekt ihrer Natur (neben der Gier nach den Gütern dieser Welt und dem Streben nach Macht) eine der Hauptursachen für den schrecklichen Mangel an Mitgefühl ist, der auf diesem Globus so allgemein verbreitet ist.

* * *

Es ist die sexuelle Kraft, welche das irdische Dasein des gewöhnlichen Sterblichen beherrscht; sie blendet ihn und hindert ihn daran, diese andere Welt zu erkennen, die er in sich trägt, eine HIMMLISCHE WELT, jenseits von Zeit und Raum, frei von der Abhängigkeit von jeder äußeren Stimulation. Dieser Aspekt der Natur regiert alle Lebewesen, die er mit der subtilsten List manipuliert, nicht nur gnadenlos, sondern er zwingt ihnen seinen Willen mit einer Macht auf, die wirklich vernichtend und in höchstem Grad beeindruckend ist.

Um Hilfe bei ihren spirituellen Kämpfen zu erhalten, müssen sich die Sucher die Mühe machen nachzudenken, und zwar mit einem tief fragenden Geist, um zu einem Verständnis ihrer Lage angesichts dieser unerbittlichen Kraft zu kommen und ohne jeden Zweifel zu erkennen, dass die Menschen, ohne sich für gewöhnlich darüber klar zu sein, von der GROßEN NATUR von Anfang an programmiert worden sind, Instrumente der Reproduktion zu sein. Und um sicherzugehen, dass ihr Plan aufgeht, ohne infrage gestellt zu werden, hat die NATUR in ihnen einen brennenden Wunsch nach sexuellem Genuss eingepflanzt – einen Genuss, den man als die höchste und geheimnisvollste physische Ekstase bezeichnen könnte, die inkarnierte Männer und Frauen empfinden können, wenn sie zum Höhepunkt dieses Aktes kommen.

So erfährt das von der GROßEN NATUR gewünschte Fortbestehen der Art in keinem Moment eine Unterbrechung. Sie kann auf diese Weise ganz ruhig und versichert sein, von allen Lebewesen, ob menschlich oder tierisch, blinden und vollständigen Gehorsam für die Durchführung ihres Plans zu bekommen, ohne auch nur einen einzigen Moment auf Widerstand zu stoßen... es sei denn, der Mensch beginnt, aus seinem Wachschlaf zu erwachen.

Da er über eine gewisse Fähigkeit zur Reflexion verfügt, welche die Tiere nicht besitzen, hat die GROßE NATUR, aus Angst, er könne ihr entkommen, es so eingerichtet, dass er für immer und gegen seinen Willen getrieben wird, im sexuellen Akt vergeblich die höchste Befriedigung zu suchen. Auf diese Weise findet er sich stets mit dem Wunsch wieder, diesen Akt zu wiederholen, um zu suchen, eine Befriedigung zu bekommen, die sich ihm unaufhörlich entzieht. Und selbst im fortgeschrittenen Alter fahren manche fort, vergeblich die Erfüllung in einem physischen Genuss zu suchen.

Der Sucher muss verstehen, dass sich die GROßE NATUR keineswegs für seine spirituelle Evolution interessiert, sondern nur für das Fortbestehen der Art, und das SIE bereit ist, alle Arten von Listen und subtilen Suggestionen, sowie alle Mittel, die ihr zur Verfügung stehen, einzusetzen, um ihre Ziele zu erreichen.

Wenn es dem Aspiranten wirklich gelingt zu erkennen, dass er, von dem Augenblick an, da sich seine Augen für die Welt der Sinne geöffnet haben, bis zu der schicksalhaften Stunde seines Todes von der NATUR programmiert worden ist, ein Instrument der Reproduktion zu sein, wird er eine Chance haben, darüber zu entscheiden, was er wirklich aus seinem Leben machen will. Vielleicht wird er von da an besser in der Lage sein, sich von diesem Aspekt seines Wesens zu entfernen, um ihm nicht mehr Bedeutung und Wert beizumessen, als er verdient. Auf diese Weise wird er innerlich verfügbar werden können, um sich seinen Meditationspraktiken und seinen verschiedenen Konzentrationsübungen mit dem Ernst widmen zu können, die sie von ihm erfordern.

* * *

In seinem gewöhnlichen Zustand hat der Mensch auf die Welt eine Sicht, die sich auf die attraktiven Formen beschränkt, die sich seinen Sinnesorganen präsentieren. Er nimmt die Dinge und das Dasein nur durch sein persönliches Interesse des Augenblicks hindurch wahr, indem er bloß das berücksichtigt, was ihm unmittelbare Befriedigung verschafft. So macht er nichts anderes, als blind auf die Forderungen der Natur zu reagieren, ganz einfach, um zu zeugen, sich abzumühen, seine Nachkommenschaft großzuziehen und schließlich eines Tages zu sterben.

Da die meisten Männer und Frauen keine spirituelle Praxis ausüben, kennen sie sich nicht. Folglich können sie nicht sehen, dass sie sich ihren Mitmenschen nur von dem gewöhnlichen Aspekt ihrer Natur aus nähern; ohne sich dessen bewusst zu sein, dienen sie sich gegenseitig, um ihr persönliches Interesse des Moments zu befriedigen, das wechselhaft ist und von Natur aus nicht dauerhaft sein kann. So sind sie sich, unter dem Druck einer blinden sexuellen Leidenschaft, nicht bewusst, dass sie körperliche Begierde – die nicht ewig währen kann – für wahre Liebe halten.

Am Anfang ihrer Beziehung bemühen sich die Partner, sich gegenseitig im besten Licht zu zeigen. Jedoch, der „Vorrat" dieses schmeichelhaften Aspekts ihrer Person, den sie zur Schau tragen, um sich zur Geltung zu bringen, erweist sich nicht nur als begrenzt, sondern meistens auch als gekünstelt und unecht und erschöpft sich ziemlich schnell. Daher ermüden sie mit der Zeit von der Anstrengung, die sie machen müssen, um sich mit ihren verführerischsten Facetten zu präsentieren.

Der Mann beginnt dann, die Unvollkommenheiten seiner Gefährtin maßlos verstärkt zu sehen, wobei er seine eigenen Fehler vergisst oder sich vielmehr als unfähig erweist, sie zu erkennen; und die Frau ihrerseits fängt nun an, die wenig schätzenswerten Charakterzüge ihres Gefährten festzustellen und zu übertreiben, während sie ihre eigenen ignoriert. So wird sich jeder vom anderen betrogen fühlen, denn der Aspekt von ihnen, den sie am Anfang ihrer Beziehung zur Schau gestellt hatten, war nicht authentisch gewesen. Und was sie anfangs für ewige Liebe gehalten hatten, hat sich verwandelt in...

Wenn nicht von Anfang an jeder der Partner die extreme physische und psychische Fragilität des anderen berücksichtigt – indem er sich daran erinnert, dass alle Lebewesen ausnahmslos den Keim von Leid und innerer Einsamkeit in sich tragen – was wird dann mit ihrer Vereinigung im Angesicht von Krankheit und Alter geschehen? Und wenn einer von ihnen behindert werden wird? Wenn man den unausweichlichen Charakter des Verfalls der körperlichen Hülle bedenkt, was kann man da von einer Beziehung erwarten, die hauptsächlich auf körperlicher Anziehung beruht?

Zu oft scheint sich der Mensch nicht klar zu machen, dass er nur ernten kann, was er um sich herum gesät hat; daher kann der, der nicht zu lieben weiß, seinerseits nicht geliebt werden. Ein echtes spirituelles Wachstum kann sich im Mann und in der Frau nicht vollziehen, wenn ihre Vereinigung nur auf den schwankenden und vergänglichen Fundamenten einer blinden sexuellen Anziehung aufgebaut ist. Die beiden Partner werden nach kurzer Zeit feststellen, dass ihre Leidenschaft unausweichlich ihr anfängliches Feuer verliert; sie werden sich dann leer einander gegenüber sehen, ohne irgendetwas, das zwischen ihnen ein gültiges Band schaffen könnte – ein Band, das angesichts von Gefahren, Unsicherheiten und unerwarteten Problemen, die diese Lebensform beinhaltet, für den Rest ihres Daseins auf diesem Globus zu einer Kraft und einer wertvollen Stütze hätte werden können.

Wenn ein Aspirant sein Leben mit jemandem teilt, muss er sich stets daran erinnern, dass die Weise, sich seiner Gefährtin (bzw. ihrem Gefährten) gegenüber zu verhalten, Teil der spirituellen Übungen sein muss. Die Art, mit ihr oder ihm umzugehen, muss mit seinem oder ihrem höchsten spirituellen Streben vereinbar sein. Wenn jemand kein Mitgefühl für die Person empfindet, mit der er sein Leben teilt, und wenn er sich nicht ständig der Zerbrechlichkeit und der problematischen Situation des planetarischen Körpers des anderen bewusst ist, können keine echte Rücksichtnahme für den Partner oder die Partnerin und keine wirkliche Freundschaft zwischen den beiden wachsen. Man muss sich ständig die Tatsache vor Augen halten, dass das Gesetz von der Schwerkraft ewig gegenwärtig ist, um jedem den Dienst zu erweisen, ihn nach unten zu ziehen – und das ganz umsonst! Es ist leichter, in sich zu schlafen, als aufzuwachen. Erst wenn eine echte Freundschaft zwischen Mann und Frau entstanden ist, kann eine authentische Liebe zwischen ihnen zu keimen anfangen.

Wenn es einem Aspiranten mit seinem Wunsch, sich zu erkennen und sich selbst zu übersteigen, wirklich ernst ist, muss er sich unaufhörlich daran erinnern, dass es für einen Mann oder eine Frau in dieser inkarnierten Daseinsform schwierig ist, ein gerechtes und nützliches Leben zu führen, in Einklang mit seinem oder ihrem spirituellen Streben; er wird sich nämlich immer in Umstände versetzt sehen, wo er versucht sein wird, eher in seinem persönlichen Interesse zu handeln als zum Wohl des anderen – selbst wenn er weiß, dass seine Haltung dem anderen Probleme und unnötigen Kummer bereiten kann.

Das ernsthafte Studium der Psyche und der Denk- und Seinsweise der Menschen dieser Welt offenbart, dass viele unter ihnen den größten Teil des Tages bewusst oder unbewusst damit verbringen, sich mit dem sexuellen Aspekt ihres Lebens zu beschäftigen. Wenn er anfängt, ein wenig aus seinem Wachschlaf aufzuwachen, wird der Aspirant überrascht sein, die Zahl der sexuellen Gedanken festzustellen, die ihm insgeheim durch den Kopf gehen – Gedanken, die er zweifellos vorher nie entdeckt hätte –, und wie sehr sie eine echte

151

Plage auf seinem Weg sind, ihn daran hindernd, eine wirkliche spirituelle Praktik zu beginnen.[19]

Was den sexuellen Aspekt ihres Lebens betrifft, gibt es keine Grenzen bei den Verbrechen, die manche Männer zu begehen fähig sind, um ihre körperliche Befriedigung zu bekommen. Sie machen sich keinen Moment Gedanken über die schrecklichen Leiden und die irreparablen Schäden, die den Frauen, und manchmal sogar den Kindern, zugefügt wurden, die sie nicht nur für ihren sexuellen Genuss benutzten, sondern auch, um sich zu bereichern, mit einem unglaublichen Mangel an Mitgefühl – ein sehr trauriger Sachverhalt, der in zahlreichen Ländern des Orients und sogar im Westen weiterhin aktuell ist. Ein ernsthafter Aspirant kann nicht umhin, die Bedeutung der Art von Gewohnheiten oder Tendenzen zu erkennen, denen er erlaubt, sich in ihm einzunisten, wenn er wirklich an das Ende seiner gefährlichen spirituellen Reise kommen möchte. Er muss sich stets vor Augen halten, dass, wenn jemand nicht umsichtig genug ist, sich dessen unerwünschten Neigungen, mit denen er anderen schadet, mit zunehmendem Alter nur verstärken können, bis er schließlich selbst deren Opfer wird.

Da die tiefe Bedeutung der Gewohnheit im Leben eines Menschen im Allgemeinen nicht genug berücksichtigt wird, muss wiederholt werden, dass jener durch nichts vermeiden kann, ein Geschöpf der Gewohnheit zu sein; wenn er einmal etwas empfunden, gedacht, gesagt oder durchgeführt hat, sei es gut oder schlecht, kreativ oder destruktiv, produktiv oder unfruchtbar, dann stellt sich ein unkontrollierbarer Wunsch in ihm ein, der ihn gegen seinen Willen antreibt, mit wachsendem Druck stets wieder empfinden, wieder sagen und repro-

---

[19] Der Autor kann nie vergessen, welchen furchtbaren Schock er erlitt, als er während des Zweiten Weltkrieges Soldat war und entsetzt entdeckte, in welchem Maß sich die Unterhaltungen der Soldaten um ihn herum pausenlos um Frauen drehten, und zwar auf eine derart erniedrigende Weise, die nur wenig Mitgefühl für deren planetarische Körper zeigte; das hat in ihm einen schmerzlichen und unzerstörbaren Eindruck hinterlassen.

duzieren zu wollen, was er zuvor empfunden, gesagt oder getan hat – so wie ein Fluss durch den kontinuierlichen Durchfluss seiner Wasser sein Bett immer tiefer gräbt.

* * *

Vielleicht würden die Menschen ermuntert, sich anders zu verhalten, wenn sie sich klar machten, dass sie dem gnadenlosen Gesetz der Schwere und der Gravitation unterworfen sind, das heißt, dass sie, weil sie sich unausweichlich zu dem schmieden, was sie durch die Weise werden, in der sie sich verhalten, nach dem Tod nicht vermeiden können, zu einer inneren Welt in sich zu gravitieren, die ihnen eigen ist, wie sie es schon zu Lebzeiten jede Nacht tun, wenn sie in ihren nächtlichen Schlaf versinken.

Es muss verstanden werden, dass so, wie die himmlischen Gestirne durch das unabwendbare Gesetz von der Anziehung und der Schwere an dem Platz gehalten werden, der ihnen gemäß ihrer Masse, ihrer Dichte und ihres Gewichts zukommt, auch der Mensch, ganz gleich was er zu glauben oder zu hoffen versuchen sein könnte, absolut nicht vermeiden kann, nach seinem Tod zu einer Ebene des Bewusstseins und des Seins in sich zu gravitieren, die ihm entspricht, gemäß dem, was er durch die Weise, in der er während seines kurzen Aufenthalts auf diesem Globus gehandelt haben wird, aus sich gemacht haben wird.

Ist es nicht offensichtlich, dass keiner sich selbst noch der Art innerer Welt entgehen kann, die ihn jede Nacht erwartet, wenn er die Augen schließt, um zu schlafen, und wenn er das Bewusstsein von der äußeren Welt verliert?

Übrigens, nicht einmal zu seinen Lebzeiten kann der Mensch vermeiden, zu einer Ebene des Seins und des Bewusstseins zu gravitieren, die dem entspricht, wie er in sich selbst schwingt, und die nur das Ergebnis der Weise sein kann, in der er sich von Tag zu Tag geschmiedet hat, und zwar dadurch, wie er gedacht und gehandelt hat. Ferner kann er nicht anders, als

153

seine Atmosphäre mit sich zu tragen, wohin er auch geht, sei sie nun positiv und wohltuend oder negativ und schädlich – eine Atmosphäre, welche zwangsläufig die Personen beeinflusst, mit denen er in Kontakt kommt, wobei er sie entweder erhoben oder verstört zurücklässt.

Im Allgemeinen ist man sich nicht bewusst, was man von sich selbst mitbringt, wenn man jemanden besucht. Ein sensibler Aspirant spürt die Atmosphäre der Person, die sich vor ihm befindet, und ganz gleich, ob sie bedrückend oder zerstreut ist, empfindet er tief in sich Mitgefühl für sie; denn er weiß, dass sich deren Tendenzen mit dem Altern unweigerlich verstärken werden und dass sie, in einem fortgeschrittenen Alter angekommen, innerlich sehr leiden wird – es sei denn, ein heilsamer und genügend großer Schock reißt sie, wenn sie noch jung ist, von dem los, was sie für gewöhnlich ist, und gibt ihrem Leben und ihrer Weise zu sein und zu fühlen eine neue Richtung.

Es kommt vor, dass Leute verkünden, ein Kind haben zu wollen, um ihnen zu helfen, sich selbst zu verwirklichen. Sie fragen sich offensichtlich nicht, ob sie das Kind um seiner selbst willen möchten oder um ein persönliches Interesse zu befriedigen, oder auch, um auf einen sozialen Druck zu reagieren – und vor allem, wie gesagt, als Reaktion auf die starke Programmierung, die von der GROßEN NATUR in sie eingepflanzt worden ist. Wenn das Kind einmal geboren ist, wird seine Erziehung von den Eltern unweigerlich viel Zeit und Aufmerksamkeit beanspruchen. Das Gesagte bedeutet jedoch nicht, dass ein Mann oder eine Frau sich nicht verwirklichen kann, wenn er oder sie ein Kind hat. Die Pflege und die ständigen Opfer, die das Kind von seinen Eltern verlangt, können in ihnen ein Gefühl der Selbstlosigkeit entwickeln. Aber dafür muss der Boden sorgfältig vorbereitet worden sein und sie müssen wirklich die tiefe Verantwortung verstehen, die sie zu übernehmen bereit sind – ganz zu schweigen vom Niveau ihrer Intelligenz und ihres Seins, die eine so entscheidende Rolle dabei spielen, wie sie ihr Kind aufziehen.

Vor dessen Geburt träumen seine Eltern, ohne sich dessen wirklich bewusst zu sein, von der Ankunft des Kindes; sie stellen sich vor, wie es sein wird, wie sehr sie es lieben werden und wie sie es aufziehen werden. Sie projizieren also Träume aller Art auf es. Aber die Realität, mit der sie sich konfrontiert sehen werden, droht, ganz anders zu sein als die Träume, die sie vorher hatten. Das Kind wird unweigerlich nicht so sein, wie sie es sich vorgestellt hatten, denn, unabhängig davon, welche Tendenzen es von seinen Eltern erbt, bringt es seine eigenen Neigungen und seine eigene Persönlichkeit mit sich. Und wenn diese sich zu manifestieren beginnt, werden dann die Gefühle, die sie für das Kind zu haben glaubten, für immer dieselben bleiben?

Es ist im Allgemeinen schwer zu verstehen, in welchem Sinn der sexuelle Aspekt des Lebens der Ursprung so vieler Leiden in der existentiellen Welt ist. Seine Anziehungskraft ist so mächtig und so unwiderstehlich, dass er viele Menschen blind und mitgefühllos macht, wenn es darum geht, ihren sofortigen körperlichen Genuss zu bekommen.

Nach dem, was gerade über die Kraft der sexuellen Anziehung gesagt worden ist, muss dennoch verdeutlicht werden, dass es bei einer richtigeren Herangehensweise an diesen Aspekt ihrer Natur dem Mann und der Frau trotzdem möglich ist, während ihrer physischen Vereinigung sehr hohe Empfindungen der Erhebung zu erleben. Indessen, das geschieht sehr selten, den die Ebenen des Seins und des Bewusstseins der beiden Partner (besonders des Mannes) müssen genügend angehoben sein, um ihnen zu erlauben, solche Erfahrungen zu erleben. Im Leben, so wie man es für gewöhnlich kennt, existieren nicht viele Wesen, die spirituell genügend entwickelt sind, um diesen Aspekt ihrer inkarnierten Natur mit einem anderen Geisteszustand betrachten zu können.

Die meisten Sucher sind halbherzig und scheinen nicht die mindeste Ahnung von dem zu haben, was sie wirklich wollen. Sie träumen spirituell. Sie glauben, das bleiben zu können, was sie für gewöhnlich sind, mit ihrem Mangel an Mitgefühl für ihre Mitmenschen und für alle anderen lebenden Geschöpfe, mit ihrer üblichen Weise zu denken und zu fühlen, ihrer üblichen Art sich zu verhalten, und trotzdem der heiligen Offenbarung ihres HIMMLISCHEN URSPRUNGS teilhaft werden zu können, die ihnen nur deshalb zuzustehen scheint, weil sie ein paar vage spirituelle Vorstellungen haben.

Es ist jetzt notwendig, die Aspiranten vor einem Traum zu warnen, den man manchmal bei Westlern findet, nämlich den, hinduistischen Tantrismus[20] praktizieren zu wollen, als Mittel, ihr HÖCHSTES SEIN oder das NIRVÂNA zu erreichen. Abgesehen von der Tatsache, dass es in unseren Tagen praktisch unmöglich ist, einen authentischen Tantrameister zu finden, ist es wichtig zu verstehen, dass der Tantrismus immense Gefahren in sich birgt, besonders für Abendländer, die, im Gegensatz zu den Orientalen, an leichte Lebensbedingungen gewöhnt sind, die sie erheblich psychisch geschwächt haben. Man muss wirklich außergewöhnlich sein, um sich nicht in einer Art sexueller Katakombe gefangen zu finden, aus der man nicht mehr herauskommen kann, ohne durch einen schrecklichen Kampf mit sich selbst zu gehen, um die ungünstigen Tendenzen aufzulösen, die sich in einem festgesetzt haben.

---

[20] Der hinduistische Tantrismus strebt das Aufsteigen der Kundalini mithilfe von ritualisierten sexuellen Übungen an. Als der Autor sich in Indien aufhielt, besonders in Madras, sah er, von einer jungen, westlichen Frau begleitet, wie durch Magie überall tantrische Meister auftauchen; und diese sogenannten tantrischen Meister verschwanden genauso geheimnisvoll, wie sie erschienen waren, wenn der Autor alleine war, ohne Begleitung einer Frau!

Es ist so leicht, sich in Bezug auf die Sexualität etwas vorzumachen und einen intensiven körperlichen Genuss für eine mystische Ekstase zu halten. So kann jemand am Ende seines irdischen Daseins zu spät zu der Erkenntnis kommen, dass er die kostbare Gelegenheit seiner Inkarnation mit einer Aktivität verschwendet hat, die ihn noch mehr an seinen planetarischen Körper binden wird und ihn sicher nicht darauf vorbereiten wird, sich dem schwindelerregenden Moment zu stellen, an dem sich der Tod vor ihm aufrichten wird, um ihn in sein geheimnisvolles, dunkles Königreich zu entführen.

Für einen Aspiranten, der sich einem spirituellen Weg widmet, ist es möglich, seiner sexuellen Energie eine andere Richtung zu geben als die, wofür ihn die GROßE NATUR programmiert hat. Statt diese Energie, die eine so mächtige Kraft ist, für das alleinige Ziel der Zeugung zu benutzen – auf diese Weise aus ihm ein bloßes Instrument der Reproduktion in den Händen der GROßEN NATUR machend, um den Fortbestand der Art zu sichern –, ist es vorzuziehen, mit ihr hauszuhalten und sie auf ein Ziel hin zu kanalisieren, welches viel erhabener und wichtiger für ihn ist: das, seine spirituelle Evolution zu beschleunigen. Damit aber das Haushalten und die Kanalisierung dieser mächtigen Energie ein positives Ergebnis erbringen können, wird ein umsichtiger Sucher größte Wachsamkeit und äußerste Klugheit an den Tag legen müssen. Er wird jeden abträglichen Gedanken und jede schädliche sexuelle Fantasie, jede negative Vorstellung und jeden störenden emotionalen Zustand, die seine Energien ohne Nutzen abziehen könnten, abwehren müssen.

Wenn sie positiv kanalisiert wird, kann diese machtvolle Energie einen wertvollen Brennstoff darstellen, notwendig, um das Feuer des künstlerischen Schaffens oder der wissenschaftlichen Erforschung und der Entdeckung der geheimnisvollen Gesetze des Kosmos zu nähren (was dem Menschen helfen kann, seinen Platz in der atemberaubenden Unermesslichkeit des Universums zu finden) oder auch, um den besonders benachteiligten Wesen, die diese Erde bewohnen, eine mitfühlende Unterstützung zu geben.

Mitgefühl angesichts blinden Glaubens und Unwissenheit

Für einen Aspiranten, der ernsthaft sucht, seinen HIMMLISCHEN URSPRUNG zu erkennen, ist es unerlässlich, aus seinem tiefsten Inneren zu verstehen, dass er, wenn er die Wichtigkeit des Mitgefühls, das er für seine Mitmenschen und für alle anderen Lebewesen empfinden sollte, nicht erkennt und es nicht in seine spirituellen Übungen integriert, zu einem Punkt kommt, wo er sich, ohne den Grund dafür zu verstehen, plötzlich in einem Engpass finden wird. Für jemanden, der gerade diese geheimnisvolle spirituelle Reise angefangen hat, ist es schwer zu sehen, dass er, ohne es vielleicht zu merken, die Erleuchtung, Satori, die Offenbarung einer HIMMLISCHEN WELT für sich ganz alleine wünscht, um dann in einem Zustand leben zu können, in dem er sich von all den Unannehmlichkeiten und den Problemen der Außenwelt abgekoppelt fühlen und den Rest seines irdischen Daseins in immerwährender Glückseligkeit verbringen kann.

Er muss zunächst verstehen, dass sich die Hoffnung, eine anhaltende Geistesruhe in einer sich ewig verändernden Welt voller unerwarteter Ereignisse zu erreichen, kaum als realistisch erweist. Zweitens muss er sich klar machen, dass der Mensch ein unvollkommenes Geschöpf ist und dass er sich in einer Welt inkarniert hat, die ebenfalls unvollkommen ist, um zu lernen, sich durch seinen Kontakt mit seinen Mitmenschen selbst zu erkennen, und um durch unablässige Bemühungen alle die unerwünschten Tendenzen zu transformieren, die in einem Universum, in dem die HÖCHSTE WAHRHEIT regiert, nicht zugelassen werden können. Und drittens wird er durch die Feststellung der Unermesslichkeit des Leids, das aus Handlungen der Grausamkeit und des Hasses resultiert, die auf dieser Erde begangen werden, sowie aus den Verfolgungen, die sogar innerhalb der verschiedenen Religionen (von denen man annimmt, dass sie jedem Menschen, wer er auch sei, Barmherzigkeit und Liebe geben) auf diesem Globus wüten, sehen, dass das, was die Menschheit am dringendsten zu lernen hat, vor allen Dingen Mitgefühl ist.

Das spirituelle Wachstum des Suchers muss sich auf mehreren Ebenen zugleich abspielen, wenn er einen wirklichen Zustand der Erleuchtung erreichen möchte und sich am Ende seiner rätselhaften Reise nicht unvollkommen, mit falschen Ideen über Spiritualität und mit einer Weise des Seins wiederfinden möchte, die noch dazu andere irritieren und sogar die Tür vor ihnen schließen würde.

Es genügt für den Aspiranten nicht, lediglich die Meditation zu praktizieren, um durch sie alleine eines Tages zur QUELLE seines URSPRUNGS zu gelangen und sie wiederzuerkennen. Das Niveau seines Bewusstseins, das Niveau seiner Intelligenz und das Niveau seines Seins müssen alle drei gleichzeitig ansteigen. Und damit sich diese drei Aspekte seiner selbst gleichzeitig entwickeln können, muss er lernen, die Schmerzen eines anderen zu empfinden, in seinen Beziehungen zu anderen so genau wie möglich zu sein, alles, was von ihm im äußeren Leben verlangt wird, mit größter Sorgfalt auszuführen und die Langzeitwirkungen seiner Worte auf die anderen, bevor er sie ausspricht, und seiner Handlungen, bevor er sie ausführt, zu bedenken.

Vom Anfang seines Engagements auf einem spirituellen Weg an muss er darauf achten, dass das Wachstum seines Wesens keiner Verzerrung unterliegt. So mag es ihm zum Beispiel gelingen, bei Hatha-Yoga-Stellungen eine eindrucksvolle Akrobatik ausführen, ohne das Ziel seiner Suche verstanden zu haben.

Um zu verstehen, worauf seine Bemühungen ausgerichtet werden sollen, muss der Sucher wissen, dass es die hartnäckige Praxis der Meditation und der Konzentration ist, die ihn adelt und die sein Niveau des Bewusstseins anhebt, dass es gerade die Konfrontation mit der Realität des äußeren Lebens ist, die ihn adelt und das Niveau seiner Intelligenz anhebt und dass es schließlich der unablässige Kampf mit seinen schädlichen Tendenzen ist, der ihn adelt und das Niveau seine Seins anhebt.

Er muss jedoch die Tatsache in Betracht ziehen, dass, wenn die Ebene des Bewusstseins im Menschen (durch intensive Meditation und anhaltende Konzentration) eine genügend große, positive Modifikation erfährt, dies hilft, die zwei anderen Aspekte von ihm anzuheben, aber nur bis zu einem bestimmten Grad. Deswegen ist es für die spirituelle Entfaltung des Aspiranten viel nutzbringender, wenn sich ein gleichzeitiges Wachstum dieser drei Aspekte seiner Natur vollzieht.

Und es ist gerade das Mitgefühl, das eine so wichtige Rolle spielt, um das Sein des Suchers anzuheben, indem es ihm bei seinem Kampf gegen seine nicht wünschenswerten Tendenzen hilft, denn in seinen ungünstigen Tendenzen liegt die Hauptquelle der schlechten Taten und Fehler, die der Mensch, ohne es zu wollen, begeht, mit dem Ziel, auf Kosten anderer seine persönlichen Interessen des Augenblicks zu befriedigen, die der Ursprung so vielen Leids in der Welt sind. Wenn es mit Weisheit, Unterscheidung und Würde ausgedrückt wird (wie das die Bescheidenheit ebenso werden soll), kann sich das Mitgefühl als eine große Kraft erweisen, die den Aspiranten bei allem, was er im Leben unternehmen wird, unterstützen wird und ihn vor allem vor sich selbst sowie vor jeder bedauerlichen Handlung, die er zu begehen riskiert und die sein spirituelles Wachstum verzögern könnte, schützen wird. Im Allgemeinen erkennt ein Mensch nicht, wie sehr er sich selbst misstrauen muss, denn so, wie er für gewöhnlich ist, ist er selbst sein wirklicher Feind.

Mitgefühl ist eine wertvolle Kraft, die den erhebt, der es empfindet. Es ist eines der wesentlichen Elemente der Lehre BUDDHAS. Und man kann nicht leugnen, dass dieses außergewöhnliche Wesen gleichzeitig eine ungewöhnliche Kraft und eine unerschöpfliche Güte in sich trug. Um bei seinen verschiedenen spirituellen Vorhaben Hilfe zu bekommen, muss der Sucher verstehen, dass diese innere Kraft, wenn sie authentisch und nicht gespielt oder vorgetäuscht ist – im Gegensatz zur Brutalität –, von einem Adel des Geistes und von einer Achtung vor dem Nächsten ergänzt wird.

* * *

In dieser Existenzform, in der der physische Körper zum Hauptinteresse des inkarnierten Wesens geworden ist, ist es unmöglich, zu leben oder irgendein materielles Gut zu erwerben, ohne dass dies auf Kosten eines anderen lebenden Geschöpfes geschieht. Und das gilt auch für die Freuden dieser Welt, die ein Mann oder eine Frau in bestimmten Augenblicken seines oder ihres vorübergehenden Lebens auf dieser Erde erleben kann.

Es gibt kein lebendes Geschöpf, das einen physischen Körper bewohnt, welches sich nicht in der traurigen Lage sieht, gezwungen zu sein, während seines irdischen Daseins andere lebende Elemente zu zerstören, um das Überleben seines eigenen planetarischen Körpers zu sichern. Es ist die heilige Pflicht jedes inkarnierten Mannes und jeder inkarnierten Frau (oder zumindest derer, die sich auf einem spirituellen Pfad befinden), ihr Bestes zu tun, um nicht die Gesetze des Gleichgewichts der Natur zu brechen und anderen lebenden Geschöpfen mehr Leid zu verursachen, als das für die Aufrechterhaltung ihres Lebens notwendige Minimum. Sie müssen Mitgefühl für alle die Elemente oder Lebensformen zeigen, die sie leider für den Erhalt ihres eigenen Lebens zu zerstören gezwungen sind, und müssen darauf bedacht sein, dass die Leiden, die diese Elemente oder lebenden Geschöpfe unausweichlich durchmachen, nicht umsonst sind.[21]

---

[21] Siehe Kapitel 46 in *Der Weg der inneren Wachsamkeit*.

Die Aspiranten müssen streben, das Leid, das sie lebenden Elementen zuzufügen gezwungen sind, um ihr eigenes Überleben zu sichern, wenigstens in einem gewissen Maß auszugleichen, indem sie ihr ganzes Dasein einer regelmäßigen spirituellen Praktik an sich selbst widmen, dank derer sie diesen Elementen indirekt oder geheimnisvollerweise manchmal sogar direkt helfen können.

* * *

Der Mensch findet sich ungewollt in die Lebensbedingungen gestellt, die er braucht, um zu lernen, sich gerecht und mitfühlend gegenüber seinen Mitmenschen und anderen lebenden Geschöpfen zu verhalten, die aufgrund der Überlegenheit seiner Intelligenz umso mehr von ihm abhängig und seiner Willkür ausgeliefert sind.

Nach seinem Tod wird er sich mit dem alleine finden, was er aus sich gemacht hat. Es wird zu spät sein, irgendetwas zu ändern, was zu seinen Lebzeiten geschehen ist und was ihn zu dem geschmiedet hat, was er geworden ist, ob nun sein Verhalten mit den Gesetzen eines unsichtbaren und HÖHEREN UNIVERSUMS, in dem die GÖTTLICHE WAHRHEIT herrscht, konform war oder nicht; denn die Bedingungen des existentiellen Lebens (mit allem, was das an Ungewissheiten, Prekarität und Unsicherheit beinhaltet) sind genau die, die er braucht, um durch den so nötigen Zwang zu lernen, sein niedrigeres Sein zu überwinden, um anzufangen, auf etwas Höheres in sich zu antworten – ein Lernprozess, der der einzige Grund für seine vorübergehende Inkarnation auf dieser Erde ist und den er nach seinem Tod nicht mehr durchmachen kann.

Wenn es ihm nicht gelungen ist, eine bestimmte Schwelle in sich zu überschreiten, wird er ein unvollkommenes und für seinen SCHÖPFER unbrauchbares Geschöpf bleiben. Wenn sich der Tod vor ihm aufrichten wird, um ihn aus dem existentiellen Leben und seinem hinfälligen Körper zu reißen, der für ihn nutzlos geworden ist, wird er unfähig sein, unzerstreut und auf das UNENDLICHE, das ihn erwartet, konzentriert zu bleiben – weil er zu seinen Lebzeiten keine Vorbereitungen für diese rätselhafte innere Reise getroffen hat, die ihm seit dem Augenblick bestimmt war, da er seinen ersten Atemzug machte.

Der Mensch möchte glücklich sein, aber, indem er die Gesetze, die das Leben regieren, absichtlich ignoriert, verhält er sich gleichzeitig so, als ob gerechtes Handeln und Mitgefühl für einen anderen keine Quellen des Glücks seien!

Ein sensibler Aspirant wird bemerken, dass ein echter Zustand des Mitgefühls von einer sensiblen Bewegung des Hinabsteigens in sein Inneres, von einem subtilen inneren Erwachen und von einem subtilen Bewusstsein seiner selbst, die ihm alle ungewohnt sind, begleitet wird.

Um bei seiner geheimnisvollen Arbeit an sich selbst Hilfe zu bekommen, ist es wichtig für den Sucher zu erkennen, dass, im Gegensatz zur Sentimentalität, die den Menschen in sich einschließt und ihn einschläfert, das Mitgefühl, wenn es echt ist, durch diesen subtilen und ungewohnten Zustand inneren Erwachens und durch eine subtile Ausdehnung seines Bewusstseins gekennzeichnet ist. Wenn ein Aspirant anfängt, spirituell mehr erwacht zu sein, machen sein Seinszustand und sein Bewusstseinszustand eine bedeutende Veränderung durch. Vor allem sein üblicher Seinszustand, der begrenzt und eng ist, wird von einer Ausdehnung des Bewusstseins ersetzt, die gleichzeitig befreiend und therapeutisch ist.

* * *

Es kommt vor, dass ein Sucher eine sich lange hinziehende Meditationspraktik fürchtet, denn etwas in ihm ahnt, dass er durch eine intensive und anhaltende Konzentration das Bild verlieren wird, das er sich von sich gemacht hat, ein Bild, das er im Gegenteil fortsetzen und dauerhaft machen möchte.

Es fällt ihm schwer zu verstehen, dass er, wenn er das Bild, das er sich von sich gemacht hat, aufgeben würde und auf seinen gewöhnlichen Seinszustand und auf sein übliches Empfinden verzichten würde, in sich etwas unendlich Größeres gewinnen würde, nämlich einen Zustand ätherischen Bewusstseins und eine Transparenz des Seins, die von unschätzbarem Wert für ihn sind.

Erst wenn der Aspirant anfängt, die Nichtigkeit der kleinen illusorischen Welt zu sehen, die er sich aufgebaut hat und die ihm wie Wasser durch die Finger rinnt, während er vergeblich versucht, sie zurückzuhalten, wenn er nicht mehr weiß, welche Sicht er auf sein Dasein haben soll, noch was er aus seinem Leben machen soll, kann kaum merklich etwas Reales in ihm erwachen und zunehmend sein Wesen erleuchten. Er wird dann den Mangel an Wirklichkeitssinn in seinen Forderungen verstehen, die er in seinen vergangenen Gebeten formuliert hat; seine Gebete werden in eine schweigende Meditation verwandelt werden: nichts verlangen, nichts suchen, nichts vorwegnehmen, sondern nur einfach da sein, in einem Zustand der Hingabe und der inneren Verfügbarkeit, bereit, konzentriert zu bleiben, in alle Ewigkeit, wenn notwendig, mit grenzenloser Geduld…

Die meisten Gebete sind unrealistisch. Man bittet GOTT, BRAHMA, VISHNOU, SHIVA oder eine Gottheit, die irgendwo im Himmel residiert, dass sie ihm die GNADE, die ERLEUCHTUNG, den Frieden, das Glück und so weiter gewähre. Aber man fragt sich nie, ob man bereit und würdig genug ist, die Verantwortung der Gnade oder der Erleuchtung – oder gar des Glücks – zu tragen.

Jemand betet: „Herr, erbarme dich meiner und gib mir die GNADE." Aber vielleicht sind seine Ebenen des Seins, des Bewusstseins und der Intelligenz weit entfernt davon, genügend hoch zu sein, um der GNADE zu erlauben, den günstigen Boden für IHRE MANIFESTATION in ihm zu finden.

Die Gebete der Menschen dieser Welt sind unglaublich naiv und unrealistisch. Seit Urzeiten haben sie unaufhörlich um Frieden, Überfluss, Glück usw. gebetet. Jedoch, die Zwistigkeiten und Kriege fahren fort, ihre Verwüstungen über diesen Globus auszubreiten. Sie verstehen offensichtlich nicht, dass sich zuerst eine beträchtliche Veränderung in ihrem Wesen, in ihrer Weise zu denken und das Leben zu betrachten, vollziehen muss und dass diese innere Wandlung groß genug sein muss, damit auch in der äußeren Welt eine entsprechende und gültige Veränderung geschehen kann.

Man betet um Frieden, aber paradoxerweise setzt man, sobald persönliche Interessen im Spiel sind, alle Hebel in Bewegung, damit es in der Welt keinen Frieden gibt. Welchen Platz nimmt also das Mitgefühl in den Gebeten dieser Personen ein? Die Gebete der meisten Leute sind vor allem Bittschriften und Petitionen, um etwas umsonst zu bekommen, was sie dem zufügen wollen, was sie für gewöhnlich sind. Sie bestehen stets darin zu verlangen: „Herr, gib mir…" oder „Herr, gewähre mir…" oder „Herr, mache, dass…" und so weiter.

Das wahre Gebet besteht in einem Zustand der inneren Versenkung, der nicht ohne Bemühungen erreicht werden kann. Strikte Konzentration und Meditation, um den Geist zum Schweigen zu bringen, sind unerlässlich, wenn man in sich die nötige Stille schaffen können möchte, um durch eine direkte Erfahrung seinen HIMMLISCHEN URSPRUNG zu erkennen und nicht von einer Gottheit getrennt zu bleiben, die irgendwo im Himmel residieren soll und der man alle Arten von Gebeten entgegenschleudert, die von Natur aus nicht erfüllt werden können.

Es ist wirklich erstaunlich, dass fromme Personen oder auch Offizianten aus allen Religionen nicht die Irrealität und die Absurdität ihrer Gebete sehen. Als der Autor dieses Textes während des Zweiten Weltkrieges Soldat war, war er fassungslos angesichts der unsinnigen Gebete der Priester, die von GOTT verlangten, die Soldaten, die auf ihrer Seite waren, zu beschützen und ihnen den Sieg über ihre Feinde zu gewähren. Und der Autor fühlte sich, trotz seiner Jugend und seiner fehlenden Reife beim Hören dieser Gebete bedrückt und er konnte nicht umhin zu denken, dass ja auch auf der anderen Seite Priester damit beschäftigt waren, zum selben GOTT zu beten, damit er ihre Soldaten beschütze und ihnen den Sieg über ihre Feinde gebe! Wie können solche Gebete erfüllt werden?

Wenn der Aspirant das Gebet als Mittel benutzen möchte, um den ERHABENEN ASPEKT seiner Natur zu erreichen, muss er lernen, was zu beten und wie zu beten. Ebenso muss er, durch fleißige Meditation und durch diverse Konzentrationsübungen, das Niveau seines Bewusstseins anheben, um dem Gebet zu erlauben, eine gewisse Wirkung auf sein Wesen zu haben. Das genügt jedoch nicht immer; ihm bleibt noch, die Mittel zu finden, um auch seine Ebenen der Intelligenz und des Seins anzuheben. Der Sucher kann sich nicht von der persönlichen Bemühung entbinden, die er unablässig machen muss, um eine wichtige Schwelle in seinem Wesen zu überschreiten und Zugang zu den heiligen und unsichtbaren Bereichen in sich zu bekommen.

* * *

Wenn man heute noch in Indien und in anderen Ländern des Orients die Darbringung von Opfergaben oder Tieropfern praktizieren sieht, um die Götter zu kaufen und Wohltaten von ihnen gewährt zu bekommen, kann man über ihre Naivität nur traurig und über den Mangel an Mitgefühl in ihren Handlungen nur erschrocken sein.

Was für ein GOTT der Liebe, der Güte und des Mitgefühls könnte akzeptieren – oder sogar verlangen –, dass für ihn das Blut unschuldiger Tiere vergossen würde, um seinen angeblichen Zorn zu besänftigen? Wie könnten die Leiden und die Traumen, die diese armen, stummen Kreaturen im Stillen durchmachen, eine „liebende" Gottheit kaufen, damit diese die unvernünftigen Bittgesuche der Menschen dieser Welt erfülle?

Diese Männer und Frauen, die ihre Opfergaben den Göttern darbieten, die sie verehren und die sie als Gottheiten der Liebe, des Wohlwollens, der Güte etc. ansehen, empfinden nicht das mindeste Mitgefühl für die Tiere, die sie in der Hoffnung opfern, dass die „wohlwollenden" Götter ihnen im Gegenzug eine bessere Ernte, reichlichen Regen, materielle Güter, Reichtümer, einen Sohn und kein Mädchen (als ob ihre Mutter keine Frau wäre) und so weiter gewähren werden. Und das Mitgefühl, welchen Platz nimmt das Mitgefühl unter all diesen, Gebete genannten Bittgesuchen ein?[22]

* * *

Jeder Mensch dieser Welt, ob Mann oder Frau, wird von zartester Kindheit an unweigerlich durch die Weise konditioniert, in der die Umgebung denkt, handelt und lebt. Der Wert, den er seine Älteren ständig materiellen Gütern beimessen sieht, beeinflusst ihn, und seinerseits kann er ungewollt nicht anders, als seine Nachkommen zu ermuntern, ihn nachzuahmen und nur dem Wert beizumessen, was er selbst als wichtig erkannt hat. Die materiellen Güter und die immer ausgeklügelteren Dinge, die man unaufhörlich erfindet und die ihn faszinieren, sind quasi zum einzigen Interesse geworden, das er im Leben hat. Daher formt er, in seiner Unwissenheit um spirituelle Werte, das Wesen seiner Kinder, die so beeinflussbar und ihm ausgeliefert sind, nach seinem Bilde, indem er ihnen die gleichen Arten von Interessen, die gleiche Weise, die Existenz zu begreifen, und die gleiche Art, ihre Mitmenschen zu betrachten und zu behandeln, aufzwingt.

---

[22] Der Autor hat für immer die Erinnerung an seine Kindheit im Orient und an den Schrecken bewahrt, den ihm die Tieropferungen einflößten, die er vor sich ablaufen sah und die mit unglaublicher Grausamkeit und völliger Empfindungslosigkeit gegenüber den Leiden der armen Tiere ausgeführt wurden, mit dem Ziel, Gunstbeweise irgendeiner Gottheit zu bekommen.

Die Gewohnheit, nur den greifbaren Dingen, den physischen Empfindungen und dem, was sie von den anderen erwarten, eine Bedeutung beizumessen, kann in ihr Wesen nur eine immer tiefere Furche graben, sie zu ihrem Schaden zu dem schmiedend, was sie sind und was unausweichlich aus ihnen werden wird – es sei denn, eine Begegnung oder etwas Unerwartetes und genügend Starkes findet plötzlich statt, um den Kurs zu ändern, den ihr Geist und ihr Leben genommen haben.

Und da sie im Allgemeinen nicht wissen, wie sie ihre Kräfte besser nutzen können, verwenden sie die Zeit, die ihnen zu leben gewährt wurde, dazu, für sich selbst und für ihre Mitmenschen Uneinigkeit und Probleme aller Art zu schaffen – als ob es davon nicht schon genug in der Welt gäbe.

Solange der Mensch nicht die erforderlichen Anstrengungen macht zu suchen, sich selbst zu erkennen und sich mit seiner GÖTTLICHEN QUELLE zu verbinden, wird er immer von den veränderlichen und flüchtigen Bedingungen der äußeren Welt sowie von den Eindrücken, die seine Sinnesorgane ihm vermitteln, abhängig sein, um eine Empfindung von seiner Existenz zu haben. Aber diese Abhängigkeit von den äußeren Bedingungen sowie von den Sinnesorganen (die alle zufallsbedingt und unbeständig sind), um seine Existenz spüren zu können, hält ihn ständig in einem unbewussten und fortwährenden Zustand der Unsicherheit.

Außerdem ist er in seinem üblichen Zustand des Seins und des Fühlens unfähig, das phänomenale Dasein mit Unterscheidung und einem losgelösten Geist zu betrachten. Alles, was er von der äußeren Welt passiv an Eindrücken empfängt, wird zwangsläufig falsch interpretiert, gemäß seiner Konditionierung und den Begrenzungen seiner Sinnesorgane. Die Weise, in der er von seinen Älteren erzogen worden ist, hält ihn an sein weltliches Ich und an die Faszination versklavt, die die existentielle Welt ständig auf ihn ausübt. So bleibt er verloren im Nebel der Welt der Sinne, die ihm von Zeit zu

Zeit einige vorübergehende Freuden bietet und ihm das
LICHT seines HIMMLISCHEN WESENS verhüllt.

Der Aspirant muss sich von der begrenzten Existenz befrei-
en, die er bis dahin gekannt hat, um einem anderen Weg zu
folgen, dessen Ende sich in der UNENDLICHKEIT verliert. Er
muss durch die unermüdliche Praktik der Meditation und der
Konzentration dahin kommen, innerlich aus diesem seltsamen Wachschlaf, in dem er normalerweise sein Leben verbringt, aufzuwachen und schließlich wach zu bleiben, um
einer HIMMLISCHEN AUTORITÄT, von deren Existenz er für
gewöhnlich nichts weiß, angemessen antworten zu können.
Auf diese Weise wird es ihm möglich sein, den anderen voller
Mitgefühl das Licht zu bringen, das er in sich gefunden hat,
und die Dunkelheit zu erhellen, in die sie während ihres Daseins tragisch getaucht bleiben, ohne von dem unschätzbaren
Schatz, den sie insgeheim in ihrem Wesen tragen, zu wissen.

In dem Maße, wie der Sucher in der Lage ist, das aufzugeben,
was er für gewöhnlich ist, das Bild von sich selbst, das er unbewusst überall mit sich trägt, loszulassen und die Gedanken
und belanglosen inneren Gespräche, mit denen er ständig
beschäftigt ist, aufzugeben, kann er anfangen, spirituell aufzuwachen und dieses innere Erwachen zu verlängern und zu
vertiefen. Das bedeutet, sich innerlich leer zu machen, damit
etwas Höheres den Raum einnimmt, den er in sich geschaffen
hat.

* * *

Der Mensch nimmt seine Umgebung und die Welt wahr und
versteht sie gemäß den Eindrücken, die ihm seine begrenzten
Sinnesorgane übermitteln. Wenn sein Niveau des Bewusstseins, der Intelligenz und des Seins ansteigt und wenn seine
Sinneswahrnehmungen feiner, sensibler und umfassender
werden, verändert sich seine Sicht von der Welt. Er sieht alles, was ihn umgibt, anders. Man kann sagen, dass er in gewisser Weise, ohne es zu wissen, die Art des Universums, das er
sieht, schafft, gemäß dem, was er durch die Eindrücke, die

seine Sinnesorgane ihm vermittelt haben, verstanden zu haben glaubt. Stellt nicht diese Relativität seiner Kenntnisse direkt alles in Frage, was er an Wissen über das Universum, über sich selbst und über seine Beziehung zum UNENDLICHEN angesammelt zu haben glaubt?

Wenn sich der Aspirant von seiner Abhängigkeit von seinen Wahrnehmungsorganen befreien kann, kann sich eine Tür zu anderen Dimensionen für ihn öffnen, die ihm im Allgemeinen unzugänglich sind; er wird dann das Universum und alles, was ihn umgibt, als eine erstaunliche und geheimnisvolle HEILIGE EINHEIT wahrnehmen. Alles wird ihm jenseits von Zeit und Raum erscheinen und seine Beziehung zum UNENDLICHEN wird eine Realität annehmen, die er vorher unmöglich hätte erfassen können.

Er wird infolgedessen erkennen, auf welche Weise er mit seinen Mitmenschen vereint ist, und vor allem, was ihn mit ihnen verbindet. Die Tatsache, sich spirituell nicht mehr als getrennt von ihnen zu empfinden, wird in ihm eine andere Weise kreieren, die Schöpfung zu sehen und wahrzunehmen; und ein grenzenloses Mitgefühl wird ihn erfüllen; denn er wird im Grunde seines Wesens auf eine ganz besondere Weise erkennen, dass ihre Leiden auch seine Leiden sind. Und von da an wird er gegenüber dem Leid der anderen nicht mehr gefühllos bleiben können.

Seiner selbst wirklich bewusst zu sein und in diesem Bewusstseinszustand gut eingerichtet zu sein, bedeutet anzufangen, andere Dimensionen in sich zu berühren, durch welche der Sucher manchmal kurze Augenblicke eines direkten und plötzlichen Wissens von der GESAMTHEIT einer Situation gleichzeitig erfahren wird.

Das Wachstum des Bewusstseins im Aspiranten bedeutet auch das Wachstum des Lichts in ihm – das heißt, das Wachstum seiner Intelligenz und seines Unterscheidungsvermögens. Er wird das Rätsel des Universums, seiner Existenz und all dessen, womit er in Kontakt tritt, mit einer größeren Geistesklarheit verstehen, befreit von seinen subjektiven Vorurteilen der Vergangenheit. Er wird vor sich selbst geschützt sein sowie vor seiner üblichen Weise, das Sichtbare und die phänomenale Existenz zu begreifen – welche er vorher für die einzige Wirklichkeit der Schöpfung hielt. Dieses neue Sehen der Welt wird in ihm auch das Wachstum des Mitgefühls erlauben – des Mitgefühls für jedes lebende Geschöpf, das eine zarte körperliche Hülle bewohnt, imstande, jeden Moment vernichtet zu werden.

Was jemand in sich ist, hängt von den Ebenen seines Bewusstseins, seiner Intelligenz und seines Seins ab; wenn der Sucher durch eine regelmäßige Praktik der Meditation und verschiedener Konzentrationsübungen, ausgeführt im täglichen Leben, dahin kommt, gegenwärtig und seiner selbst auf eine Weise bewusst zu sein, die sich von seiner üblichen Weise des Seins stark unterscheidet, wird sich in der Folge diese Dreiheit in ihm erhöhen. Seine inneren Augen werden sich öffnen; und er wird künftig das Leid und die Ungewissheit der physischen Existenz in ihrer ganzen Realität sehen. Das Mitgefühl für die anderen und für alle anderen Lebewesen wird ihm als eine Lebensnotwendigkeit erscheinen. Er wird verstehen, dass es an ihm ist anzufangen, es den anderen entgegenzubringen und nicht zu warten, dass es die anderen sind, die anfangen.

Der Mensch hat im Allgemeinen die Tendenz zu warten, dass die anderen anfangen, indem sie gut und mitfühlend zu ihm sind, bevor er selbst versucht, gut und mitfühlend zu ihnen zu sein. In seiner Unwissenheit denkt er, dass sich erst das Äußere ändern muss und dass er dann dem Beispiel folgen wird, indem auch er den anderen Wohlwollen und Mitgefühl entgegenbringt. Er sieht nicht, dass jede Veränderung in erster Linie immer zuerst in ihm anfangen muss. Das äußere Leben kann sich nicht nach seinen Vorstellungen ändern, damit er in sich ruhig bleiben kann. Es ist an ihm, als Erster Veränderungen zu machen.

Des Weiteren macht er sich nicht klar, dass er nicht vermeiden kann, seine Umgebung zu verändern, sei es zum Besseren oder zum Schlechteren, und zwar durch die Weise, wie er in sich schwingt, sowie die Bedingungen anzuziehen, die dieser Weise, innerlich zu schwingen, entsprechen. Wenn sie sich nicht ändern, können die Menschen sich selbst nicht entkommen.

* * *

Im Gegensatz zur physischen Evolution verläuft die spirituelle Evolution vertikal und ist keine horizontale Bewegung. Es handelt sich um eine Evolution nach oben, außerhalb der Zeit; sie läuft nicht nach vorne ab, in irgendeine Zukunft – in ein, zwei, hundert oder tausend Jahren! Der Mensch strebt, sich innerhalb der Bewegung der Zeit zu vervollkommnen, ohne sich klar zu machen, dass ein Teil von ihm schon in der Gegenwart perfekt ist. Sein WAHRES SEIN ist GÖTTLICH. Er trägt das ERHABENE in sich, seine GRUNDESSENZ, die Energie und transparentes Licht ist und sein Leben sowie das aller anderen lebenden Geschöpfe beseelt.

Der Zustand des Seins, des Geistes und des Bewusstseins der meisten Männer und Frauen dieser Welt ist nichts als Verwirrung, Gier und Widersprüche. Die zeitliche Existenz sowie das Leben des nicht erleuchteten Menschen sind durch die Dualität gekennzeichnet: Angenehmes und Unangenehmes, Genuss und Abneigung, Liebe und Hass, Freude und Traurigkeit, Licht und Dunkelheit, Geburt und Tod etc. Und, solange er von seiner FUNDMENTALEN QUELLE abgeschnitten bleibt, die jenseits der Dualität ist, wird das Mitgefühl in ihm und in der Welt abwesend bleiben. Der Mensch macht sich im Allgemeinen nicht klar, dass die Schwierigkeiten des existentiellen Lebens für seine Evolution notwendig sind; sie stellen vielleicht die einzigen Waffen dar, über die das Leben verfügt, um zu versuchen, ihn aus seinem dramatischen Schlaf aufzuwecken, in dem sein ganzes Dasein zu verbringen er sich begnügt.

Sein Leben lang läuft er in seiner Unwissenheit dem Angenehmen hinterher und flieht das Unangenehme, ohne je zu erkennen, dass das Angenehme, wenn er der bleibt, der er ist, sein Todfeind ist; das Angenehme wiegt und schläfert ihn ein. Der unangenehme Aspekt des Lebens ist in Wirklichkeit ein Freund, weil das Unangenehme, wenn er es zu diesem Zweck benutzt, ein wichtiges Hilfsmittel ist, um ihn aus seinem Wachschlaf aufzuwecken.

Das existentielle Leben ist sogar in seinen Unvollkommenheiten außerordentlich vollkommen. Denn, wenn das Leben paradiesisch wäre und wenn die Erde herrliche Früchte und exotische Nahrungsmittel aller Art im Überfluss hervorbrächte, die er kostenlos und wann immer es ihm gefiele bekommen könnte, hätte der Mensch keine Möglichkeit der spirituellen Evolution; das wäre in Wahrheit die Auslöschung seines Wesens. Tatsächlich würde er, aufgrund seiner Neigung zur Trägheit, sein ganzes Dasein damit verbringen, nichts anderes zu tun als zu essen, zu faulenzen, sich zu paaren und zu schlafen. Er wäre in alle Ewigkeit verloren, ohne jede Hoffnung, ermutigt zu werden, seinen Blick in eine andere Richtung zu wenden als die der Außenwelt, um einen Sinn im phänomenalen Dasein zu finden.

Er kann nicht begreifen, dass die Tatsache, eine Anstrengung machen zu müssen, um seinen Lebensunterhalt zu finden, ein Segen für ihn ist; es ist eine Art unfreiwilliger kleiner Yoga, den er sein Leben lang machen muss.

Die existentielle Welt ist für den Menschen ein Gefängnis, aus dem er nur durch den Tod befreit werden kann – oder, was bei weitem vorzuziehen ist, durch eine regelmäßige spirituelle Praktik an sich selbst, die ihn zum WAHREN LEBEN führt, zum HIMMLISCHEN LEBEN, wo ihn der Todesgott nicht mehr erreichen kann. Sich selbst überlassen, würde er keine Bemühung machen, eine andere Existenz zu führen als eine vegetative. Das existentielle Leben zwingt ihn, kontinuierliche Anstrengungen zu machen, um sich vor Gefahren aller Art,

174

vor Krankheiten, Naturkatastrophen und Witterungs-
einflüssen zu schützen und um die Mittel zu finden, seinen
planetarischen Körper zu schützen.

Die Schwierigkeiten, durch die ihn das Leben unaufhörlich
gehen lässt, und der Kampf, den er die anderen Lebewesen
um ihr eigenes Überleben führen sieht, werden in ihm vielleicht schließlich die Gabe des Mitgefühls erwecken – welches
der erste Schritt zu echter Liebe ist.

KAPITEL 19

Konzentrationsübungen in der Bewegung des äußeren Lebens[23]

Es ist für einen Sucher absolut notwendig zu verstehen, dass er, welchem spirituellen Weg er auch folgen mag, wenn er wirklich aufrichtig und motiviert bei dem ist, was er zu erreichen sucht, früher oder später vor die Tatsache gestellt werden wird, dass seine Meditationspraktik, in der Stille seines Zimmers ausgeübt, nicht genügen wird. Seine Meditationssitzungen müssen durch andere Konzentrationsübungen ergänzt werden, die während der Tätigkeiten des existentiellen Lebens durchgeführt werden.

Die Übungen sind unerlässlich, wenn er eines Tages dahin kommen möchte, sich in den erhöhten Zuständen zu halten, die er während seiner Meditation berühren kann und die er verliert, sobald er die geringste Bewegung macht. Es muss ihm gelingen, während seiner Beziehungen zu seinen Mitmenschen und bei allen seinen täglichen Beschäftigungen diese Zustände der Gegenwärtigkeit und des Bewusstseins, die ihm ungewohnt sind, immer mehr in sich zu festigen.

Es muss hier verdeutlicht werden, dass die Art der Konzentration, die auf einem spirituellen Weg durchgeführt wird, ganz anderer Natur ist als die, die man während der Tätigkeiten des äußeren Lebens an den Tag legen muss, denn Letzterer mangelt es nicht nur an Kontinuität, sondern das Ziel, das sie anvisiert, ist zudem veränderlich und vergänglich.

---

[23] Alle Konzentrationsübungen, die in diesem Buch sowie in seinen anderen Werken dargelegt werden, sind vom Autor für seine eigenen spirituellen Praktiken erfunden worden. Er wünscht sich, dass sich diese spirituellen Übungen für jeden Leser, der eifrig ist, sie in die Praxis umzusetzen, ebenfalls als nützlich erweisen werden.

So wie er für gewöhnlich ist, ist der Mensch innerlich geteilt. Er weiß nicht einmal, was er vom Leben erwartet. Seine Wünsche und seine Empfindungen sind sehr wechselhaft; sie sind so unvorhersehbar und veränderlich wie der Wind. Er zeigt oft widersprüchliche Verhaltensweisen, die er nicht einmal selber sieht. Da er unbewusst jedem Gedanken, jedem Wunsch und jeder Emotion, der bzw. die in ihm aufsteigt, Glauben schenkt, und da er sich in diesem Gedanken, diesem Wunsch und dieser Emotion verliert, verschleiert das vor ihm die konstante Beweglichkeit dessen, was ununterbrochen in ihm stattfindet. Er identifiziert sich mit jedem neuen Gedanken und jeder neuen Emotion, der oder die in ihm auftaucht und ihn die vorhergehenden Gedanken, Wünsche und Emotionen vergessen lässt.

Der buddhistische Ausdruck „self-recollectedness" – der bereits in einem früheren Kapitel genannt wurde und der die Grundlage der Lehre des Buddha darstellt – hat für die spirituelle Praxis des Aspiranten einen Begriffsinhalt von größter Wichtigkeit. Wenn er nämlich anfängt, sich durch die Erforschung seiner selbst besser kennen zu lernen, kann er, wenn er aufrichtig mit sich sein möchte, keinesfalls umhin festzustellen, wie sehr *er in sich geteilt ist*. Er kann verglichen werden mit einer Vase, die in tausend Stücke zerbrochen ist; jedes Stück hält sich in sich für vollständig und, indem es sich vorstellt, das Ganze zu sein, nimmt es sich ernst, ohne fähig zu sein zu sehen, dass es nur ein *kleines* Fragment der Vase ist. Isoliert betrachtet, bedeutet das Wort „collect" sammeln und das Wort „re-collect" würde *wieder sammeln* bedeuten. Meditation und die verschiedenen Konzentrationsübungen, die der Aspirant auszuführen versucht, haben tatsächlich zum Ziel (selbst wenn ihm das am Anfang seines spirituellen Abenteuers nicht klar ist), ihm zu helfen, sich wieder zu sammeln, die verschiedenen verstreuten Fragmente, die sein Wesen ausmachen, wieder einzusammeln und durch seine persönlichen Bemühungen zu versuchen, sie wieder zusammenzukitten, um ihn in sich vollständiger zu machen – was für ihn die erste unerlässliche Etappe darstellt, die ihm erlaubt, eine echte spirituelle Praktik auf einer viel höheren Ebene zu beginnen, die einer unsichtbaren und den gewöhnlichen Sterblichen unzugänglichen Dimension angehört.

Außerdem wird das Wort „recollect" mit „sich erinnern" oder „sich etwas ins Gedächtnis zurückrufen" übersetzt. Und der Ausdruck „self-recollectedness" bedeutet, Selbst-Erinnern oder Selbst-Vergegenwärtigung. Nun kann man sich fragen, warum, und was besagt oder vielmehr was beinhaltet das Selbst-Erinnern oder die Selbst-Vergegenwärtigung? Ferner, an was sich erinnern und was sich ins Gedächtnis rufen? Der Mensch verbringt praktisch sein ganzes Dasein in einem seltsamen Zustand der Abwesenheit zu sich selbst, in einem ganz besonderen Zustand der Abwesenheit oder der Selbstvergessenheit, die mit der dumpfen Benommenheit eines Betrunkenen verglichen werden kann, oder auch mit einem zombieähnlichen Zustand. Er spricht, denkt, handelt, lacht, geht, ist in ständiger Bewegung und ruft in diesem seltsamen Zustand der Abwesenheit zu sich sogar mörderische Kriege hervor, ganz wie ein Schlafwandler, der sich dessen unbewusst ist, welchen Schaden er für sich anrichten könnte.

Was ist es also, was er zu der schicksalhaften Stunde seiner Geburt in die vergängliche Welt vergisst? Was vergisst er, wenn er in dieser verführerischen Welt aufwacht, die ihm unaufhörlich angenehme Dinge zu seinem Vergnügen anbietet und ihn während seines Heranwachsen an sich bindet und ihn mehr und mehr von seiner URSPRÜNGLICHEN QUELLE entfernt, durch die alleine er den Sinn seiner Inkarnation auf diesem Planeten erkennen kann – einem Planeten, der ja auch geschaffen wurde, um eine rätselhafte Mission zu erfüllen, und der, wie jedes lebende Geschöpf, eines Tages der gnadenlosen Forderung des Todesgottes unterliegen muss.

Vergisst er nicht in der Stunde seiner Geburt einen geheimnisvollen Zustand der Vollständigkeit, den er, ohne es zu wissen, während seines ganzen Lebens in äußeren Befriedigungen wieder suchen wird? Und diese geheimnisvolle Bemühung, auf eine ganz andere Weise seiner selbst bewusst zu sein als er es im Allgemeinen ist – und die sich in einer Bewegung zu ihm selbst hin manifestiert –, ist sie nicht eine Rückkehr zu diesem rätselhaften Zustand der Vollständigkeit, eine Rückkehr zu seiner URSPRÜNGLICHEN QUELLE? Ist nicht, ohne dass der Aspirant es am Anfang seiner Kämpfe merkt, diese Rückkehr zu sich selbst in Wirklichkeit die Rückkehr des Verirrten zu seiner GÖTTLICHEN inneren HEIMAT?

Er muss immer klarer verstehen, dass alle die Praktiken der Meditation sowie die verschiedenen Konzentrationsübungen, die er auszuführen sucht, zum Ziel haben, die verschiedenen Aspekte seiner Natur, die für gewöhnlich zergliedert und voneinander getrennt sind, und zwar ohne jede Koordination zwischen ihnen, wieder zu vereinen und zusammenzufügen. Der Mensch kann im Allgemeinen nicht sehen, auf welche Weise er ein geteiltes und unvollständiges Wesen ist. Die Praktiken der Meditation und der Konzentration des Suchers stellen in Wirklichkeit einen subtilen, unsichtbaren Kampf mit sich selbst dar, einen heiligen inneren Krieg, um zu versuchen, ihn in sich zu sammeln, damit er sich einer echten spirituellen Praxis widmen und uneingeschränkt einer HÖHEREN AUTORITÄT in seinem Wesen gehorchen kann, welche, ohne dass er es weiß, sozusagen in ihm „gekreuzigt" ist und das solange bleiben wird, bis es ihm gelingen wird, SIE durch die unermüdlichen Kämpfe zu befreien, die er seinem weltlichen Ich liefern muss.

$$* \; * \; *$$

Aufgrund einer bestimmten, ihrer Natur innewohnenden Passivität, haben viele Männer und Frauen die Tendenz, nicht verifizierbare Behauptungen über das Übernatürliche vorbehaltlos zu akzeptieren. Nun, wenn sie die Gabe ihres eigenen Geistes nicht nutzen, um das Rätsel ihrer Existenz durch eine direkte Erfahrung zu erforschen und zu verstehen, bleibt ihr Geist passiv und stagniert. Wenn sie ihn nicht durch kontinuierliches lebendiges Fragen üben, wird ihr Geist (der mit einer Türe verglichen werden kann, die man nicht oft oder gar nicht öffnet) schließlich einrosten und sie werden ihn nicht mehr zum Funktionieren bringen. Das Gleiche gilt für ihre Aufmerksamkeit, wenn sie nicht ständig durch die Meditation und verschiedene Konzentrationsübungen trainiert wird.

So wie er für gewöhnlich ist, kann der begrenzte Geist des Menschen nicht alle Wahrnehmungen, die seine Sinnesorgane ihm übermitteln, umfassen und verstehen. Das beeindruckende Panorama der äußeren Welt, das in seinen Geist einströmt und ihn überflutet, färbt sein Wesen und macht ihn zu seinem eigenen Gefangenen und unterwirft ihn seinen unvernünftigen Wünschen – es sei denn, in ihm vollzieht sich eine erhebliche Veränderung, dank hartnäckiger spiritueller Übungen, die zu machen er bereit ist, um sich von sich selbst loszureißen und sich aus diesem merkwürdigen Zustand der Betäubung und der Abwesenheit aufzuwecken, in dem er seine Tage verbringt, ohne sich dessen bewusst zu sein.

Die drei Konzentrationsübungen, die jetzt dargelegt werden, haben zum Ziel, den Sucher genügend von sich selbst zu entfernen, damit er anfangen kann, mitten in der Bewegung des äußeren Lebens sich seiner selbst auf eine Weise bewusst zu sein, die ihm ungewohnt ist, damit er das Leben und alles, was sich seinen Augen präsentiert, nicht wie üblich von der Oberfläche seiner selbst aus betrachten kann, welche ihm nur falsche und unvollständige Eindrücke liefert, sondern aus einer Distanz in sich, aus den Tiefen seines Wesens.

Wenn es ihm nicht gelingt, mit dem nötigen Ernst in die Übung einzutreten und sie durchzuführen, wird er sich nicht genügend von sich selbst lösen können, um während des Zeitraums gegenwärtig und seiner selbst bewusst zu sein, der notwendig ist, um ihn hinterher entdecken zu lassen, auf welche Weise er sich verliert und sich mit dem identifiziert, was sich ihm präsentiert, wenn er in seinen üblichen Zustand der Abwesenheit versinkt, und vor allem, um zu sehen, was wieder aus ihm wird, wenn er diesen ungewohnten Zustand der Gegenwärtigkeit und der Bewusstheit seiner selbst verliert, den er im Laufe der Übung in sich aufrechtzuerhalten versucht hat.

Es ist unbedingt erforderlich, nicht zu vergessen, dass alle die Konzentrationsübungen, die der Aspirant im aktiven Leben zu machen sucht, mit einer intensiv hingebungsvollen Haltung gemacht werden. Er darf nicht glauben, dass diese Übungen, weil sie in der Bewegung des äußeren Lebens gemacht werden sollen, keinen Bezug zu einer spirituellen Übung haben. Sie sollen so ausgeführt werden, als ob sich der Sucher in einem Klosterhof und nicht auf der Straße befände. Die Bemühung, konzentriert zu bleiben, ohne auf ein Ergebnis zu lauern, soll für ihn zu einem echten Vergnügen werden, denn die Bemühung an sich ist in Wirklichkeit ein Gebet, ein Gebet ohne Worte.

Des Weiteren soll er sich, bevor er mit seiner Übung anfängt, wie ein Soldat vorbereiten, der in die Schlacht zieht. Er muss sich daran erinnern, was für ihn bei diesem so außergewöhnlichen spirituellen Abenteuer auf dem Spiel steht, und darf sich niemals so weit gehen lassen zu glauben, dass er, weil er vielleicht einmal eine Schlacht gewonnen hat, den Krieg gegen seinen inneren Gegner (das weltliche Ich) gewonnen hat, der ihn bis zu seinem letzten Tag bekämpfen wird.

Die erste Konzentrationsübung muss ausgeführt werden, indem man den Nada (den vorher genannten geheimnisvollen Ton, der im Inneren der Ohren hörbar ist), die Bewegung der Füße beim Gehen, die Atmung und die Körperempfindung kombiniert, das Ganze auf der Straße – vorzugsweise auf einer belebten Straße.

Der Sucher muss sehr aufmerksam auf die Bewegung seiner Füße achten und ihnen vom Anfang bis zum Ende jedes

Schrittes folgen. Das wird ihn von seinem Kopf entfernen und er wird sich mehr in seinem Brustkorb platziert finden.

Die Atmung soll in drei Abschnitte geteilt werden: die Einatmung, die Ausatmung und eine kleine Pause nach der Ausatmung. Der Aspirant soll während der Einatmung drei Schritte machen, vier Schritte während der Ausatmung und zwei Schritte während der Pause, die auf die Ausatmung folgt. Er darf sich nicht darüber wundern, dass die Dauer, die der Ausatmung und der Pause gewidmet wird, länger ist, als die für die Einatmung: das ist beabsichtigt.

Wenn es dem Aspiranten gelingt, in diesen Atemrhythmus zu kommen, wird er von selbst feststellen, dass diese Übung, im Gegenteil zu dem, was er glauben könnte, nicht schwer durchzuführen ist und dass dieser Rhythmus, kombiniert aus Schritten und Atmung, auf seinen Geist und seine Emotionen eine positive und beruhigende Wirkung haben wird. Er soll große Aufmerksamkeit darauf legen, die Pause nach der Ausatmung nicht zu blockieren. Er soll die Atmung, sozusagen, „fließend" lassen.

Der Bauch soll die ganze Zeit äußerst entspannt sein. Er darf auf keinen Fall zusammengepresst und (zur Wirbelsäule) eingezogen sein, denn das würde einen Zustand der gefühlsmäßigen und körperlichen Spannung hervorrufen, den er um jeden Preis vermeiden muss. Wenn er klarsichtig genug ist, kann der Sucher nicht umhin festzustellen, dass in seinem Bauch, sobald er die geringste Verstimmung spürt oder in ihm die Weigerung auftaucht, sich in einer unerfreulichen Situation zu befinden oder eine Aufgabe erledigen zu müssen, die er nicht besonders mag, sofort eine Spannung entsteht und sein Bauch nach innen gezogen wird. Er muss sich stets die Tatsache vor Augen halten, dass die geringste körperliche oder emotionale Anspannung in ihm (die im Laufe seiner Sitzmeditation oder bei einer Konzentrationsübung in Bewegung auftritt) nicht nur ein Anzeichen für eine (bewusste oder unbewusste) Weigerung ist, sich in der Situation zu befinden, in die er sich gerade versetzt sieht, oder eine Anstrengung machen zu müssen, sondern auch, und vor allem, ein Hindernis bei seinen Versuchen darstellt, den HÖHEREN ASPEKT seiner Natur, nach dem er strebt, zu erreichen.

Die körperlichen Spannungen, während er eine Konzentrationsübung macht, deuten auf einen Widerstand in ihm, oder vielmehr auf eine Weigerung, sich mit seinem ganzen Sein dem zu widmen, was von ihm verlangt wird.

Er muss darauf achten, dass seine Atmung sanft durchgeführt wird, nach Art des Pranayama aus der Hatha-Yoga-Praktik.[24] Die Einatmung sowie die Ausatmung müssen mit einer leichten, leisen und angenehmen Reibung an der Hinterwand der Kehle durchgeführt werden. Die Zunge darf den Gaumen nicht berühren; sie soll weiter hinten im Mund und entspannt sein.

Der Aspirant wird merken, dass die Einatmung bald mit dem rechten, bald mit dem linken Bein anfängt. Wenn nämlich die Einatmung und die Ausatmung stets mit dem gleichen Bein anfangen würden, würde sich nach einer gewissen Zeit ein subtiles (psychisches) Ungleichgewicht in ihm einstellen, welches ihn hindern würde, die gewünschte intensive innere Gegenwärtigkeit aufrechtzuerhalten. Aus diesem Grund ist es wichtig, dass sich die Einatmung und die Ausatmung bei jeder Wiederholung mit einem anderen Bein vollziehen. Wegen der Zahl der Schritte, die er in einem vollständigen Atemzyklus machen soll, muss er sein Gehen etwas verlangsamen. Er muss diese leichte Verlangsamung akzeptieren, die sich für ihn als sehr nutzbringend erweisen wird, um ihm zu helfen, innerlich immer konzentrierter und gegenwärtiger zu werden, bis er schließlich eine gewisse Schwelle in sich überschreiten und sich in einem außergewöhnlichen Zustand der Erhebung befinden wird. In diesem Moment wird er von sich aus seine Konzentrationsbemühung nicht unterbrechen wollen, um

---

[24] Siehe Kapitel 23 meines Buches: *Der Weg der inneren Wachsamkeit.*

den Zustand der spirituellen Erhebung, in dem er sich befinden wird, nicht zu verlieren. Jedoch darf er keinen einzigen Moment nach einem Ergebnis suchen, sondern er soll sich ausschließlich aus Liebe zur Bemühung selbst konzentrieren, um zu vermeiden, in die Weise einzugreifen, in der sich sein HÖCHSTES WESEN in ihm manifestieren möchte.

Während der ganzen Zeit, in der er versucht, diese spirituelle Übung zu machen, soll der Sucher sich mit allen Kräften auf den Nada konzentrieren, diesen geheimnisvollen Ton im Inneren seiner Ohren. Er muss sich an diesen Ton lehnen, indem er ihn als eine wertvolle Stütze benutzt, die ihm hilft, gegenwärtig und seiner selbst bewusst zu bleiben, während er gleichzeitig sein Selbstempfinden aufrechterhält – die Empfindung zu SEIN. Da man ohnedies jeden Tag aus dem einen oder anderen Grund aus dem Haus geht, warum soll man diese wertvolle Zeit mit Träumen verlieren, wie man das gewohnheitsmäßig tut, ohne sich dessen bewusst zu sein?

In diesem Zustand der Abwesenheit zu sich merkt man nicht, dass man jedem beliebigen Eindruck ausgeliefert ist, den man passiv aus der Außenwelt aufnimmt, ohne eine Unterscheidung machen zu können. Die vielfältigen Eindrücke, die auf sie eindringen, lösen bei den Leuten alle Arten von Vorstellungen oder nutzlosen Wünschen aus, mit denen sie sich identifizieren und die ihr Wesen färben, indem sie sich auf ihre Kosten in ihnen einnisten. Jedes Mal, wenn der Aspirant sein Haus verlässt, soll er sich befleißigen, diese spirituelle Konzentrationsübung oder eine andere zu machen. Und er muss diese mit der gleichen Entschlossenheit und der gleichen Intensität machen, als ob er sich in der Stille seines Zimmers zum Meditieren hinsetzte.

Das Ziel aller dieser Konzentrationsübungen ist es, dahin zu kommen, im Geist des Suchers die notwendige Stille zu schaffen. Der erhabene Aspekt seiner Natur akzeptiert nicht, mit seinem gewöhnlichen Zustand des Seins vermischt zu sein. Was er zu erkennen sucht, wird sich von selbst zu seiner

Zeit offenbaren, wenn die Leere, die er in sich zu erzeugen sucht, tief genug ist.

Wenn er auf Widerstände in sich trifft und im Laufe seiner Konzentrationsübungen diese Gegenwärtigkeit und diese ungewöhnliche Bewusstheit seiner selbst verliert, muss er lernen, schnell wieder zu sich zu kommen und nicht wertvolle Zeit mit Selbstkritik oder Schuldgefühlen zu verlieren. Trifft ein unkluger Aspirant auf Schwierigkeiten bei sich oder im äußeren Leben, fällt er sofort in einen Zustand der Verneinung, was heißt, dass er nur die Verneinung sieht, die zu ihm kommt, sei es aus seinem Inneren oder aus der Außenwelt, und er wird schnell entmutigt und vergisst sein Ziel. Er muss von Anfang an wissen, dass das, was er zu erreichen sucht, ganz und gar nicht einfach ist und von ihm viel Heldenmut und Geduld erfordert. Der Sucher benötigt eine ganzes Arsenal von verschiedenen Waffen für den schwierigen Kampf, den er gezwungenermaßen dem eigensinnigen Aspekt seiner selbst liefern muss, der nicht loslassen möchte, was ihn so stark beschäftigt, meistens unnötig. Er braucht Mittel, um wenigstens einen gewissen Grad an innerer Stille und Ruhe schaffen zu können, die ihm erlauben, in sich die Gegenwart seines HIMMLISCHEN SOUVERÄNS zu spüren, der aufgrund seiner äußersten Feinheit und Transparenz für gewöhnlich nicht erfasst werden kann.

Die verschiedenen Arten von Konzentrationsübungen, die hier erklärt worden sind, sind unentbehrlich, um ihm zu erlauben, seine Aufmerksamkeit und einen besonderen Willen zu entwickeln, die er braucht, damit sie ihn auf seiner schwierigen inneren Reise unterstützen; diese Übungen müssen dann angewendet werden, wenn er den Bedarf dafür verspürt, gemäß den Problemen, auf die er in sich trifft und die von einem Tag zum anderen nie identisch sein werden. Wenn er einmal eine dieser Konzentrationsübungen angefangen hat, darf er diese, wegen eines Widerstandes oder gar einer Weigerung, die er in sich fühlen könnte, kaum dass er sie angefangen hat, auf keinen Fall aufgeben, um eine andere anzufangen. Er muss standhaft gegenüber sich selbst sein und muss der Übung, die er gewählt hat, während der gesamten Zeitdauer, die er für die Durchführung festgesetzt hat, nachgehen. Das weltliche Ich im Menschen ist sehr listig und es würde bestimmt jede Gelegenheit, die ihr geboten würde, um dem Aspiranten eine gute Entschuldigung zu liefern, ergreifen, um ihn anzustiften, seine Konzentration auf eine bestimmte Übung zu lockern, gleich nachdem er sie angefangen hat, indem sie ihm heimlich suggeriert, dass er mit einer anderen Übung mehr Erfolg hätte. Wenn er dem nachgäbe, würde er sich wenige Augenblicke später in derselben Situation befinden, und das ohne Ende.

Solange man lebt, muss die Schlacht ums Sein, die Schlacht, um eine wichtige Schwelle in sich zu überschreiten, unaufhörlich immer wieder von neuem beginnen; denn es wird immer unerwartete Dinge geben, die im Leben auftauchen und die Aufmerksamkeit auf sich ziehen werden.

Die zweite Konzentrationsübung, die weiter unten dargestellt wird, soll ebenfalls im Freien durchgeführt werden, an einem sehr frequentierten Ort.

Wie bei allen anderen Konzentrationsübungen, soll der Aspirant sein Möglichstes tun, um den Nada zu hören und an diesem speziellen Ton festzuhalten, der im Inneren der Ohren und des Kopfes wahrnehmbar ist, wenn er sich die Mühe macht, ihn zu suchen. Ziel dieser Übung ist vor allem die Ausdehnung des Bewusstseins; um das zu machen, muss er eine sehr subtile Teilung der Aufmerksamkeit erlernen. Gewisse große Komponisten wie Richard Strauss, Gustav Mahler und César Franck haben geheimnisvoll über eine außergewöhnliche Fähigkeit zur Teilung der Aufmerksamkeit verfügt, die sich in ihren musikalischen Schöpfungen manifestiert hat, in denen man eine große Anzahl sich überlagernder musikalischer Themen, Kontrathemen, Modulationen der

Harmonie sowie komplexe und abwechslungsreiche Rhythmen sich entwickeln hören kann[25]. Und die Schönheit, die von diesem so geschaffenen musikalischen Universum ausgeht, wirkt auf das Gefühl des Zuhörers wie eine wortlose Unterweisung, um seine Aufmerksamkeit zu stützen. Und mehr noch, aufgrund der Komplexität der musikalischen und orchestralen Elemente, die sich gleichzeitig entfalten und auf die der Zuhörer, wenn er aufmerksam ist, konzentriert ist, vollzieht sich in ihm, ohne dass er es merkt, eine Ausdehnung des Bewusstseins. Die Ausdehnung des Bewusstseins erlaubt dem Sucher, sich aus dem Gefängnis zu befreien, in das er jedes Mal eingeschlossen wird, wenn er wieder abwesend zu sich selbst wird und sich in seinen Gedanken verliert, die sich ohne Kontrolle im Kreis drehen – was er im Lauf der folgenden Übung entdecken wird. Während er die Straße entlang geht, muss er nicht nur kontinuierlich auf diesen besonderen, zuvor erwähnten Ton im Inneren des Kopfes und der Ohren hören, sondern muss, wenn er etwas betrachtet, ebenfalls versuchen, aus den Augenwinkeln alle die verschiedenen Bewegungen, die in sein Gesichtsfeld eintreten, gleichzeitig wahrzunehmen und zu umfassen und diese gleichzeitige Wahrnehmung über eine längere Zeit aufrechtzuerhalten. Wohin er seinen Kopf auch dreht, wenn sein Blick von einem Objekt oder einer Bewegung angezogen wird, muss er ununterbrochen bewusst und auf alle die anderen Bewegungen konzentriert bleiben, die zu seiner Linken, zu seiner Rechten und vor ihm ablaufen – und muss sogar versuchen, diejenigen wahrzunehmen, die sich hinter ihm ereignen.

Zwar empfangen die Sehorgane ständig alles, was in ihr Wahrnehmungsfeld gerät (und nicht nur das betrachtete Objekt), aber das Problem besteht in der Tatsache, dass sich der Mensch dessen, was ihm von den Seiten seines Sehfeldes

---

[25] Der Autor, der selbst Komponist symphonischer Musik war, kann aufgrund persönlicher Erfahrung die Wichtigkeit der Teilung der Aufmerksamkeit bestätigen, sei es auf künstlerischem Gebiet oder bei einer spirituellen Übung.

ebenfalls übertragen wird, nie bewusst ist; außerdem schaut er in seinem üblichen Seinszustand nicht einmal das Objekt vor sich wirklich an. Alles, was sich seinen Augen darbietet, wird sozusagen vage wahrgenommen.

Der Sucher muss erreichen, dass er sich zur gleichen Zeit, in der er etwas betrachtet, nicht nur der Sache, die gesehen wird, bewusst ist, sondern auch all der anderen Objekte oder Bewegungen, die an den Seiten wahrgenommen werden, sogar mit ihren Formen und ihren Farben – die ihm aber aufgrund dieser merkwürdigen Abwesenheit zu ihm selbst im Allgemeinen entgehen. Er wird entdecken, dass es am Anfang sehr schwer zu akzeptieren ist, seine Sorgen und seine belanglosen Fantasien (die unaufhörlich und ziellos in seinem Kopf kreisen) loszulassen, um bewusst und auf alle die verschiedenen Bewegungen, die um ihn herum stattfinden, konzentriert zu bleiben; er wird feststellen, dass sich sein Sichtfeld in kürzester Zeit verengen und sich nur auf eine einzige Bewegung gleichzeitig fixiert finden wird, während sich alle anderen Bewegungen in den Hintergrund zurückziehen und wieder verschwommen sein werden. Er wird wieder einmal in sich selbst eingeschlossen sein, in seinen üblichen Zustand des Wachschlafs, und wird sozusagen abwesend sein, versunken in seine Träumereien und seine üblichen unbedeutenden Qualen. Er wird zwar schauen, aber nicht mehr sehen.

Wenn der Aspirant in sich die Kraft findet, diese Übung lange genug zu „halten", ohne in seiner Konzentration auch nur einen Augenblick nachzulassen, und zwar sowohl auf den Ton im Inneren seiner Ohren als auch auf die Gesamtheit der Bewegungen, die sich in allen Richtungen um ihn herum abspielen, wird sich das Feld seines Bewusstseins fortschreitend vergrößern; in ihm wird sich eine Ausdehnung des Bewusstseins vollziehen und mit dieser Ausdehnung des Bewusstseins wird er nicht nur eine erstaunliche Befreiung von dem empfinden, der er für gewöhnlich ist, sondern er wird auch fühlen, dass er von einer schweren Last befreit worden ist.

Dank dieser Übung wird er nicht umhin können festzustellen, dass jedes Mal, wenn in ihm diese Ausdehnung des Bewusstseins stattfindet (als Ergebnis einer anhaltenden Konzentration auf die verschiedenen Bewegungen um ihn herum), diese von dieser merkwürdigen Befreiung von ihm selbst begleitet wird, und dass sich, jedes Mal, wenn er diese Ausdehnung des Bewusstseins verliert, sein Sichtfeld ebenfalls verengt und er wieder abwesend und innerlich in eine Welt eingeschlossen wird, die so begrenzt und illusorisch ist.

Um ihm auf dieser schwierigen spirituellen Reise noch mehr zu helfen, ist es nötig, einmal mehr eine Sache hervorzuheben, die bereits mehrmals erwähnt wurde, an die sich der Aspirant aber immer wieder erinnern soll, nämlich: je mehr man macht, desto mehr wird man machen können, und je weniger man macht, desto weniger wird man machen können. In Wirklichkeit liegt das Problem des Menschen nicht darin, dass er nicht machen kann, sondern dass er vielmehr nicht machen will.

Die Energien in ihm entwickeln und vervielfältigen sich, wenn sie unermüdlich benutzt werden. Wenn man sich die Mühe macht, einen Apfelkern zu säen und wenn dieser keimt und zu einem Baum wird, ist es nicht ein außergewöhnliches Phänomen, dass dieser Apfelbaum nun seinerseits eine unglaubliche Menge anderer Äpfel hervorbringt?

Wenn es dem Aspiranten gelingen wird, auf die verschiedenen Bewegungen, die um ihn herum stattfinden, wirklich konzentriert zu bleiben, und zwar gleichzeitig und dauerhaft, wird ein Moment kommen, wo er durch eine seltsame durchdringende Vision die Wirklichkeit der Unbeständigkeit all dessen, was sich seinem Blick darbietet (sei es ein Mensch, eine Pflanze oder irgendein Objekt), auf eine Weise erkennen wird, die ihm vorher völlig unmöglich war; und diese Entdeckung wird in seinem Wesen einen unzerstörbaren Eindruck hinterlassen. Von diesem Moment an wird alles, was ihn von außen über seine Sinnesorgane erreicht, ihn nicht mehr wie in der Vergangenheit anziehen und einfangen. Denn die Fähigkeit der Unterscheidung wird von nun an in ihm erwacht sein.

* * *

Die dritte, im Folgenden beschriebene Übung soll ebenfalls im Freien durchgeführt werden, aber nicht unbedingt in belebten Straßen; sie kann anfangs in einer ruhigen Umgebung praktiziert werden, und später, um die Schwierigkeit zu erhöhen, unter Bedingungen, wo es lebhafter zugeht.

Wie bei den vorhergehenden Übungen soll der Aspirant anfangen, indem er sucht, den Nada zu hören, diesen geheimnisvollen Ton im Inneren der Ohren, und während der gesamten Übungsdauer auf ihn konzentriert zu bleiben.

Im Allgemeinen wird vom Menschen alles, was seinem Blick begegnet, von seiner Oberfläche aus gesehen und registriert (mit Ausnahme von außergewöhnlichen Momenten) – das heißt, von der Oberfläche seiner Sinnesorgane. Er selbst ist nicht hinter seinem Blick. Er ist, wie immer, abwesend zu sich selbst, einschließlich der langen Zeiten, in denen er sich mit jemandem unterhält oder eine Aufgabe erledigt.

Die Übung besteht darin zu versuchen, alles, was man sieht, auf eine ganz andere Weise zu registrieren, als man es für gewöhnlich tut, das heißt, von Weitem, von sehr weit hinter den Augen, aus den Tiefen des Kopfinneren. Der Aspirant muss unaufhörlich kämpfen, sich nicht von neuem zur Oberfläche seiner selbst und seiner Augen ziehen zu lassen, von wo er wieder anfangen wird, das, worauf sein Blick fällt, auf eine vage Weise zu sehen – wie er es gewohnheitsmäßig tut –, während er sich, ohne sich dessen bewusst zu sein, mit dem identifizieren wird, was er sehen wird.

Er wird erkennen müssen, wie hartnäckig die Gewohnheit in ihm ist; sie wird jeden Augenblick versuchen, wieder die Oberhand zu gewinnen, und bevor er merkt, was ihm geschieht (da es von seiner Seite keinerlei Anstrengung erfordert), wird er erneut zur Oberfläche seiner selbst und seines Blicks gezogen werden, von wo aus er alles registrieren wird, was zu ihm kommen wird, wie er es für gewöhnlich tut, vom äußeren Aspekt seiner Augen und seines Wesens aus. Und wieder einmal wird er nicht mehr hinter seinem Blick bleiben; und genau darin besteht das Drama des Menschen. Er wird nicht vermeiden können, sich auf eine Weise, die ihm nichts bringt, mit dem zu identifizieren, was sich seinem Blick darbietet, und auf eine besondere Art, die er nicht verstehen kann, in dem gefangen und verloren zu sein, was ihm seine Sinnesorgane passiv übermittelt haben.

Je mehr ein Aspirant dahin gekommen ist, sich hinter seinem Blick zu halten, desto mehr wird er geschützt sein, gleichzeitig vor dem Äußeren sowie vor sich selbst – vor seinen eigenen subjektiven Reaktionen auf das, was sich ihm präsentiert und was im Allgemeinen seine Aufmerksamkeit anzieht und fesselt, meistens auf seine Kosten. So verschleiert ihm das Sichtbare das SUBTILE, welches er in sich trägt und welches frei von der Veränderung und dem Verfall (die mit dem Vergehen der Zeit unvermeidlich sind) all dessen ist, was greifbar ist – sei es, dass es sich um ein begehrtes Objekt oder um physische Schönheit handle.

Alle diese Konzentrationsübungen im Laufe der Sitzmeditation oder im aktiven Leben zielen darauf ab, die Aufmerksamkeit des Suchers in immer höhere und immer subtilere Ebenen des Bewusstseins und des Seins zu verlagern. Er muss äußerst standhaft mit sich sein, um zu akzeptieren, die nötigen Anstrengungen zu machen, gemäß den Umständen, in denen er sich befindet, wenn er eines Tages dahin kommen möchte, eine wichtige Schwelle in seinem Wesen zu überschreiten und zum SUBTILEN und HIMMLISCHEN ASPEKT seiner Natur zu gelangen. Er muss sich, dank seiner Bemühungen, zu einer ganz anderen Dimension in sich erheben, um in der Lage zu sein, den HÖHEREN und GÖTTLICHEN ASPEKT seiner Natur, und sei es nur ein bisschen, zu erkennen und zu erfassen. Eine radikale Veränderung soll sich in ihm vollziehen, in seiner Weise zu denken und das Ziel seines Lebens zu verstehen, um zu einem Verständnis zu kommen, das dem der gewöhnlichen Sterblichen total entgegengesetzt ist.

Für den Durchschnittsmenschen bewegt sich alles auf eine Zukunft zu, mit der Konsequenz, ihn in einem permanenten Zustand der Ungewissheit und der Unsicherheit zu halten. Aber für einen Aspiranten, der als Ergebnis seiner spirituellen Übungen angefangen hat, aufzuwachen, und dessen innere Augen sich ein wenig geöffnet haben, laufen die Vergangenheit und die Zukunft im gegenwärtigen Moment zusammen. Es ist die Gegenwart, die wichtig für ihn ist. Denn er weiß, dass das, was er in der Gegenwart aus sich macht, bereits seine Zukunft bestimmt. Aus diesem Grund weiß er, auf eine für gewöhnlich unverständliche Weise, dass er, ganz gleich was ihm widerfährt, in sich selbst in Sicherheit ist, weil er erkennt, dass er in der Gegenwart auf den Ruf seines HIMMLISCHEN MONARCHEN antwortet und mithilfe aller dieser verschiedenen spirituellen Praktiken sucht, das zu vollbringen, was sein SCHÖPFER von ihm erwartet: sich mit IHM an der Schöpfung seines neuen Wesens zu beteiligen oder, mit anderen Worten, sich durch seine eigenen Bemühungen an seiner neuen Geburt zu beteiligen.

Wenn man aus tiefstem Inneren zu dem Verständnis kommt, dass die Bemühungen zur Konzentration, die man bei diesem spirituellen Abenteuer unaufhörlich machen muss, nicht mit Zwang auf einen selbst ausgeführt werden dürfen, sondern weil man sie machen möchte, dann wird sich die Qualität dieser Bemühungen verändern; sie werden sich sozusagen in mühelose Bemühungen verwandeln. Wie vorher gesagt, muss der Aspirant zustimmen, diese Anstrengungen aus der bloßen Freude an ihnen zu machen; daher wird die Freude, die er empfindet, während er diese Anstrengungen macht, für ihn schon zu einer Art Belohnung. Denn er wird von sich aus feststellen, dass er nur während der Momente, in denen er eine Anstrengung macht, um sich zu konzentrieren, gleichzeitig in sich einen gewissen Grad der Befreiung von seinen

Vorstellungen und seinen nutzlosen Qualen fühlt – Vorstellungen und Qualen, die manchmal völlig überzogene Proportionen annehmen, die sich meistens als unbegründet erweisen.

Solange er in sich selbst eingeschlossen bleibt, eingeschlossen in diesem merkwürdigen Wachschlaf, der für den Menschen so charakteristisch ist, nehmen die Eindrücke, die von seinen begrenzten Wahrnehmungsorganen empfangen werden, für ihn eine Realität und einen unverhältnismäßigen Wert an, die ihn beeindrucken und versklaven.

Wenn er nicht die Mittel findet, die ihm erlauben, hinter seinem Blick und hinter seinem Hören zu sein (um die Welt und die Schöpfung in ihrer Realität zu betrachten und sie so zu akzeptieren, wie sie sind), werden die dramatischen Ereignisse, von denen er reden hört, sowie die Grausamkeit des existentiellen Lebens, die er sich unaufhörlich ansehen muss und die zu ändern er sich so machtlos fühlt, in seinem Wesen eine bewusste oder unbewusste permanente Angst erzeugen, die ihn in dem gefangen halten wird, was er für die einzige Wirklichkeit des Lebens halten wird.

Wenn der Sucher die nötigen Anstrengungen machen wird, um die Oberfläche seiner selbst zu verlassen und um hinter seinem Blick zu sein und somit alles, was sich seiner Sicht darbietet, nicht von der Oberfläche seiner Wahrnehmungsorgane zu erfassen, sondern von weit hinter seinen Augen, aus der Tiefe seines Kopfinneren, dann wird er vor sich alles wie einen erstaunlichen und fantastischen panoramaartigen Traum sehen, der sich unaufhörlich mit rasender Geschwindigkeit verändert, aber in dem er sich weder enthalten noch mit ihm identifiziert sehen wird. In ihm wird es nur den Akt des Sehens geben und solange es ihm gelingen wird, sich in diesem Zustand zu halten, wird er vom Für oder Wider, von dem Begehren oder der Abneigung, von der Angst oder der Gleichgültigkeit seines gewöhnlichen Zustandes des Seins befreit sein.

Er darf sich aber keine Illusionen machen. Er wird sich ständig verlieren und wieder finden – wenn es ihm mit seinem Wunsch, die erforderlichen Anstrengungen zu machen, um das ERHABENE in sich zu erreichen, wirklich ernst ist. Er muss diese Bewegung der Rückkehr zu sich selbst unablässig erneuern, wenn nötig, sein ganzes Leben lang, bis seine Bemühungen so subtil werden, dass ihm eine kleine Erinnerung genügt, damit er seinen Blick wieder seinem eigenen Inneren zuwendet und er sich wieder in diesem erhöhten Zustand seines Wesens etabliert, der das Wichtigste und Kostbarste in seinem Leben ist.

Er muss mit seinem ganzen Sein zu der Erkenntnis kommen, dass diese Bewegung der Rückkehr zu sich selbst eine Frage von Leben oder Tod für ihn ist und dass er jedes Mal, wenn er sich verliert und wieder in seinem üblichen Zustand des Seins einschläft, von neuem in den verführerischen Armen des Todesgottes versinkt.

Bei sich zu Hause auszuführende Konzentrationsübungen

Die drei Konzentrationsübungen, die jetzt erklärt werden, stellen für ihre Durchführung ziemlich hohe Anforderungen an Personen, deren Aufmerksamkeit zu lange vernachlässigt und während ihrer Jugend durch Träumereien und nutzlose Zerstreuungen passiv gebraucht worden ist. Wenn sich der Aspirant nicht bemüht, diese Übungen zu praktizieren, und wenn er nicht eine unermüdliche Beharrlichkeit zeigt – wie es ein Komponist macht, wenn er, um sich zu schulen, mit allen Arten von extrem komplexen musikalischen Übungen kämpft –, bis er sie schließlich nicht nur korrekt ausführt, sondern vor allem genügend lange auf diese Übungen konzentriert bleibt, ohne Fehler zu machen, wird er ihm nie gelingen zu erkennen, worin ein echter Konzentrationszustand während der Zeit der Sitzmeditation besteht. Der Sucher kann glauben, dass er dabei ist zu meditieren, während sein Geist unmerklich mit Ideen und Vorstellungen über Spiritualität beschäftigt ist, was er für Meditation hält; oder bei manchen Personen werden die Gedanken, die sie nicht verscheuchen können, sie bedrängen wie Fliegen an einem schwülen Sommertag, bis ihnen schließlich der Mut sinkt und sie ihre Meditation aufgeben.

Er muss verstehen, dass der Sucher nur durch eine anhaltende Konzentration auf sein Meditationsobjekt – sei es auf den Nada, diesen wichtigen Ton im Inneren der Ohren und des Kopfes, sei es auf die Atmung oder die Bewegung des Bauches beim Einatmen und beim Ausatmen, oder auf das Chakra (ein psychisches Zentrum) zwischen der Nase und der Oberlippe) – dahin kommen wird, sich von seinen unerwünschten Gedanken zu befreien, und nicht, indem er blind kämpft, um diese ungebetenen Gäste aus sich zu entfernen.

Wenn er nicht akzeptiert, die notwendigen Anstrengungen zu machen, um diese wichtigen Konzentrationsübungen durchzuführen, besonders am Anfang seiner Meditationspraxis, wird er nie herausfinden, wie er sich von sich selbst lösen kann – sich lösen von seinem üblichen Zustand des Sich-Empfindens, von seinen unkontrollierten Gedanken, seinen nutzlosen Vorstellungen und von allem, was ihn von außen anzieht –, um einen Zustand des Seins und des Bewusstseins von größter Subtilität zu erkennen, den er hinter all den unaufhörlichen Bewegungen und dem üblichen Lärm trägt, die in seinem Wesen ablaufen und diesen HIMMLISCHEN ASPEKT seiner Doppelnatur vor ihm verbergen.

Solange er nicht seinen INNEREN MEISTER in sich gefunden und erkannt hat, macht der Mensch sein Leben passiv durch, ohne sich dessen überhaupt bewusst zu sein; er erleidet es mit einer seltsamen Ohnmacht, gleich einer Wolke, die, dem Wind ausgeliefert, dahintreibt. Seine Gefühle und seine Gedanken ändern sich und springen beim geringsten äußeren Reiz in alle Richtungen – wie Funken, die aus einem brennenden Holzscheit sprühen. So läuft sein Leben ab und entgeht ihm bis zu dem Tag, wo es zu einem Ende kommt, ohne dass er je den wirklichen Sinn seines vorübergehenden Daseins auf dieser Erde verstanden hat.

Wenn er zu Lebzeiten keine Anstrengung gemacht hat, um seine GÖTTLICHE ESSENZ durch eine ernsthafte Meditationspraxis zu finden und zu erkennen, wird er, wenn die unausweichliche Stunde seines physischen Todes kommen wird, nicht wieder zum Ursprung des Kreises gehen können, von dem aus sein Leben begonnen hat, um sich vom Kreislauf der Wiederkehr zu einem existentiellen Leben befreien zu können (welche Form es auch immer annehmen wird).

Der Autor kann aus persönlicher Erfahrung bestätigen, dass, wenn es einem Sucher während einer intensiven Meditation gelingt, eine Schwelle in eine andere Welt zu überschreiten, der Zustand, in dem er sich befindet (und in den er und alle anderen menschlichen Wesen wieder aufgenommen werden, nachdem sie ihre körperliche Form verlassen haben), durch nichts charakterisiert wird, was sich auf eine Religion, eine Rasse oder ein Geschlecht beziehen könnte; während dieser privilegierten Momente offenbart sich nur der URSPRÜNGLICHE ZUSTAND, aus dem jedes Geschöpf entsprungen ist und in den es nach der Auflösung seines vorübergehenden Lebens auf dieser Erde – oder nach jeder anderen Existenzform, die es in der Zukunft annehmen könnte – unausweichlich zurückkehren wird.

Wenn Personen, die einer bestimmten Religion angehören, andere in ihr Lager zu ziehen versuchen, indem sie sich denen, die nicht ihrem eigenen Glauben anhängen, entgegenstellen und sogar so weit gehen, sie zu verfolgen, beweisen sie dann nicht ihre tragische Unwissenheit in Bezug auf eine HIMMLISCHE WELT, in der alle Unterschiede zwischen Rassen, Religionen und Geschlechtern keinen Platz haben? In dieser RÄTSELHAFTEN WELT werden alle Menschen, ganz gleich welcher Zugehörigkeit, in ein und dieselbe Form gegossen sein, um in ein und dieselbe UNSICHTBARE SUBSTANZ verwandelt zu werden, aus der sie ursprünglich ihre Lebensenergie bezogen haben.

Wenn ein Aspirant nach einer hartnäckigen Praxis der Meditation und verschiedener Konzentrationsübungen seinen GÖTTLICHEN URSPRUNG entdeckt hat, würde er es, wenn es ihm möglich wäre, vorziehen, nie mehr zu sagen, dass er zu der Rasse, der Religion oder dem Geschlecht gehört oder dass er durch irgendetwas Unterscheidendes charakterisiert ist.

Die GÖTTLICHE ESSENZ, die den Menschen belebt und die den gesamten Kosmos regiert, ist sicherlich weder hinduistisch, noch muslimisch, noch christlich, noch weiß, noch schwarz, noch männlich, noch weiblich – und ganz bestimmt nicht männlich, so wie es alle Religionen, die aus dem Alten Testament hervorgehen, darstellen, mit der traurigen Konsequenz, den weiblichen Aspekt der Schöpfung zu Unrecht in eine Lage der Minderwertigkeit zu verbannen. Die LETZTE WIRKLICHKEIT ist tatsächlich jenseits jeder Klassifikation. Sie wird in Indien weise als „DAS" bezeichnet.

* * *

Sobald er in die Materie herabgestiegen ist, ist der Mensch in sich eingeschlafen. Er hat das Wissen um seine WAHRE IDENTITÄT, um seinen HIMMLISCHEN URSPRUNG verloren. Er kann keine größere Sünde begehen, sowohl gegen seinen SCHÖPFER als auch gegen sein eigenes Wesen, als darauf zu beharren, ein Schlafender zu bleiben, trotz aller Hilfe und Mittel, die man ihm bringen mag, um ihm zu helfen aufzuwachen, damit er sich an den Weg erinnere, der zu seiner URSPRÜNGLICHEN HEIMAT führt, und damit er die notwendigen Vorbereitungen für diese schwierige Rückreise treffe.

Aufgrund dieser seltsamen, dem inkarnierten Wesen innewohnenden Passivität und wegen ihrer Bindung an die Welt der Sinne, ziehen es die meisten Leute vor, statt die erforderlichen Anstrengungen zu machen, um aus der Dunkelheit ihres Kerkers herauszukommen und den Rückweg zu ihrem WAHREN ZUHAUSE anzutreten, verirrt zu bleiben, verloren in einem fremden und feindlichen Land, welches in Wirklichkeit nichts anderes ist als ihr gewöhnliches Ich und dieser merkwürdige Zustand des Wachschlafs, in dem sie ihr Leben verbringen – ein Zustand der Abwesenheit zu sich selbst, in dem sie unaufhörlich blinde Handlungen begehen und der ihnen und der Welt so viel Leid verursacht.

Da der Mensch im Allgemeinen von seiner URSPRÜNGLICHEN QUELLE abgeschnitten ist, wo Zeit und Raum ihre Macht der Begrenzung nicht auf ihn ausüben können, tut er nichts anderes, als aufeinanderfolgende und vorübergehende, unendlich kleine Momente zu leben, ohne sich je klar zu machen, wie das Leben ihm entgeht – und das trotz aller äußeren Erfolge und der Bewunderung anderer, die er während seines vorübergehenden Aufenthalts auf diesem Globus genießen kann. Wenn er nicht durch eine konstante Praktik der Meditation und bestimmter Konzentrationsübungen – wie sie weiter unten beschrieben werden – dahin kommt, sich von der Schwere dieses seltsamen Zustandes der Abwesenheit zu sich selbst zu befreien und sich zu einem ganz anderen Niveau des Seins und des Bewusstseins zu erheben, wird sich sein Leben in aller Art fieberhafter Aktivitäten abspielen, die ihn immer mehr von seinem WAHREN SEIN entfernen werden und ihn nicht auf diese geheimnisvolle Reise ins Innere seiner selbst vorbereiten werden, die ihn erwarten wird, wenn die Stunde kommen wird, sich diesem schwindelerregenden Ereignis zu stellen, im Laufe dessen die Welt für ihn verschwinden und er in seinen längsten und tiefsten Schlaf eintreten wird.

Die folgenden Konzentrationsübungen erfordern bei ihrer Durchführung vom Aspiranten die kontinuierliche Aufgabe seiner selbst und all dessen, was ihn im Allgemeinen stark beschäftigt und was er für gewöhnlich für dermaßen wichtig hält. Diese Konzentrationsübungen stellen wertvolle Mittel für ihn dar, um ihm zu erlauben zu erkennen, was es bedeutet, wirklich gegenwärtig und innerlich verfügbar zu sein, um in sich Platz zu lassen, damit etwas Höheres in seinem Wesen in den Vordergrund treten kann, wodurch er in sich nicht nur eine geheimnisvolle Kraft finden kann, die er vorher nicht vermutet hätte, sondern auch Tätigkeiten ausführen und Werke vollbringen kann, die zu tun er in der Vergangenheit nicht für möglich gehalten hätte. Einige seltene große Komponisten und Maler – wie Gustav Mahler und César Franck in der Musik und Raphael und Michelangelo in der Malerei – müssen selbst die außergewöhnliche Fähigkeit gehabt haben, bei ihren künstlerischen Schöpfungen, die sonst nicht solche

Höhen hätten erreichen können, tief gegenwärtig und innerlich verfügbar zu sein.

Gerade aufgrund des Widerstandes, den der Sucher in sich
antreffen wird, wenn er diese Konzentrationsübungen durchführen möchte, wird er eine Chance haben, das Hindernis
besser zu sehen und zu verstehen, das zwischen ihm und dem
ERHABENEN, nach dem er strebt, aufragt. Es kann sogar sein,
dass er auf eine totale Weigerung in sich trifft, diese Übungen
auszuführen, und dass er sich genervt fragt: „Also, wozu sind
diese Konzentrationsübungen eigentlich gut?" Er wird gut
tun, sich in diesem Moment zu fragen, was er wirklich sucht
und ob er wirklich aufrichtig und motiviert bei seiner Suche
und in seinem Wunsch ist, sich selbst zu erkennen und den
HÖHEREN ASPEKT seiner Natur zu entdecken, den er in sich
trägt, ohne es im Allgemeinen zu wissen. Die Anstrengungen,
die er machen muss, um Übungen dieser Art auszuführen,
werden ihn erkennen lassen, dass die angetroffenen Widerstände, gegenwärtig und konzentriert zu bleiben, im Laufe
seiner Sitzmeditation ebenfalls vorhanden sind. Da jedoch
seine Aufmerksamkeit während seiner Meditation nicht im
gleichen Maße beansprucht wird wie bei seinen Konzentrationsübungen, zeigen sich die Widerstände in ihm viel schwä-
cher und dadurch weniger offensichtlich und er bemerkt sie
nicht mit der gleichen Klarheit, wie wenn er versucht, diese
Übungen zu machen, die von ihm eine Art der Aufmerksamkeit verlangen, die er bis dahin nicht gekannt hat, und ohne
die er Fehler machen wird. Und es ist gerade aufgrund dieser
Fehler, die er begehen wird, dass er eine Chance haben wird,
sich darüber klar zu werden, dass er nicht weiß, was es bedeutet, wirklich konzentriert zu sein.

Daher werden diese Übungen zu einer Art Messinstrument
werden, das ihm erlaubt zu erfassen, was während seiner Meditationssitzungen eine richtige Konzentration sein soll, und
zu erkennen, ob er nicht einfach dabei ist, sich in den Momenten, in denen er sich für gut konzentriert hält, zu täuschen. Sie werden ihm helfen zu verstehen, warum es ihm

während seiner Meditation nicht gelingt, eine bestimmte Schwelle in sich zu überschreiten, um sich mit dem HIMMLISCHEN ASPEKT seiner Doppelnatur zu vereinigen. Er wird von sich aus sehen, dass er, wenn er erreichen möchte, seine Aufmerksamkeit zu meistern, einen großen Bedarf für diese ausdauernden Übungen hat, zumindest für eine gewisse Zeit. Wenn er es schafft, die Weigerung in sich zu überwinden und diese Übungen in die Praxis umzusetzen, wird er sich bewusst werden, wie wichtig sie für ihn sind und wie viel Nutzen er daraus ziehen kann. Seine Meditation wird danach vollkommen anders werden.

* * *

Hier ist nun die erste der drei Übungen, die vorgestellt werden. Der Aspirant soll aufrecht in seinem Zimmer stehen, in einem Abstand von ungefähr drei Metern zur Wand. Sein Blick soll einen Punkt auf der Mauer fixieren (vorzugsweise einen glänzenden Punkt), und zwar in Augenhöhe. Seine Augen dürfen keinen Moment lang diesen Punkt verlassen und hier- oder dorthin schweifen – wie man es zu tun geneigt wäre, wenn man versuchen würde, sich an etwas Schwieriges zu erinnern. Seine Arme sollen entspannt und in einer normalen Position sein, die Handflächen leicht an die Außenseiten der Oberschenkel gelegt, und nicht davor. Wie immer soll der Sucher auf den Nada hören, diesen wichtigen Ton im Inneren der Ohren, und sich auf ihn konzentrieren.

Die Übung besteht darin, gleichzeitig einen Arm und ein Bein zu bewegen; indessen wird, wie noch ausgeführt wird, nicht immer der gleiche Arm das gleiche Bein begleiten. Er muss leicht und langsam (mit dem Arm nur eine kleine Bewegung machend) mit dem rechten Arm zweimal auf den Oberschenkel tippen, zweimal das rechte Bein heben und wieder aufsetzen, dann zweimal mit dem linken Arm auf den Oberschenkel tippen, aber das linke Bein nur einmal heben und wieder aufsetzen – was unweigerlich eine Verschiebung zwischen den Bewegungen der Arme und der Beine verursachen wird.

Der gesamte Zyklus besteht aus 12 Abschnitten; er beginnt mit dem rechten Arm und dem rechten Bein, die sich gleichzeitig bewegen, und hört mit dem linken Arm und dem linken Bein auf, die sich gleichzeitig bewegen.

Hier der Ablauf der zwölf Abschnitte: er muss anfangen, indem er mit dem rechten Arm zweimal leicht klopft, während sich das rechte Bein gleichzeitig hebt und senkt, dann der linke Arm mit dem linken Bein, der linke Arm mit dem rechten Bein, der rechte Arm mit dem rechten Bein, der rechte Arm mit dem linken Bein, der linke Arm mit dem rechten Bein und noch einmal der linke Arm mit dem rechten Bein, der rechte Arm mit dem linken Bein, der rechte Arm mit dem rechten Bein, der linke Arm mit dem rechten Bein, und, um die Serie zu beenden, der linke Arm mit dem linken Bein (siehe das Schema auf der folgenden Seite).

Illustration der Übung

Schaue in Augenhöhe auf einen Punkt an der Wand

Grundprinzip des Bewegungsablaufs:

- Die Hände klopfen je zweimal nacheinander auf die Außenseite der Oberschenkel.
- Der rechte Fuß hebt und senkt sich zweimal nacheinander
- Der linke Fuß hebt und senkt sich nur einmal, was eine Verschiebung zwischen Armen und Beinen erzeugt.

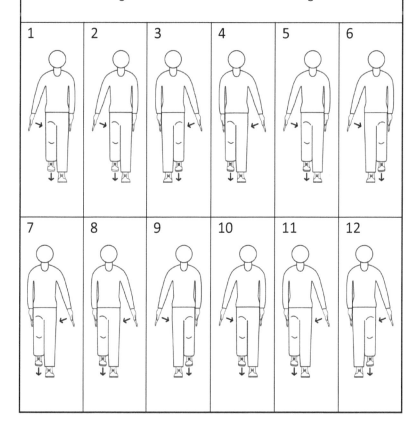

Er muss diesen Zyklus mit 12 Bewegungen in einem gleichmäßigen und ununterbrochenen Rhythmus sofort wieder
anfangen. Die Verschiebung, die zwischen den Bewegungen
der Arme und der Beine entstehen wird, wird den Aspiranten
anfangs durcheinander bringen und er wird Fehler machen.
In dem Moment, wo die Gesten der Arme und der Beine
nicht korrespondieren, wird er sich irren und gezwungen sein,
aufzuhören.

Er darf sich dann nicht erlauben aufzuhören, den Punkt an
der Wand vor sich zu fixieren, noch darf er seine Augen in
alle Richtungen wandern lassen (wozu sie in diesen Momenten geneigt sein könnten), denn das würde eine negative Wirkung erzeugen und ihn hindern, sich sammeln zu können, um
neu mit der Übung anzufangen. Außerdem darf er sich selbst
gegenüber nicht die geringste Verärgerung zeigen, noch Grimassen der Gereiztheit machen oder sich schuldig fühlen. Er
soll ganz einfach einige Sekunden ruhig bleiben, bevor er die
Übung wieder aufnimmt.

Er muss mit einer unbeugsamen Geduld immer wieder anfangen, bis es ihm gelingt, keine Fehler mehr zu machen.
Wenn er es schafft, wenigstens zwanzig oder dreißig Zyklen
mit zwölf Bewegungen ohne Fehler zu machen, wird er sich
dank dieser langanhaltenden Konzentration in einem völlig
ungewohnten Zustand der Gegenwärtigkeit finden, begleitet
von einer tiefen inneren Stille und einer seltsamen Empfindung der Befreiung von allen seinen Gedanken und üblichen
Sorgen. Er wird sich dabei ertappen, die Übung auf unbestimmte Zeit weitermachen zu wollen, um diesen erhöhten
Zustand, den er erlebt, nicht zu verlieren.

Um zu vermeiden, dass die Übung an Qualität verliert, wird
der Sucher, sobald er fühlt, dass er einen gewissen Grad der
Leichtigkeit erreicht hat, die Bewegungen der Beine vertau-
schen müssen, das heißt, einmal mit dem rechten Bein tippen
und zweimal mit dem linken. In diesem Fall wird er den Zyklus mit dem linken Arm und mit dem linken Bein anfangen

und ihn mit dem rechten Arm und dem rechten Bein beenden müssen. Ein andermal wird es der linke Arm sein, der einmal tippt, und dann wiederum wird der rechte Arm, der einmal tippen soll.

Wenn sich der Aspirant imstande fühlen wird, diese Übung mit den oben angegebenen Varianten leichter durchzuführen, wird er den Schwierigkeitsgrad steigern müssen, um zu vermeiden, dass sich ein Automatismus in ihm einstellt und er infolgedessen anfängt, sie mechanisch zu machen. Er wird zu jeder der zwölf Bewegungen eine Zahl hinzufügen müssen, indem er langsam und mit lauter Stimme zählt: eins, drei, zwei, vier, drei, fünf, vier, sechs, fünf, sieben, sechs, acht. Bei der Zahl acht angekommen, wird er erneut mit der Zahl eins beginnen. Um mehr Klarheit zu bekommen, siehe die nebenstehende Tabelle. An anderen Tagen wird er mit der Zahl acht beginnen müssen, indem er zählt: acht, sechs, sieben, fünf, sechs, vier, fünf, drei, vier, zwei, drei, eins. Dann wird er, ohne Pause, mit der Zahl acht wieder anfangen.

Wenn er auch das mit Leichtigkeit ausführen kann, wird er die Schwierigkeit noch ein bisschen steigern müssen, indem er die zwei Zahlenserien folgendermaßen einfügt (wobei jeder Bewegung immer eine Zahl entspricht), und zwar zunächst in ansteigender Reihenfolge: eins, drei, zwei, vier, drei, fünf, vier, sechs, fünf, sieben, sechs, acht, dann, ohne Unterbrechung in absteigender Reihenfolge: acht, sechs, sieben, fünf, sechs, vier, fünf, drei, vier, zwei, drei, eins.

Der Aspirant muss diese Übung sowie die folgenden wie ein Ritual verrichten, wie ein schweigendes Gebet, begleitet von einer intensiven und hingabevollen Empfindung, um von einem inneren Zustand getragen zu werden, der ihm nicht nur erlauben wird, bei seinen Bemühungen durchzuhalten, sondern der ihm auch helfen wird, sich zu höheren Ebenen seines Bewusstseins zu erheben.

Manche Sucher werden sich fragen: „Warum alle diese Schwierigkeiten schaffen? Sie werden sich fragen, ob diese bei einem solchen spirituellen Vorgehen wirklich unerlässlich sind...

Bewegung	Arm	Bein	Zählen
1.	rechter	rechtes	1
2.	rechter	rechtes	3
3.	linker	linkes	2
4.	linker	rechtes	4
5.	rechter	rechtes	3
6.	rechter	linkes	5
7.	linker	rechtes	4
8.	linker	rechtes	6
9.	rechter	linkes	5
10.	rechter	rechtes	7
11.	linker	rechtes	6
12.	linker	linkes	8

Es genügt, die Geschichte Buddhas, Milarepas[26] und anderer großer Mystiker zu lesen, um die gigantischen Anstrengungen zu sehen, die jene über eine lange Zeit hinweg vollbracht haben, bevor sie ihr Ziel erreicht haben – und das trotz der Tatsache, dass diese so außergewöhnlichen Wesen bereits zur Stunde ihrer Geburt eine Stufe des Seins, weit jenseits derjenigen der gewöhnlichen Sterblichen erreicht hatten. Nun, es ist vielleicht möglich, sich eine Vorstellung von der Art Anstrengungen zu machen, die ein Sucher (der so weit vom Niveau dieser außergewöhnlichen Wesen entfernt ist) vollbringen muss, wenn er ein Ergebnis erreichen möchte, dass einen gewissen Wert hat.

---

[26] des berühmten tibetischen Yogi

Jedoch darf sich der Aspirant nicht entmutigen lassen, denn bei allem, was er unternimmt, ist der Anfang am schwierigsten; aber wenn man einmal Gefallen an der Anstrengung gefunden hat und deren Nutzen spürt, wird die Schwierigkeit nicht mehr als nutzlos und abstoßend empfunden.

* * *

Bei der zweiten, jetzt erläuterten Übung, soll der Aspirant sitzen, vorzugsweise in der Lotosstellung (ansonsten sehr aufrecht auf einem Stuhl), den Blick zu Boden gesenkt, einen Punkt in etwa einem Meter Entfernung vor sich fixierend, der Linie des Nasenrückens folgend. Er muss, wie bei seinen anderen spirituellen Übungen, damit anfangen, diesen geheimnisvollen Nada zu hören, diesen Ton im Inneren seiner Ohren, und auf ihn konzentriert bleiben.

Die eigentliche Übung besteht aus dem gleichzeitigen Ausführen verschiedener Bewegungen der beiden Hände, wobei vier Worte rezitiert werden.

Die linke Hand liegt auf dem Oberschenkel, die Handfläche ist zum Himmel gedreht. Der Daumen wird langsam und in regelmäßigen Intervallen nacheinander die Spitzen der gegenüberliegenden Finger berühren. Mit jedem Finger ist ein Wort verbunden. Der Zeigefinger ist mit AMMA verknüpft, der Mittelfinger mit DAMMA, der Ringfinger mit KAMMA und er kleine Finger mit NAMMA.[27]

Während er nacheinander mit dem Daumen jeden der vier Finger berührt, sagt der Aspirant mit leiser Stimme: AMMA (den Zeigefinger berührend), DAMMA (den Mittelfinger berührend), KAMMA (den Ringfinger berührend) und NAMMA (den kleinen Finger berührend). Er fährt dann oh-

---

[27] Diese vier Worte haben keine bestimmte Bedeutung. Sie sind vom Autor für seine persönliche Arbeit erfunden worden. Die Tatsache, dass sich diese Worte gleichen, zwingt den Sucher, sich so wachsam wie möglich zu zeigen, wenn er keine Fehler machen will.

ne Unterbrechung fort, diesmal mit dem zweiten Finger beginnend und mit dem ersten endend, während er rezitiert: DAMMA, KAMMA, NAMMA, AMMA. Dann beginnt er mit dem dritten Finger und endet mit dem zweiten, wobei er rezitiert: KAMMA, NAMMA, AMMA, DAMMA. Und zum Schluss fängt er mit dem vierten Finger an und hört mit dem dritten auf, während er rezitiert: NAMMA, AMMA, DAMMA, KAMMA. Ein vollständiger Zyklus enthält daher 16 Bewegungen. Er muss dann das Ganze von vorne anfangen und den gesamten Zyklus in einem gleichmäßigen und ununterbrochenen Rhythmus wiederholen.

Jetzt müssen die Gesten, die mit der rechten Hand ausgeführt werden, erklärt werden. Diese soll auf dem Oberschenkel ruhen, die Handfläche zum Boden gewendet. Sie führt nur drei Gesten aus. Die erste besteht darin, die Hand leicht zu heben und die Handfläche zum Himmel zu drehen. Die zweite Geste besteht darin, die Hand erneut zu heben, die Handfläche wieder zum Boden zu wenden und sie leicht auf den Oberschenkel zu legen. Und zum Schluss muss er einfach die Hand heben, ohne sie umzudrehen, und sie wieder auf den Oberschenkel zurücklegen, die Handfläche zum Boden gewendet. Dieser Zyklus von drei Gesten soll ohne Unterbrechung wieder angefangen werden.

Da die Bewegungen der linken Hand in vier Phasen ablaufen und die der rechten Hand in drei Phasen, wird zwangsläufig eine Verschiebung zwischen den Gesten der beiden Hände entstehen. Die linke Hand wird daher drei komplette Zyklen von je 16 Phasen ausführen müssen, bis die beiden Hände ihre Anfangsposition wiederfinden, mit der zum Himmel gewendeten Handfläche der rechten Hand, während der Daumen der linken Hand den Zeigefinger berührt. Siehe das Schema auf der folgenden Seite.

Wenn der Sucher zu große Schwierigkeiten erfährt, diese Übung auszuführen, kann er damit anfangen, die Worte, die mit den Fingern der linken Hand assoziiert sind, vorerst nicht zu rezitieren und sie erst später hinzuzufügen, wenn er es geschafft hat, die komplette Übung ohne Fehler zu machen. Wie bei der vorherigen Übung soll er, wenn er einen Fehler gemacht hat, einige Sekunden ruhig verweilen, bevor er von neuem anfängt; er soll sich wieder sammeln, ohne Grimassen der Gereiztheit zu machen, sich schuldig zu fühlen oder sich über sich selbst zu ärgern. Seine Augen dürfen den Punkt am Boden, auf den sie fixiert sind, nicht verlassen.

Damit diese Übung nicht automatisch wird, muss der Aspirant an manchen Tagen die [Bewegung der] Arme wechseln, das heißt, dass er mit der linken Hand macht, was die rechte gemacht hat, und umgekehrt.

Diese Übung verlangt vom Sucher unbestreitbar eine anhaltende Konzentration für ihre Durchführung. Das ist für ihn die Gelegenheit, sich an so aufschlussreiche Worte zu erinnern, wie sie CHRISTUS, dieser große Avatar[28], ausgesprochen hat: „Das Königreich des Himmels muss mit dem Schwert gewonnen werden." Das Wort Schwert beinhaltet offensichtlich eine Schlacht, eine Schlacht mit sich selbst, die der Sucher, wenn er es ernst meint, bereit sein muss, mit Mut und Ausdauer zu schlagen, bis es ihm eines Tages gelingt, sich selbst zu überschreiten und sich in die leuchtenden Regionen seines HÖHEREN WESENS zu erheben.

---

[28] Avatar ist ein indisches Wort, das die großen spirituellen Meister bezeichnet, die gekommen sind, um die Menschheit zu unterweisen. Christus und Buddha sind in Indien als Avatare anerkannt.

Illustration der Übung

Die Hände liegen auf den Oberschenkeln, die Handfläche der rechten Hand zeigt nach unten, die der linken Hand nach oben.

Die rechte Hand macht drei Bewegungen:

1) Die Handfläche dreht sich nach oben
2) Sie dreht sich wieder nach unten
3) Die Hand wird gehoben und gesenkt, wobei die Handfläche immer nach unten schaut

Die linke Hand macht vier Bewegungen, von der jede mit einem Wort assoziiert ist:

I) Der Daumen berührt leicht den Zeigefinger	2) Der Daumen berührt den Mittelfinger	3) Der Daumen berührt den Ringfinger	4) Der Daumen berührt den kleinen Finger
Amma	Damma	Kamma	Namma

Diese Sequenz wird wiederholt, wobei der Startpunkt jeweils um einen Finger verschoben wird:

zuerst: 1. 2. 3. 4. dann 2. 3. 4. 1. dann 3. 4. 1, 2. und zuletzt. 4.1. 2. 3.

Ein vollständiger Zyklus besteht aus 48 Bewegungen:

Bew.	Linke Hand		Rechte Hand		
			1. Drittel	2. Drittel	3. Drittel
1	Amma	Zeigefinger	Nach oben	Nach unten	Nach unten
2	Damma	Mittelfinger	Nach unten	Nach unten	Nach oben
3	Kamma	Ringfinger	Nach unten	Nach oben	Nach unten
4	Namma	Kleiner Finger	Nach oben	Nach unten	Nach unten
5	Damma	Mittelfinger	Nach unten	Nach unten	Nach oben
6	Kamma	Ringfinger	Nach unten	Nach oben	Nach unten
7	Namma	Kleiner Finger	Nach oben	Nach unten	Nach unten
8	Amma	Zeigefinger	Nach unten	Nach unten	Nach oben
9	Kamma	Ringfinger	Nach unten	Nach oben	Nach unten
10	Namma	Kleiner Finger	Nach oben	Nach unten	Nach unten
11	Amma	Zeigefinger	Nach unten	Nach unten	Nach oben
12	Damma	Mittelfinger	Nach unten	Nach oben	Nach unten
13	Namma	Kleiner Finger	Nach oben	Nach unten	Nach unten
14	Amma	Zeigefinger	Nach unten	Nach unten	Nach oben
15	Damma	Mittelfinger	Nach unten	Nach oben	Nach unten
16	Kamma	Ringfinger	Nach oben	Nach unten	Nach unten

Hier nun die Letzte der drei Übungen, die zu Hause zu machen sind. Sie ist leichter durchzuführen als die zwei vorhergehenden und soll auch im Sitzen gemacht werden. Sie besteht darin, sechs Gesten langsam auszuführen, indem man sie mit der Atmung kombiniert.

Und wie bei den anderen Übungen soll der Aspirant damit anfangen, sich auf den Nada zu konzentrieren, diesen Ton im Inneren der Ohren.

Die Atmung vollzieht sich in drei Phasen: Einatmung, Ausatmung und eine leichte Pause nach der Ausatmung. Man muss sehr aufpassen, die Atmung nach der Ausatmung nicht zu blockieren, sondern sie sozusagen „fließend" zu lassen.

Die beiden Hände liegen auf den entsprechenden Oberschenkeln, die Handflächen zum Boden gedreht. Die Augen sind zum Boden gesenkt und fixieren, der Linie des Nasenrückens folgend, einen Punkt, den sie nicht loslassen dürfen, selbst wenn der Sucher mit seinen Gesten einen Fehler macht.

Die erste Geste, die beim Einatmen vollzogen wird, besteht darin, die Hand umzudrehen und sie locker auf den Oberschenkel zu legen, mit der Handfläche zum Himmel. Die zweite Geste, die bei der Ausatmung vollzogen wird, besteht darin, die Hand erneut umzudrehen und sie wieder auf den Oberschenkel zu legen, mit der Handfläche zum Boden. Die dritte Geste, die während der auf die Ausatmung folgenden Pause stattfindet, besteht darin, den Vorderarm zur Schulter hin abzuwinkeln, ohne die Hand umzuwenden, wobei sich die Handfläche naturgemäß zum Himmel und der Handrücken zur Schulter gewendet findet. Die vierte Geste, die während der Einatmung vollzogen wird, besteht im Absenken des Armes, ohne Drehung der Hand, die natürlicherweise auf dem Oberschenkel zu liegen kommt, mit der zu Boden gerichteten Handfläche. Die fünfte Geste, die bei der Ausatmung stattfindet, besteht darin, die Hand zu wenden und mit dem Handrücken auf den Oberschenkel zu legen. Die sechste

Geste, die sich während der auf die Ausatmung folgenden Pause vollzieht, besteht darin, den Vorderarm zur Schulter hin abzuwinkeln, ohne die Hand umzuwenden, wodurch sich naturgemäß die Handfläche auf die Schulter legen wird und der Handrücken zum Himmel gedreht sein wird. Dann beginnt wieder die erste Geste, indem der Arm während der Einatmung gesenkt wird, ohne die Hand zu drehen, die sich naturgemäß auf den Oberschenkel legen wird, mit der Handfläche zum Himmel. Und der Aspirant wird in dieser Weise fortfahren, ohne Unterbrechung.

Die linke Hand macht genau die gleichen Gesten wie die rechte Hand, aber sie beginnt eine Phase später, mit der zweiten Geste der rechten Hand, und fährt ohne Pause fort, immer mit einer Verschiebung von einer Phase zwischen beiden Händen. Jede Hand wird sich kontinuierlich bald mit der Handfläche zum Himmel gewendet, bald mit der Handfläche zum Boden gewendet finden; um eine Phase verschoben, können die beiden Hände niemals zur gleichen Zeit zum Boden oder zum Himmel gewendet sein. Wenn der Aspirant in einem bestimmten Moment beide Hände gleichzeitig zum Himmel oder zum Boden gewendet sieht, kann er sicher sein, einen Fehler gemacht zu haben. Für mehr Klarheit, siehe die Illustration auf der gegenüberliegenden Seite.

Illustration der Übung:

Schaue auf einen Punkt am Boden. Die Hände liegen auf den Oberschenkeln, die Handflächen weisen nach unten.

Bewegungen der rechten Hand:

1) Beim Einatmen dreht sich die Handfläche nach oben	2) Beim Ausatmen dreht sich die Handfläche nach unten	3) In der Pause Hand zur Schulter ziehen, Handfläche nach oben
4) Beim Einatmen die Hand senken, Handfläche nach unten	5) Beim Ausatmen Handfläche nach oben drehen	6) In der Pause Hand zur Schulter ziehen, Handfläche nach unten

Die linke Hand macht die gleichen Gesten, aber um eine Geste versetzt.

1 (erster Zyklus)	2	3	4	5	6
1 (folgende Zyklen)	2	3	4	5	6

215

Der Aspirant muss im Lauf seiner Atmung aufmerksam der Bewegung seines Bauches folgen. Der Bauch soll sehr entspannt sein. Es ist ebenfalls unerlässlich, dass der Sucher die Bewegungen seiner Arme spürt und ihnen von einem Ende zum anderen folgt, ohne sich auch nur einen Moment entgehen zu lassen. Um zu vermeiden, dass diese Übung automatisch wird, muss er [die Bewegung] der Arme von Zeit zu Zeit umkehren, das heißt, er muss zuerst mit dem linken Arm anfangen, eine Phase später gefolgt vom rechten.

Wenn er seine Übungen erfolgreich durchführen möchte, muss der Sucher die Oberfläche seiner selbst verlassen und in sein Wesen hinabsteigen, um sich irgendwo in sich platziert zu finden, wo er sich so gut wie nie befindet. Danach muss er lernen, diesen Abstieg in sein Inneres während all der Aufgaben, die er im Laufe seines täglichen Lebens erledigt, zu vollziehen. Es ist genau dieser Abstieg in ihn selbst, der einem großen Komponisten wie César Franck erlaubt hat, die erhabenen Inspirationen zu empfangen, die für die Erschaffung orchestraler Meisterwerke, wie seiner „Sinfonie" und seines Oratoriums „Les Béatitudes", nötig sind. Werke mit einer solchen Gefühlstiefe helfen dem Zuhörer, seinerseits in sich hinabzusteigen, während er zuhört, um anzufangen, irgendwo in seinem Wesen platziert zu sein, wo er normalerweise nicht ist, und Zustände der Erhebung zu empfinden, die er andernfalls unmöglich hätte erleben können.

Diese Übungen bilden eine unentbehrliche Ergänzung zur Meditation; denn die Meditation allein genügt nicht. Deshalb muss sie der Aspirant hartnäckig ausführen.

Wegen der Konzentration, die diese Übungen für ihre Durchführung erfordern, wird er allmählich anfangen, durch ein inneres Sehen zu ahnen, worauf er in sich verzichten muss, um sich zu höheren Ebenen des Bewusstseins in seinem Wesen zu erheben und sich mit dem HIMMLISCHEN ASPEKT seiner Doppelnatur zu vereinen.

Fragen

Wenn ein Sucher sagen hört, dass, von jemandem oder vom Leben etwas zu erwarten, die Versklavung seiner selbst durch alles, was prekär und unbeständig ist, bedeutet, glaubt er, verstanden zu haben; aber hat er wirklich verstanden? Jedes Mal, wenn sich ein Aspirant über das, was er gestern, vorgestern oder kaum einen Augenblick vorher verstanden hat, Fragen stellt, kann er, wenn er wirklich aufrichtig ist, nur überrascht und verwirrt seine Unfähigkeit feststellen, für sich oder für andere Personen klar zu formulieren, was er in einem bestimmten Moment verstanden zu haben glaubt.

Man glaubt, etwas sofort zu verstehen, aber das Verständnis vergeht schnell wieder; das Interesse des Suchers ändert seine Richtung und das, was er sicher verstanden zu haben glaubt, verschwindet in kurzer Zeit und ist schließlich nur noch eine Erinnerung in ihm, manchmal eine sehr vage. Warum? Weil das, was man ihm gesagt hatte, nur mit dem Intellekt aufgenommen worden war. Er und sein Gefühl waren beide abwesend gewesen. Und wenn man ihm sagt, dass er abwesend und in sich selbst eingeschlossen gewesen sei, als man zu ihm sprach, und dass er nicht gehört habe, was man ihm gesagt habe, wird er nicht verstehen, was es bedeutet, abwesend und in sich eingeschlossen zu sein.

Wenn das, was der Aspirant verstanden zu haben glaubt, nicht in die Praxis umgesetzt wird und nicht zu einer Transformation seines Wesens führt, kann er sicher sein, dass dieses Verständnis nur seinen Intellekt erreicht hat und sein Gefühl nicht oder nur teilweise berührt hat; daher wird das, was er begriffen zu haben glaubt, in kurzer Zeit vergessen sein.

Aus diesem Grund darf er sich nicht mit vergangenen Einsichten zufrieden geben, die er in gewisser Weise in sich angesammelt hat und auf denen er möglicherweise schläft, in der Illusion, einer authentischen spirituellen Suche nachzugehen.

* * *

Fragen, immer mehr Fragen; brennende Fragen, die der Sucher unablässig in sich tragen muss! Solange er von Fragen erfüllt ist oder, noch besser, von einem schweigenden Zustand des Fragens, wird der Geist frei und offen sein, um manchmal subtile und direkte Verständnisblitze aufzufangen; seine Suche und seine spirituellen Praktiken werden daher lebendig bleiben. Aber sobald er aufhören wird, sich infrage zu stellen und alles infrage zu stellen, was ihm passiv in den Sinn kommt, wird er innerlich einschlafen und seine Suche sowie seine spirituellen Übungen werden stagnieren. Alles, was er verstanden zu haben glaubt, wird mit seinen gewöhnlichen Gedanken und seinen nutzlosen Phantasien vermischt werden. Die LETZTE REALITÄT wird daher für seine innere Sicht unzugänglich bleiben; SIE kann sich tatsächlich nicht einem Wesen offenbaren, das noch nicht einen genügend hohen Grad der Aufrichtigkeit erreicht hat und das SIE daher später zwangsläufig entstellen muss, indem es Unwahrheiten erzählt, um sich in den Augen der anderen in ein besseres Licht zu setzen. Frische und reine Milch würde sofort ihre Reinheit verlieren, wenn man ihr nur den geringsten Tropfen Gift zufügen würde.

Was auf den folgenden Seiten dargestellt wird – und was die Frucht von vierzig Jahre langen, harten spirituellen Kämpfen des Autors darstellt –, darf weder passiv akzeptiert werden, noch vom Sucher, als Reaktion auf Glaubensvorstellungen, die vor langer Zeit in ihn eingepflanzt worden sind, willkürlich abgelehnt werden, sondern er soll offen bleiben, um spüren zu können, was ihm bei seiner Suche helfen kann.

Wenn man jemandem sagt, dass GOTT keine Person sei, sondern ein ZUSTAND DES SEINS, und dass er kämpfen müsse, um IHN zu erreichen, wird ihn das fassungslos zurücklassen.

Die meisten Leute sind dermaßen von ihrem blinden Glauben konditioniert, der ihnen von Generation zu Generation übertragen worden und in ihnen verankert ist, dass es ihnen sehr schwer fällt, sich freizumachen von der Idee (an der sie hängen), dass GOTT nicht nur von ihnen getrennt sei, sondern dass ER auch ein besonderes Wesen sei, das weit weg wohne, weit entfernt von ihnen, irgendwo im Himmel, und dass sie daher ihre Augen und ihre Arme zum Himmel heben müssten, um zu IHM zu beten. Daher bleiben sie für immer von ihrer GÖTTLICHEN QUELLE abgeschnitten. Und da sie von dem ERHABENEN keine direkte Erfahrung haben, können sie Unzufriedenheit und sogar Feindseligkeit zeigen wenn man sich erlaubt, ihren Glaubensvorstellungen zu widersprechen. Die so bedeutsamen Worte CHRISTI: „Denn sehet, das Reich Gottes ist inwendig in euch" (Luk 17, 21) oder auch „Ich und der Vater sind eins" (Joh 10, 30) werden unaufhörlich wiederholt und immer wieder gelesen; jedoch beharrt man hartnäckig auf dem Glauben, GOTT sei eine Art Person, von einem selbst getrennt, die man woanders suchen müsse. Alles geschieht so, als ob man fürchtete, sich, wenn man diese unbegründeten Glaubensvorstellungen zurückwiese, mit nichts vorzufinden, an das man sich klammern könnte. Man realisiert nicht, dass man gerade durch das Aufgeben der blinden und unbeweisbaren Glaubensvorstellungen die Möglichkeit hat, das WIRKLICHE zu entdecken. Der Buddha hat vom Nirvâna als von einem Zustand gesprochen, den der Schüler durch hartnäckige Bemühungen um Konzentration in sich erlangen könne. Aus diesem Grund findet man im Buddhismus manchmal diesen Ausspruch, der vonseiten der spirituellen Meister so seltsam erschien: „Der Buddhismus ist eine Spiritualität ohne GOTT." Durch eine solche Behauptung lehnen sie ganz einfach den äußeren GOTT ab, an den der übliche Glaube gerichtet ist und dem Opfer dargebracht werden. Im Judaismus findet sich hinter dem Vorhang des Tabernakels, am heiligsten Ort des Tempels, eine leere Nische; und im Islam ist jede Darstellung GOTTES strikt untersagt. Es handelt sich hier um Bekundungen, deren ursprünglicher Sinn verloren gegangen ist, nämlich, dass GOTT eine HEILIGE und GEHEIMNISVOLLE LEERE ist, die nicht ein Nichts ist, sondern die im Gegenteil „ALLES" enthält.

Der Hinduismus, mit seiner antiken Weisheit, besteht unaufhörlich auf der Tatsache, dass ATMAN (das „Selbst") und BRAHMAN (das Absolute) ein und dasselbe darstellen und dass jede Praktik des Yoga und der Meditation darauf abzielt, durch direkte Erfahrung zu erkennen, dass das WAHRE SEIN jeden Mannes und jeder Frau BRAHMAN ist, oder GOTT – was mit den Worten Christi übereinstimmt: „Der Vater und ich sind eins."

So, wie sie für gewöhnlich sind, verbringen die menschlichen Wesen ihr Leben auf der Suche nach einem irdischen Glück außerhalb ihrer selbst – welches, wie jede Sache in der existentiellen Welt prekär und unsicher ist –, ohne einen Augenblick zu ahnen, dass sie in Wirklichkeit auf der Suche nach sich selbst sind, nach ihrer WAHREN HIMMLISCHEN IDENTITÄT. Ihr unersättlicher Wunsch nach materiellen Gütern, Prestige, Macht oder Berühmtheit ist im Grund nichts anderes als ein innerer Ruf, der schlecht interpretiert wird und auf das Äußere gerichtet ist, statt auf sich selbst gerichtet zu sein – ein innerer Ruf, damit sie noch zu Lebzeiten den Sinn ihrer Inkarnation auf der Erde erforschen und zu erkennen suchen. Wenn ein Mensch dieses Dasein verlässt, dann ist es zu spät für ihn. Er wird dann die wertvolle Gelegenheit seines vorübergehenden Aufenthalts auf diesem Globus verbraucht haben, dank dessen er hoffen konnte, die Wirklichkeit seines GÖTTLICHEN URSPRUNGS zu entdecken.

Jeder Mensch schafft seine kleine illusorische Welt und führt auf diese Weise ein sehr begrenztes Dasein. Er lebt in einer fortwährenden unbestimmten Sehnsucht, in der unbewussten Hoffnung, dass ein Tag kommen werde, an dem er mit irdischen Gütern, mit angenehmen Lebensbedingungen oder mit jemandem, der ihm ein dauerhaftes Glück bieten könne, überhäuft werde. Es kommt ihm nicht in den Sinn, dass er nur zu Besuch auf dieser Erde sei und zu einem ganz anderen Zweck dorthin gekommen sei.

* * *

Bei Hindus oder Buddhisten ist es üblich, sagen zu hören, dass sich Menschen bis zu dem Tag inkarnieren werden, an dem jeder die Befreiung (Mukti) oder den Buddha-Zustand (das Nirvâna) erreicht haben wird. Im Abendland behauptet man ebenfalls, dass die Erlösung am Ende der Zeiten auf alle Lebewesen warten werde. Wenn sich diese Hypothesen als wahr erweisen sollten, sollte man dann daraus schließen, dass Buddha und Christus beide im Irrtum waren und dass sie absichtlich ihre Zuhörer täuschen wollten, als der erste erklärte (ausschließlich von denen sprechend, die sich bereits auf dem Pfad befinden): „Nur wenige erreichen das andere Ufer, die meisten drehen an diesem Ufer ihre Runden" und der zweite behauptete: „Viele sind gerufen, aber nur wenige auserwählt?[29] In beiden Fällen (ohne von den Zahllosen zu sprechen, die nicht „gerufen" worden sind), muss man sich da nicht fragen, was mit denen geschieht, die das andere Ufer nicht erreichen und die nicht auserwählt sind?

Es könnte sein, dass der begrenzte Umfang des menschlichen Lebens einen wichtigen Hinweis enthält, wenn man sich denn die Mühe machen wollte, ihn zu entziffern. Wenn ein Stein in die Luft geworfen wird, hat die Kraft, die ihn geschleudert hat, bereits den Punkt bestimmt, bis zu dem er steigen wird, bevor er anfangen wird, zurückzufallen und schließlich auf dem Boden zum Liegen zu kommen. Auf die gleiche Weise hat vielleicht auch das Leben eines jeden Menschen seine vorherbestimmte Dauer, und zwar durch die unsichtbare Kraft, die ihn in diese Welt geworfen hat, bevor es zu seinem Ende kommt und der Mensch zu Staub zerfällt.

---

[29] Dhammapada, 85 – Matth, 22, 14

Wenn es jemandem daher bestimmt ist, bis zu hundert Jahren zu leben, bevor die Flamme seiner Existenz erlischt, wird ihm innerhalb dieser hundert Jahre nur eine begrenzte Anzahl von Tagen und Nächten gewährt. Und, vorausgesetzt, man akzeptiert die Theorie der Reinkarnation, so können seine nächtlichen Schlafzustände als Symbole für kleine Tode angesehen werden, die er jede Nacht durchmacht, und sein tägliches Erwachen als Symbole für kleine Reinkarnationen. Es kann daher sein, dass sich die Anzahl der Reinkarnationen in die Materie, die ihm innerhalb eines Zeitzyklus in der Ewigkeit gewährt wird, als ebenso begrenzt erweist, wie die Zahl der Tage und der Nächte, auf die er im Laufe seiner hundert Jahre irdischen Lebens ein Anrecht hat.

Wenn ein Mensch das Geschenk seiner aufeinanderfolgenden Inkarnationen in die Materie nicht nutzt, um zu suchen, einerseits den wahren Sinn der physischen Existenz zu erkennen, als auch zu erkennen, woraus er aufgetaucht ist und in was er am Ende wieder absorbiert werden wird, oder, mit anderen Worten, um zu suchen, die QUELLE seines URSPRUNGS zu entdecken, um durch eine regelmäßige Arbeit an sich dahin zu kommen, sich bewusst in sie zu integrieren, bevor es zu spät für ihn ist, dann wird ihm, wenn der Zeitzyklus in der Ewigkeit, der ihm zugestanden worden war, erschöpft ist, vielleicht ein kostbares, durch Worte nicht definierbares Lebenselement weggenommen und einem anderen gegeben, der schon bewiesen hat, dass er besser imstande war, es zu nutzen, um ihm zu helfen, seine spirituelle Evolution zu beschleunigen.

Findet man nicht eine beunruhigende Illustration dessen, was gerade dargelegt wurde, in dem Gleichnis von den Zentnern, von dem ihm Matthäusevangelium berichtet wird? Als der Meister, der einem seiner Diener fünf Zentner Gold, einem zweiten zwei Zentner und einem dritten einen Zentner anvertraut hatte, von einer langen Reise zurückkehrt und hört, dass sein dritter Diener mit seinem einzigen Zentner, den er ihm ausgehändigt hat, nichts anderes gemacht hat, als ihn einzugraben, zeigt er sich äußerst unzufrieden und befiehlt, ihm seinen Zentner wegzunehmen und ihn dem ersten Diener zu übergeben, der von dem, was der Meister ihm anvertraut hatte, guten Gebrauch gemacht hat, indem er das Kapital verdoppelt hat. Der Meister befiehlt außerdem, dass der Diener, der aus dem, was ihm anvertraut worden war, nichts gemacht hat, hinausgeworfen werde, „in die Finsternis".

Gold wird als ein wertvolles Metall angesehen. Abgesehen davon, ein Symbol für diese geheimnisvolle Energie zu sein, die das Leben aller Menschen belebt, steht es in dieser Erzählung nicht auch für eine spirituelle Lehre, die der dritte Diener erhalten, aber nicht geschätzt und ganz einfach vernachlässigt hat, da er sie begraben oder, in anderen Worten, vergessen hat? Außerdem wurde dieser Diener in die Finsternis geworfen, nachdem er von seinem Zentner enteignet worden war; bedeutet das, dass er in ein totales Nichts geworfen wurde? Was könnten bei dieser Hypothese die ERLÖSUNG oder die BEFREIUNG (MUKTI) für jeden am Ende der Zeiten bedeuten?

Ein sensibler Aspirant wird nicht anders können, als voller Ernst das beunruhigende Gefühl zu haben, die Gelegenheit, die ihm so geheimnisvoll geboten worden ist, eine spirituelle Lehre anzuwenden, die er glücklicherweise erhalten hat, nicht verlieren zu dürfen, indem er sie „vergräbt" und sich erlaubt, dieses kostbare Geschenk seines Lebens mit wertlosen Aktivitäten und sinnlosen Beziehungen zu vergeuden, die nichts anderes machen, als ihn zu hindern, seinen Blick und seine Aufmerksamkeit auf das gerichtet zu halten, was ihn rätselhaft ruft.

Schweigende Erinnerungen

Es kann vorkommen, dass bei bestimmten Männern und Frauen plötzlich eine geheimnisvolle, schweigende Erinnerung aufsteigt und sie auf unbegreifliche Weise zu einer spirituellen Lehre zieht.[30] Diese besonderen schweigenden Erinnerungen spielen auch eine maßgebliche Rolle im Leben gewisser großer Künstler, Wissenschaftler oder Komponisten. Die Fragen, mit denen sie sich auseinandergesetzt haben sowie die Werke, die sie vollbracht haben, müssen zum Nachdenken anregen und die Welt ratlos zurücklassen. Der Mensch erinnert sich auf unerklärliche Weise. Aber es handelt sich um eine unbestimmte Erinnerung, die weder von Gedanken noch von Worten begleitet wird. Diese seltsame Erinnerung, die bei manchen Personen in einem bestimmten Moment ihres Lebens aufsteigt, kann keinesfalls mit den gewöhnlichen Erinnerungen verglichen werden, die einem von Zeit zu Zeit in den Sinn kommen und mit Ereignissen des gegenwärtigen Lebens verknüpft bleiben.

Es kann passieren, dass jemand ein besonderes Geräusch hört, das Säuseln des Windes, das Prasseln des Regens auf ein Dach oder einige Musiknoten, um subtil eine Empfindung in ihm zu wecken, die ihn, ohne dass er sich dessen bewusst ist, für eine gewisse Zeit in einen Zustand der Melancholie, des Bedauerns, der Furcht etc. taucht. Der Mensch ist ein seltsames Geschöpf. Alles hinterlässt eine Spur in ihm. Was er gehört, erlitten, gedacht, gesagt oder getan hat, bleibt immer gegenwärtig, verschüttet in seinem Wesen, ihn zu dem schmiedend, der er ist.

---

[30] Allein die Tatsache, dass der Leser oder die Leserin dieses Buch in den Händen hält, ist vielleicht ein Zeichen, dass sich irgendwo in ihm, ohne dass er oder sie es bemerkt, diese geheimnisvolle Erinnerung manifestiert hat.

Da er im Allgemeinen keine Vorstellung hat, was es für ihn beinhaltet, abwesend zu sich selbst zu sein, bleibt er verletzlich und allem ausgeliefert, was ihn von außen erreicht oder stimuliert – einschließlich, wenn er sich in einem Zustand offensichtlicher Bewusstlosigkeit befindet. Das ist der Grund, warum er dermaßen aufpassen muss, welche Worte er in der Nähe eines kranken oder schlafenden Kindes, während einer Entbindung, in der Nähe eines schwer Verletzten oder einer Person unter dem Schock einer Narkose während eines chirurgischen Eingriffs und so weiter äußern darf.[31] Die beste Haltung, die man in solchen Situationen einnehmen kann, besteht vielleicht darin, Schweigen zu bewahren, sofern es die Umstände zulassen.

Ist es nicht ein beunruhigendes Phänomen, dass man sich in einem Moment, in dem man es am wenigsten erwartet, plötzlich an ein Ereignis oder auch an einen einfachen Gedanken aus der Kindheit erinnert, von dem man noch einen Augenblick vorher nicht geglaubt hatte, dass man ihn wiederfinden könne?

Jeden Morgen, beim Erwachen, findet sich der Mensch als der wieder, zu dem er sich am vorhergehenden Tag durch die Art der Gedanken, die er immer wieder durchgegangen ist, durch die Worte, die er ausgesprochen hat, und die Gesten, die er gemacht hat, geschmiedet hat. Und selbst, wenn er glaubt, vergessen zu haben, was er im letzten Jahr am gleichen Datum und zur gleichen Stunde gemacht hat, haben diese Taten dennoch eine unzerstörbare Spur in seinem Gedächtnis und in seinem Wesen durch das hinterlassen, was er in der Gegenwart geworden ist. Und wenn er sich in die Perspektive der Reinkarnation versetzt, findet er sich unaus-

---

[31] Der Autor hat die schmerzliche Erfahrung gemacht, sich an unverantwortliche Aussagen zu erinnern, die gemacht worden waren, als er in seiner Kindheit schwer krank gewesen war, und später, als er erwachsen war, auch während der Narkose.

weichlich, von Geburt zu Geburt, als der wieder, zu dem er sich durch seine vergangenen Leben geschmiedet hat.[32]

Wenn der Aspirant als Folge seiner Praktiken der Meditation und verschiedener Konzentrationsübungen einen gestimmten Grad innerer Erwachtheit erreichen wird, werden im Laufe des Tages unerwartete Momente auftreten, wo Erinnerungen, manchmal mit Details, die ihn überraschen werden, aus einer weit entfernten Vergangenheit zu ihm kommen werden, die einen tiefen und verwirrenden Eindruck in ihm hinterlassen werden. Er wird sprachlos angesichts der Tatsache bleiben, dass nichts von dem, was er während seines Aufenthaltes auf diesem Globus erlebt und erfahren hat, vergessen worden ist. Er wird sehen, dass die Konsequenzen seines Verhaltens gegenüber anderen in der Vergangenheit und manche seiner früheren Handlungen, die er vergessen zu haben glaubte, einen bestimmten Abdruck in seinem Wesen hinterlassen haben. Er wird daher anfangen, besser die Natur der Hindernisse zu verstehen, die noch auf seinem Weg übrig sind und die er überwinden muss, wenn er immer weiter zum LICHT gehen möchte, in das er eines Tages endgültig eintauchen möchte.

Der Sucher wird verblüfft erkennen, dass diese Erinnerungen die ganze Zeit in ihm gegenwärtig gewesen waren, vorher aber wegen seiner täglichen Beschäftigungen, des in seinem Geist herrschenden Lärms und der Faszination, welche das äußere Leben auf ihn ausübt, unbemerkt geblieben waren; all das überflutete sein Bewusstsein und sein Wesen und ließ ihm weder den nötigen Raum noch die Ruhe, um ihm zu erlauben, diese Erinnerungen wahrzunehmen.

Die Tatsache, dass er anfängt, das Vorhandensein mancher seiner Tendenzen zu bemerken und deren Ursprung zu verstehen (manchmal günstige und manchmal ungünstige Ten-

---

[32] Zum Thema der Reinkarnation siehe die Ausführungen in dem späteren Werk des Autors: *S'éveiller, une question de vie ou de mort*, (Erwachen, eine Frage von Leben oder Tod.). Kap. 5 (Herausgeber)

denzen, die er noch in sich trägt), wird ihm erheblich helfen, sich besser zu kennen und den Weg, den er noch zurücklegen muss, zu verkürzen.

Alle diese vielfältigen Tendenzen treten seit seiner frühesten Kindheit im Menschen in Erscheinung, ohne dass er für gewöhnlich nach ihrem Ursprung fragt, der normalerweise zu unklar und rätselhaft für ihn bleibt. Alles, was er weiß, ist, dass sich in einem bestimmten Moment eine Tendenz, gut oder schlecht, plötzlich in ihm manifestiert, aber er versucht nicht, die Quelle oder die Ursache in sich zu entdecken. Jede Tendenz ist in Wirklichkeit eine Erinnerung, die plötzlich auf einen Reiz hin erwacht, ausgelöst durch einen Kontakt mit bestimmten Personen oder in Abhängigkeit von besonderen äußeren Umständen oder Bedingungen. Von diesem Moment an beginnt dieser Impuls oder diese Tendenz mit Nachdruck Befriedigung zu verlangen und macht sich in der Person, in der sie erwacht ist, solange bemerkbar, bis diese ihr nachgibt.

Der menschliche Körper und seine verschiedenen Organe besitzen ebenfalls jeweils ihr besonderes eigenes Gedächtnis, das sie manchmal veranlasst, merkwürdig zu handeln, ohne dass sie den Grund dafür verstehen. Der Autor erinnert sich sehr deutlich, dass er vor langer Zeit, als er noch jung war, jedes Mal, wenn er das Haus verließ und wenn eine Gruppe von drei oder vier Personen auf ihn zukam, unbewusst den linken Arm vor die Brust hob, wie um sich zu schützen. Tatsächlich hatte ihn vor einigen Monaten jemand unter ähnlichen Umständen zufällig gestoßen und ihm eine Rippe gebrochen. Obwohl geheilt, hatte er jedes Mal, wenn er das Haus verließ, eine merkwürdige unbewusste Furcht zurückbehalten, bis zu dem Tag, wo er sich dabei ertappte, wie er wiederholt beim Herannahen einer Gruppe den Arm hob, um sozusagen seine Krawatte und seine Weste zurechtzurücken. Dieser sonderbare Vorfall öffnete ihm die Augen für manche seiner Verhaltensweisen im Leben sowie für manche seiner Tendenzen, die zu subtil und vorher schwer zu erkennen waren.

Selbst Pflanzen verfügen über ihre Art des Gedächtnisses, der Sensibilität und der Tendenzen; und sie können nicht vermeiden, von dem gefangen zu sein, was sie durch ständige Wiederholung ihrer Manifestationsform geworden sind. Entsprechend ihrer langen Gewohnheit, deren geheimnisvoller Ursprung sich in einer unergründlichen Vergangenheit verliert, können sie nicht anders, als Jahr für Jahr das zu reproduzieren, was tief im unsichtbaren Gedächtnis ihres Wesens kristallisiert ist – so wie es auch die verschiedenen Insekten und Tiere machen, die diese Erde bevölkern.

Und alles, was ein Mensch denkt und sagt, wird, wie verschiedentlich gesagt, nicht nur irgendwo in ihm registriert, sondern wird schließlich zu Gewohnheiten, die ihrerseits zu Tendenzen werden. Und diese Tendenzen gründen unvermeidlich auf dem geheimnisvollen Erinnerungsvermögen. Ein ernsthafter Aspirant, der versteht, dass die gesamte Schöpfung sich dank eines Prozesses der Wiederholung und des Erinnerungsvermögens manifestiert und dass die Wiederholungen Gewohnheiten erzeugen, muss daher sehr darauf achten, welcher Sache er sein Leben widmet, um für sich die Tendenzen zu schaffen, die ihn erheben werden und ihm auf seiner schwierigen spirituellen Reise helfen werden, statt ihn schwer zu machen – Tendenzen, die ihn nun zu dem einzigen Ziel in seiner Existenz führen werden, das der Mühe wert ist, und die alles andere auf eine zweitrangige Ebene verweisen werden.

Jede Nacht, wenn er die sichtbare Welt hinter sich lässt, um sich in seinem nächtlichen Schlaf zu verlieren, nimmt der Mensch, bewusst oder unbewusst, die Gesamtheit seiner Gedanken, Tätigkeiten und Wünsche (sexuelle oder andere) mit sich, die ihn im Laufe des Tages beherrscht haben und die ihm, auf die eine oder andere Weise am Herzen gelegen haben. Er tritt oft mit der gleichen ungeduldigen Vorwegnahme in seinen nächtlichen Schlaf ein, sich am folgenden Morgen

229

wiederzufinden, um eine Arbeit wieder aufzunehmen, die er nicht zu Ende bringen konnte, um ein Problem zu lösen, das er nicht regeln konnte, oder auch um ein Verlangen zu stillen, das er vorher nicht befriedigen konnte. Obwohl er jede Nacht durch diese kleinen Tode geht, wenn die Außenwelt und sogar das ganze Universum für ihn nicht mehr existieren, wird alles, was er in den Tagen davor getan oder gedacht hat, dennoch nicht ausgelöscht sein. Er kann daher unruhige Nächte verbringen und am Morgen aufwachen, von dem brennenden Wunsch beseelt, sich auf das zu stürzen, was er am Vortag oder in den Tagen davor angefangen hat.

Wenn ein Mensch die Welt der Sinne verlässt, nimmt er die Sorgen um seine Familie, die er zurücklässt, mit sich, ebenso wie sein Hängen an unvollendeten Tätigkeiten, ein ehrgeiziges Streben, das er nicht befriedigen konnte, seine unerfüllten körperlichen Wünsche, seine verschiedenen Hauptinteressen und, auf einer höheren Ebene, sogar seine Interessen für wissenschaftliche Forschung, für humanitäre Hilfe oder auch für künstlerisches Schaffen, die er angefangen hatte, aber die er vor deren Fertigstellung zu unterbrechen gezwungen war, als der Tod ihn zu sich rief.

Er wird sich daher zu dieser schicksalhaften Stunde ohnmächtig in das geworfen finden, was ihm als ein erschreckendes Nichts erscheint, wobei er ein Gefühl schmerzlicher Sehnsucht nach der Welt und nach den Dingen mit sich nimmt, die er für so wichtig hielt und die er freiwillig oder gezwungenermaßen aufgeben musste.

Es ist besser für einen Aspiranten, sein Leben damit zu verbringen, sich auf dieses unvermeidliche Ereignis vorzubereiten, um in diesem entscheidenden Moment die Art Gedanken in sich zu bewahren, die ihm spirituell nützlich sein werden für diese geheimnisvolle innere Reise, die seit jeher auf ihn wartet.

* * *

In Indien sowie in anderen orientalischen Ländern und sogar im Westen ist es möglich, spirituelle Lehrer in einer Weise schwafeln zu hören, dass sie den Eindruck erwecken, es stelle für den Sucher kein Problem dar, sich mit seiner GÖTTLICHEN QUELLE zu vereinen, und es genüge, bloß zu erkennen, dass er „BRAHMAN" oder GOTT sei und bereits befreit sei, um es auf der Stelle auch zu sein. In diesem Fall ist es erlaubt, sich zu fragen, warum diejenigen, die verblüfft diese Worte hören, nicht eine augenblickliche Erleuchtung und Befreiung erlangen! Diese Lehrer scheinen die Gewohnheiten und unerwünschten Tendenzen nicht in Betracht zu ziehen, die jeder, ohne es zu merken, in sich trägt und die ihn schwer machen und ihm nicht erlauben, sich in die leuchtenden Regionen seines Bewusstseins zu erheben. Im Westen hört man sagen: „Lebe voll den gegenwärtigen Moment, es genügt, gegenwärtig zu sein, um die Befreiung zu erreichen."

Das ist leicht gesagt…, aber muss man nicht zunächst mit etwas Höherem in sich verbunden sein, um voll in der Gegenwart leben zu können?

Auf den buddhistischen Wegen, die im Gegensatz dazu auf der zwingenden Notwendigkeit bestehen, persönliche Anstrengungen zu machen, um das Nirvâna zu erreichen, sieht man häufig Aspiranten viele Jahre in Klöstern meditieren, ohne zu verstehen, was sie daran hindert, diesen dermaßen außergewöhnlichen Zustand zu erreichen, nach dem sie streben. Sie berücksichtigen weder die wesentlichen Tendenzen, die jedem eigen sind, noch die Tatsache, dass ihre spirituelle Praxis noch nicht durch die verschiedenen Schwierigkeiten, die das äußere Leben ihnen auferlegt, auf die Probe gestellt worden ist – eben deswegen, damit sie diese Neigungen klar in sich sehen können. Vielleicht sind sie vor den Herausforderungen dieser Wechselfälle zu sehr geschützt.

Außerdem müssen die Sucher eine weitere Falle konfrontieren. Die meisten unter ihnen fangen einen spirituellen Pfad voller Begeisterung an, aber nach und nach richten sie sich in einer Gewohnheit ein und der anfängliche Enthusiasmus lässt nach – vor allem, wenn sie auf innere Widerstände treffen, in deren Folge sie riskieren, in einem Gefühl des Versagens zu versinken.

Außerdem muss erneut auf die Tatsache zurückgekommen und Nachdruck gelegt werden, dass es keine zwei Personen in der Welt gibt, die identische Ebenen des Bewusstseins, der Intelligenz und des Seins besitzen; manche (die geheimnisvollerweise mehr vorbereitet sind als andere) brauchen wenig Zeit und Anstrengung, um zum Erkennen des HIMMLISCHEN ASPEKTS ihrer Natur zu kommen, während die Mehrheit der Männer und Frauen auf dem Pfad beträchtlich mehr Zeit, Geduld und Arbeit an sich selbst braucht, um ein entsprechendes Resultat zu erzielen.

Vielleicht illustriert folgendes Bild deutlicher, was gerade dargelegt wurde. Hier sind zwei Behälter von gleichem Fassungsvermögen, wobei jeder einen Sucher auf dem spirituellen Weg repräsentiert. Der erste enthält wenig Wasser (mit anderen Worten, wenige Bindungen und unerwünschte Tendenzen im Aspiranten) und ein großes Feuer (eine große Inbrunst in ihm) brennt unter diesem Gefäß. Das zweite ist im Gegensatz dazu voll Wasser (mit anderen Worten, voller Anhaftungen und unerwünschter Tendenzen im Aspiranten) und ein kleines Feuer (wenig Inbrunst in ihm) brennt unter dem Gefäß. Es ist offensichtlich, dass die Flüssigkeit des ersten Gefäßes viel schneller kochen und verdunsten wird, als die des zweiten. Im letzteren Fall wird es beträchtlich mehr Zeit, Geduld und vor allem unerlässliche Bemühungen brauchen, um das Feuer zu nähren, damit es lange genug brennen und der Inhalt des Behälters schließlich kochen und verdampfen kann. Aus diesem Grund darf der Sucher nicht den Mut verlieren, wenn ihm die Hindernisse, die ihm begegnen, größer erscheinen als die eines anderen.

Zusätzlich zu dem, was in Bezug auf die Ebenen des Bewusstseins, der Intelligenz und des Seins gesagt wurde, die in jedem Menschen unterschiedlich sind, muss sich der Aspirant daran erinnern, dass sein Eindruck nur subjektiv sein kann und dass er nie wirklich imstande sein wird, die von einem anderen erlebten Schwierigkeiten und Probleme einzuschätzen.

Die Unvollkommenheiten des existentiellen Lebens sind nicht nur für die Welt notwendig, sondern auch, um die spirituelle Evolution eines aufrichtigen Suchers zu begünstigen und zu beschleunigen. Alle unvorhergesehenen Ereignisse, unaufhörlichen Veränderungen und unerwarteten Prüfungen, die ständig im Leben auftauchen, erfüllen ihre Funktion, indem sie ihn hindern, in sich zu schlafen. Mehr noch, und was paradox erscheint, durch alle die verführerischen Dinge und Bedingungen, die sie ihm unaufhörlich anbietet, hilft die phänomenale Existenz einem sensiblen und motivierten Sucher, die Bindungen und unerwünschten Tendenzen besser wahrzunehmen, die er noch in sich trägt und die zwischen ihm und dem ERHABENEN, nach dem er strebt, lauter Barrieren errichten. Für den, dessen innere Augen angefangen haben, sich zu öffnen, gibt es nichts Unnützes im existentiellen Leben. Je mehr man ein Kind oder einen Erwachsenen zu hindern sucht, ein Objekt der Freude zu bekommen, desto mehr wird er es begehren. Das gleiche gilt für einen motivierten Aspiranten: Je mehr äußere und innere Hindernisse aufsteigen und sich zwischen ihm und dem ERHABENEN aufrichten, desto glühender wird er streben, sich mit IHM zu vereinen, und statt sich entmutigen zu lassen, wird er mehr denn je angetrieben werden, sich seinen spirituellen Übungen zu widmen.

Die bewussten und vor allem die unbewussten Erinnerungen an alle die kleinen und großen Niederlagen – einschließlich der Leiden, die diese begleitet haben –, die jemand durchgemacht haben mag (nicht unbedingt nur die, die sich auf sein aktuelles Leben beziehen, sondern auch und gerade die, welche aus einer Vergangenheit stammen, deren Spuren sich in den Nebeln einer so weit entfernten Zeit verlieren), haben alle unsichtbare und unzerstörbare Furchen in seinem Wesen hinterlassen. Und dieses seltsame Erinnerungsvermögen, das hinter all den Manifestationen in der Schöpfung gegenwärtig ist, bleibt im Geheimen fortwährend aktiv in ihm, indem es tief verborgen in seinem Unterbewusstsein geheimnisvolle Erinnerungen aller Art aufbewahrt.

Es sind im Wesentlichen diese unbewussten Erinnerungen an die vielfältigen Misserfolge, die er in einer entfernten Vergangenheit (die zu rätselhaft bleibt, als dass sie der begrenzte menschliche Verstand erfassen könnte) hinnehmen musste, die sich auf einem spirituellen Weg als am gefährlichsten erweisen. Jedes Mal, wenn er auf eine Schwierigkeit oder auf einen inneren Widerstand stößt, sich zu konzentrieren, muss der Aspirant sehr aufmerksam auf seine Reaktionen achten und sich mit großer Bedachtsamkeit beobachten, um zu vermeiden, sich Zuständen der Mutlosigkeit hinzugeben.

Er muss jede unvernünftige Mutlosigkeit hinterfragen, die sich infolge eines leichten oder eines größeren Misserfolgs einstellt, der während seiner Meditation oder auch, während er eine schwierige Konzentrationsübung durchzuführen versucht, unerwartet auftritt. Er weiß sehr genau, dass das Erlernen einer fremden Sprache, der Mathematik, eines Musikinstrumentes oder der Theorie der Musikkomposition eine lange, hartnäckige Konzentrationsarbeit beinhaltet; warum also glauben, dass die Praktik der Meditation leichter sein soll?

KAPITEL 23

Ausdehnung des Bewusstseins und andere Dimensionen

Ein Kind ist im Allgemeinen voller Neugierde und Fragen in Bezug auf alles, was ihm vor Augen kommt, sowie alles, was es nicht versteht. Es kann sein, dass es seine Älteren fragt, woher es gekommen sei, was es vor seiner Geburt gewesen sei, wohin jemand gehe, wenn er stirbt, wer Gott sei und so weiter. Aber leider wird es, wenn es heranwächst, sehr schnell durch die übliche Seinsweise seiner Älteren konditioniert und, einmal erwachsen, ist es am Ende wie sie und nimmt das Leben als vollendete Tatsache hin. Die meisten Leute machen sich nie Gedanken über den Grund ihres Daseins oder der Schöpfung; aber wenn sich einige zufällig doch darauf einlassen, werden sie, da sie sich angesichts solcher Fragen in kurzer Zeit vor Glaubensvorstellungen und Spekulationen finden werden, sehr schnell aufgeben, um sich von neuem den Sorgen zuzuwenden, die das existentielle Leben ihnen liefert, und um sich zerstreuenden Tätigkeiten oder dem, was ihnen ein sofortiges äußeres Vergnügen verschafft, zu widmen – was leichter ist, als sie mit dem Ernst anzugehen, die diese wichtigen Fragen verdienen.

Was für ein außergewöhnliches Rätsel ist das Leben! Welches Rätsel die Schöpfung! Und welch ein Geheimnis ist der Kosmos, mit seinen Myriaden von Galaxien, verstreut in der unendlichen Weite des unermesslichen Raumes! Und die Dunkelheiten! Was für ein seltsames Phänomen sind die Dunkelheiten! Man kann nur verblüfft sein über die Tatsache, dass es im Universum unverhältnismäßig mehr Dunkelheiten gibt als Licht. Außerdem bleibt man beunruhigt vor der unverständlichen Natur dieser Finsternisse und fragt nach dem Grund für ihre Existenz. Vielleicht existieren diese Finsternisse, weil das Licht ohne sie weder sichtbar noch erkennbar wäre.

Und auf die gleiche Weise, wie der Raum unendlich mehr Dunkelheiten als Licht enthält, sind die Unwissenheit und das Böse im phänomenalen Leben unendlich mehr verbreitet als das spirituelle Licht, das Mitgefühl und die Weisheit. Menschliche Wesen, die ihren Beitrag an spirituellem Wissen und Licht geleistet haben, um die Welt zu erheben (sei es in mystischen oder künstlerischen Bereichen), bleiben derart selten, dass sie Ausnahmen bilden im Verhältnis zur großen Masse der Menschheit, die nichts anderes macht, als ein vegetierendes Dasein zu führen.

Es kann sein, dass die Dunkelheiten im Universum und das Böse im existentiellen Leben ihre Daseinsberechtigung haben und dass man sie vorübergehend akzeptieren muss, und sei es nur, um ihr Gegenteil erkennen und begreifen zu können: das Licht und das Gute. Denn, um die Dualität überschreiten zu können, ist es erst einmal notwendig, sie zu verstehen.

Die Dualität hat ihren Platz in der Schöpfung; denn ohne sie bliebe der Mensch auf ewig in Unwissenheit um den HIMMLISCHEN ASPEKT getaucht, der hinter allen sichtbaren Manifestationen im Universum existiert.

Ein ernsthafter Aspirant muss verstehen, dass innerhalb der Unbeständigkeit dieser dualen Existenz die Unwissenheit, die Versuchung und das Böse (die das Los der gewöhnlichen Sterblichen sind) von selbst verschwinden werden, wenn er die Weisheit erlangen wird, nicht verführbar zu werden, und wenn das Böse in ihm verschwunden sein wird.

Wenn ein motivierter Sucher nach einer anhaltenden Konzentrationspraxis zu einem wirklichen Verständnis der Bedeutung der langen Momente der Abwesenheit zu sich und der plötzlichen Wiederaufnahmen des Bewusstseins, die im Laufe des Tages von Zeit zu Zeit stattfinden, kommen wird, ein Phänomen, das man auch beschreiben kann als lange Zeiten der Entfernung von sich während dieses dramatischen Wachschlafs, in dem er sich verliert, und als plötzliche Rückkehr zu sich selbst während des inneren Erwachens, schwach oder intensiv, das diese begleitet, dann wird er durch ein direktes und lebendiges Verständnis die wirkliche Bedeutung der AUFERSTEHUNG erkennen.

Er wird von sich aus diese geheimnisvollen Auf-und-ab-Bewegungen, die in ihm ablaufen, verstehen und wird sich dessen bewusst werden, dass er, jedes Mal, wenn er in das Grab seines üblichen Zustandes der Abwesenheit zu sich sinkt, einen Tod erleidet, und dass er, jedes Mal, wenn er zu sich kommt (durch diese Bewegung der Rückkehr zu sich, begleitet von diesem geheimnisvollen inneren Erwachen), wieder aufersteht.

Er wird in seinem ganzen Wesen erschüttert sein, wenn ihm klar werden wird, dass er an dem Tag, wo es ihm gelingen wird, diesen Zustand ungewohnten Erwachtseins zu vertiefen und sich endgültig darin zu verankern, die wahre Auferstehung erreicht haben wird, die der Tod ihm nicht mehr entreißen kann.

Daher wird der Aspirant für sich viel tiefer den Sinn des Wortes „BUDDHA" begreifen, welches der ERWACHTE bedeutet. Er wird auch besser die Botschaft verstehen, die hinter dem Gleichnis von „der Rückkehr des verlorenen Sohnes" verborgen ist, das CHRISTUS seinen Jüngern erzählte.

Ihm wird klarer denn je werden, dass die Auferstehung im Fleisch am Ende der Zeiten (die manche Religionen versprechen) ein Zurückfallen in die Materie beinhalten würde, mit dem unausweichlichen Gefolge von Vergänglichkeit, Unvollkommenheiten, Leiden (denn um zu leben, muss sich das Fleisch ernähren) und Tod – ein Tod, der unweigerlich auf eine neue Inkarnation in der Materie lauert, ohne jede Möglichkeit des Entkommens. Ist nicht die wirkliche Auferstehung im Fleisch vielmehr die Neugeburt, die im Aspiranten zu seinen Lebzeiten stattfinden muss?

* * *

Im Allgemeinen sieht der Mensch seine körperliche Existenz als etwas Selbstverständliches an, das ihm zusteht. Folglich fürchtet er den Tod, der eine unumgängliche Notwendigkeit der Schöpfung ist, und weist ihn zurück. Selbst für außergewöhnliche Wesen wie BUDDHA oder CHRISTUS erwies sich der Tod als unvermeidlich. Seine Allgegenwart wirkt auf den ernsthaften Aspiranten wie eine ständige Mahnung, die ihn auffordert, nicht zu vergessen, dass die physische Existenz vergänglich ist und dass er unaufhörlich das Geschenk seines Lebens rechtfertigen muss, indem er es einem viel höheren Ziel weiht als dem, welchem sich die Mehrheit der Männer und der Frauen dieser Welt für gewöhnlich widmen.

Wenn sich ein Sucher von sich selbst lösen kann, und sei es nur für einen Augenblick, um sich zu prüfen, und wenn sein Intelligenzniveau und die Stufe seines Seins hoch genug sind, um ihm zu erlauben, sich objektiv so zu sehen, wie er ist, wird er zu seiner großen Bestürzung feststellen müssen, dass die Vergangenheit seit jeher auf ihn wartet, um sich in der Gegenwart weiter in ihm zu manifestieren. Anders gesagt, das, dem er sein Dasein gewidmet hat, die Weise, in der er sich verhalten hat und alles, was er gedacht, gesagt und getan hat, warten unabwendbar auf ihn, um ihr Leben in ihm fortzusetzen und ihre Manifestation im aktuellen Leben weiterzuführen.

Außerdem erwartet ihn alles, was er in sich gesät hat, auch in der Zukunft (wenn die Vergangenheit einen günstigen Boden in ihm finden wird), um sich immer wieder zu wiederholen. Und wenn nun das, dem er sich gewidmet hat, wenn seine Weise, sich zu verhalten, und wenn das, was er gedacht und getan hat, keinen spirituellen Wert hat…?

Ein motivierter Aspirant soll sich unablässig fragen, ob er akzeptieren würde, das, dem er gerade sein Leben widmet, und alles, was er denkt und macht, in alle Ewigkeit und ohne

Bedauern wieder zu tun, wissend, dass jede Wiederholung eine immer tiefere Furche in ihm ziehen würde.

Aufgrund der Weise, in der sie leben, und der Art Interessen, denen sie ihr Leben widmen, ist der Mehrheit der Menschen nicht klar, dass sie sich in jedem Augenblick, der vergeht, immer mehr in Zeit und Raum einschließen und zunehmend in einem unsichtbaren Käfig „zusammengepresst" werden, der sich über ihnen verengt und sich zuletzt auf einen einfachen Anfang und ein kurzes Ende, das heißt, auf ein Wachsen und Schwinden oder auch auf Geburt und Tod beschränkt; und daher entgehen ihnen die EWIGKEIT und ihre GÖTTLICHE ESSENZ.

Wenn es dem Aspiranten gelingen wird, während seiner Meditation einen gewissen Grad der inneren Versenkung zu erreichen, wird er, durch ein geheimnisvolles inneres Verständnis, zu ahnen beginnen, dass die EWIGKEIT direkt mit der Empfindung des SEINS und des BEWUSSTSEINS verbunden ist, und dass, im Gegensatz dazu, die Zeit und ihr Ablauf ausschließlich mit dem Sichtbaren und dem Werden verknüpft sind.

Vielleicht folgt die Zeit, entgegen dem allgemeinen Glauben, nicht einem linearen Verlauf. Wenn man sich auf eine höhere Bewusstseinsebene erhebt, nimmt die Zeit eine ganz andere Dimension an.[33] In Perioden, in denen der Autor (der Komponist war) mit seinem musikalischen Schaffen beschäftigt war, passierte es ihm manchmal, verblüffende Erfahrungen bezüglich des Ablaufs der Zeit zu machen. In den neun Monaten, die er dem Komponieren seiner Messe für Chöre und Orchester widmete, hatte er häufig die seltsame Empfindung, dass die Vergangenheit, die Zukunft und die Ewigkeit geheimnisvoll im gegenwärtigen Augenblick zusammenliefen, dass das Werk, mit dessen Niederschrift er in der Gegenwart beschäftigt war, bereits existierte, in einer anderen Dimensi-

---

[33] Siehe Kapitel 24 (Die Zeit und die Ewigkeit) in meinem Buch *Der Weg der inneren Wachsamkeit.*

on, und dass er nichts anderes machte, als es wiederzufinden. Zudem war für ihn die Musik, die er gerade komponierte, keine Bewegung, wie wenn sie ein Zuhörer hört, sondern sie existierte bereits in ihrer Totalität in einem UNBEGREIFLICHEN PUNKT in der Ewigkeit. In solchen außergewöhnlichen Momenten machte er auch die seltsame Erfahrung, dass es nicht die Zukunft ist, die auf den Menschen zukommt, wie er normalerweise glaubt, sondern dass es vielmehr er ist, der auf die Zukunft zu reist.

* * *

Der Mensch lebt in Unwissenheit über die Zukunft. Die Erfahrungen, die er in der Vergangenheit gekannt und gemacht hat und die nur vergängliche Phantome sind, an die er sich blind klammert, erlauben ihm nicht, seinen Blick auf das UNENDLICHE gerichtet zu halten, das ihn am Ende seiner irdischen Reise erwartet. Das Leid, das er ihm Allgemeinen bewusst oder unbewusst ohnmächtig durchmacht, wird meistens verursacht durch seine Widerstände gegen das, was nicht dem entspricht, was er möchte, und durch sein Angezogenwerden durch das, was er nicht bekommen kann – entsprechend den Erfahrungen, die er in der Vergangenheit gemacht hat und die er gerne in der Gegenwart wiederfinden möchte. Ihm ist nicht klar, dass er ein Gefangener der ZEIT ist.

Die ESSENZ jedes Menschen ist in der Ewigkeit; aber wenn SIE einmal in die Materie und in die Zeit gesät wurde, vergisst er SIE. Er verliert die Erinnerung an seine GÖTTLICHE ESSENZ, aus der er aufgetaucht ist.

Nach einer gewissen Zeit der Arbeit an sich kann ein Aspirant zu einem Verständnis der geheimnisvollen Weise kommen, in der greifbare Formen die Psyche des Menschen beeinflussen, indem sie das SUBTILE, das er in sich trägt, vor ihm verbergen. Sein Bewusstsein nimmt die Form dessen an, was seine Sinnesorgane wahrnehmen, und es verändert sich unaufhörlich mit der Veränderung des betrachteten Objektes.

240

Aber „DAS" oder der durchsichtige und schweigende Beobachter in ihm, der sieht, bleibt von dem, was gesehen wird, unabhängig. Er bleibt unverändert durch die Form, die Farbe oder die Art Objekt, mit deren Betrachtung er beschäftigt ist, so wie das Wasser eines Flusses nicht von der Sonne, der Farbe des Himmels oder der Form der Wolken beeinflusst wird, die sich darin spiegeln.

* * *

Es kann sein, dass die Menschheit, aus einer anderen Dimension gesehen, nicht aus getrennten Individuen zusammengesetzt zu sein scheint – wie man das für gewöhnlich feststellt, wenn man sich auf seine Sinne stützt –, sondern sich als eine einzige Wesenheit zeigt. Nehmen wir an, man weiß nicht, was ein Mensch ist und dass einer so hinter einer Mauer versteckt ist, dass nur seine zehn Finger über die Wand hinausragen; man kann nicht erraten, dass diese Finger, die man getrennt voneinander sieht, zu einem einzigen und selben Individuum gehören. Auf die gleiche Weise existiert von einer höheren Dimension aus, den gewöhnlichen Sterblichen unbekannt, die gesamte Menschheit als eine einzige Wesenheit.

Und da alle menschlichen Wesen in Wirklichkeit miteinander verbunden sind, um nur eine einzige Wesenheit zu bilden, nun, das Böse oder das Gute, das einer von ihnen einem anderen oder dem, was ihn umgibt, antut, hat er es nicht auch sich selbst angetan? Und der Sucher, arbeitet er nicht, indem er an sich selbst arbeitet, gleichzeitig für die ganze Menschheit?

Wenn eine spirituelle Lehre nicht darauf abzielt, einen Aspiranten gut, edel und mitfühlend zu machen, erfüllt sie ihre Rolle nicht; andere Dimensionen und heilige Plätze in seinem Wesen werden ihm für immer unzugänglich bleiben.

Die Tendenzen (gute oder schlechte), die in einem Menschen existieren, manifestieren sich nicht nur in den physischen und wahrnehmbaren Dimensionen, die ihm bekannt sind, sondern auch in anderen, unsichtbaren Dimensionen, die ihm unbekannt sind. Und so wie ein Tier die Dimension des menschlichen Geistes nicht erfassen kann, kann entsprechend der Mensch die Dimensionen, die ihn übersteigen, nicht erfassen. Die Vergangenheit ist nicht nicht-existent, wie man das im Allgemeinen glaubt. Sie existiert in anderen Dimensionen, die den gewöhnlichen Sterblichen unzugänglich sind. Da außerdem die Vergangenheit und die Zukunft jeden Augenblick in der Gegenwart zusammenlaufen, ist die Ernsthaftigkeit, mit der ein motivierter Aspirant seine spirituellen Übungen (Meditation oder andere) in der Gegenwart durchführt, nicht nur dabei, die Zukunft für ihn zu bahnen, sondern sie ist, auf die gewöhnlich geheimnisvollste und unverständlichste Weise ebenso dabei, die Vergangenheit zu verändern, und zwar derart, dass sie sich nicht mehr auf die gleiche Weise wiederholen kann.

Wenn ein Aspirant sich wirklich motiviert zeigt und wenn er tatsächlich die zwingende Notwendigkeit verstanden hat, sich von der Schwere dieses tragischen Wachschlafs, dieser Abwesenheit zu sich selbst, zu befreien, muss ihm die Wichtigkeit der Anstrengungen klar werden, die dieses Erwachen von ihm erfordert. Nachdem er die erforderlichen Bemühungen gemacht hat, um innerlich gegenwärtig zu sein, wird er feststellen, dass er diese Gegenwärtigkeit, wenn sie echt ist, *nicht „nicht-wissen" kann*. Umgekehrt, wenn er wieder einmal abwesend zu sich selbst wird und aus Gewohnheit in sich schläft, *weiß er es nicht*. Erst wenn er von neuem aufwacht, merkt er, dass er geschlafen hat. Ständig verliert und findet man sich wieder. Und jedes Mal, wenn man sich wieder findet, wird man sich seiner selbst in der Gegenwart, im „Jetzt" bewusst.

Nur im Jetzt kann man der Tyrannei der Zeit entkommen; denn das Jetzt ist es, das uns vom Ablauf der Zeit und vom Werden befreit und uns mit der EWIGKEIT verbindet. Sich in der Gegenwart auf eine ganz besondere Weise seiner selbst bewusst zu sein, stellt den Schlüssel dar, der das Tor zur EWIGKEIT öffnet. Es ist eine Illusion zu glauben, die

EWIGKEIT sei etwas, das in der Bewegung der Zeit für immer andauert.

Wenn der Sucher die tiefe Bedeutung dieser Rückkehr zu sich nach einem Moment der Abwesenheit wirklich verstanden haben wird, wird die Arbeit seines Lebens anfangen können. Durch ein lebendiges Verständnis wird er entdecken, dass er sich in dem Maß, wie er innerlich gegenwärtig ist, seiner GÖTTLICHEN QUELLE nähert, und dass er sich in dem Maß, wie er zu sich abwesend ist, von seiner GÖTTLICHEN QUELLE entfernt.

Wenn es ihm durch hartnäckige Bemühungen gelingen wird, zu einem höheren Zustand des Seins in sich zu erwachen, wird sich der Umfang seines Bewusstseins ausdehnen; er wird aufhören, in sich, in einer geschrumpften und engen Welt, eingeschlossen zu sein, wie er es in der Vergangenheit war. Die Ausdehnung seines Bewusstseins wird anzeigen, dass er angefangen hat, mehr zu sehen und zu verstehen, in einem viel weiteren und höheren Maß.

Schlussfolgerung und letzte Ratschläge

In jedem Menschen gibt es eine Tendenz zu glauben, dass es für das Erreichen einer Veränderung in ihm und, um spirituell voranzukommen, Zeit braucht. Tatsächlich ist die Zeit ein gnadenloser Gott, ein Zerstörer all dessen, was manifestiert ist und was sich auf seinem Weg befindet. Der Ablauf der Zeit führt nur zu Verschleiß, Altern und Tod. Und dieses unausweichliche Verwittern bezieht sich sogar auf die unermesslichen Galaxien und die verschiedenen gigantischen Materienanhäufungen, die den Kosmos erfüllen.

Da der Mensch die meiste Zeit, ohne sich dessen bewusst zu sein, nur den passivsten Teil seines Geistes benutzt, kann er sich nicht vorstellen, dass alle die Möglichkeiten eines Ereignisses oder einer Situation, in der er sich befindet, sowie alle die verschiedenen Wege, die zum Zustandekommen dessen, was er unternehmen möchte, führen, bereits in der Gegenwart existieren, in anderen, für gewöhnlich unzugänglichen Dimensionen.

Daher würde der Sucher einen großen Fehler machen, wenn er sich vorstellte, dass er *mit der Zeit* Fortschritte machen und etwas Gültiges in sich zustande bringen werde. Denn, ohne sich darüber klar zu sein, wird er sich dann immer einen Vorwand liefern, um die Bemühungen, die er in der Gegenwart machen muss, auf morgen zu verschieben. Der wirkliche Fortschritt vollzieht sich im selben Augenblick, indem er die erforderlichen Anstrengungen leisten muss, um sein weltliches Ich während der Meditation oder während er versucht, eine Konzentrationsübung im täglichen Leben durchzuführen, zu beherrschen.

Er muss erst Zeit und Raum überschreiten, um die EWIGKEIT in der Gegenwart zu finden, bevor er sich mit dem ERHABENEN in sich vereinen kann. Die Zeit ist der Feind der

Ewigkeit, sie ist stets in Bewegung auf ein Werden zu, so den Aspiranten hindernd, die Gegenwart zu leben und zu SEIN. Es ist die wiederholte Bemühung im Augenblick, die den Weg der Rückkehr zu seinem GÖTTLICHEN WESEN ausmacht.

Auf höheren Ebenen des Bewusstseins ist es möglich zu ahnen, dass sich jenseits der Zeit die EWIGKEIT befindet und dass jenseits der EWIGKEIT, PRÄEXISTENT und OMNIPRÄSENT, das ABSOLUTE IST.

* * *

Der Autor erinnert sich an eine Reihe von Ereignissen, die ihm innerhalb einer Woche (ungefähr 1960, als er noch ziemlich jung war) zugestoßen sind und die ihn aufgerüttelt und eine unauslöschliche Erinnerung in ihm hinterlassen haben. Er wohnte damals in einem winzigen Zimmer im sechsten Stock, ohne Wasser, Elektrizität und Heizung.

Am ersten Tag dieser Woche war er sehr krank (aufgrund schwerer gesundheitlicher Probleme, die noch auf den Zweiten Weltkrieg zurückgingen, als er Soldat in der britischen Armee gewesen war) und an diesem Tag vernachlässigte er seine Meditationssitzungen und seine verschiedenen Konzentrationsübungen, die er für sich erfunden hatte, indem er sich sagte: „Morgen"...

Am zweiten Tag wachte er mit beginnenden Zahnschmerzen auf und fragte sich ängstlich, woher er das Geld nehmen sollte, um im Falle einer Verschlimmerung den Zahnarzt zu bezahlen, und er vernachlässigte ein weiteres Mal seine Meditationen und seine anderen Konzentrationspraktiken, indem er sich sagte: „Morgen"...

Am Morgen des dritten Tages hatten sich seine Zahnschmerzen beruhigt, aber er hatte Kopfweh und an diesem Tag machte er erneut keine Meditation und keine Konzentrationsübung, indem er sich sagte: „Morgen"...

Am vierten Tag bekam er einen Brief, der ihn für den Rest des Tages beunruhigte und wieder einmal vernachlässigte er seine Meditationssitzungen, indem er sich sagte: „Morgen"...

Am fünften Tag fand er sich ohne Geld und Essen wieder und machte sich große Sorgen, indem er sich fragte, wie er in den kommenden Tagen genug zum Leben finden werde, und ein wieder vernachlässigte er seine Meditationssitzungen, indem er sich sagte: „Morgen"...

Am sechsten Tag war es noch Nacht, als er aufstand, und er verstauchte sich im Dunkeln seinen Knöchel, was ihm große Schmerzen bereitete; da er nicht die Lotusstellung einnehmen konnte, um zu meditieren, fand er erneut eine Entschuldigung um zu sagen: „Morgen"...

Der siebte Tag war ein besonders schöner Frühlingstag; der Himmel war von einem tiefen Blau, das das Herz entzückte; die Sonne schien mit strahlendem Glanz und verbreitete eine angenehme Wärme. Aber seine Majestät, der Autor, hatte keine Lust, sich an diesem Tag zur Meditation hinzusetzen! Und plötzlich brach er in Tränen aus, als ihm klar wurde, dass für ihn (und für jeden anderen Aspiranten) der geeignete Augenblick, der günstige Augenblick, um seine spirituellen Übungen auszuführen, nie kommen würde.

Jeder muss erkennen, welche entscheidende Bedeutung es für ihn hat, *den günstigen Moment für seine spirituelle Arbeit zu schaffen*, denn es werden immer unerwartete Ereignisse im Leben auftauchen, um ihn auf dem Weg aufzuhalten.

* * *

Der Sucher muss zwei Dinge von großer Wichtigkeit für seine spirituelle Entfaltung im Gedächtnis behalten. Das erste betrifft die Entscheidung, die er getroffen zu haben glaubt, einen spirituellen Weg zu gehen. Wenn er versucht, wirklich aufrichtig mit sich zu sein, und sich genau prüft, wird er, nicht ohne Überraschung, herausfinden, dass die wahre Entscheidung, sich einer spirituellen Praxis zu widmen, noch nicht wirklich getroffen worden ist. Er mag glauben, sie getroffen zu haben, aber er muss das Offenkundige akzeptieren, dass er jedes Mal, wenn er aufhört zu meditieren, sich erleichtert fühlt und sogar zufrieden, sich als den wiederzufinden, der er vorher war, und er wird sehen, dass sein Geist und sein Interesse immer noch mehr dem zugewendet sind, was er sich von der Außenwelt erwartet, als seiner spirituellen Suche.

Er muss ehrlich mit sich selbst sein und sich klar darüber werden, dass die echte Entscheidung, sich mit seinem ganzen Sein dieser fundamentalen Suche zu widmen, vielleicht noch lange Zeit im Hintergrund zu bleiben droht, und das betrifft sogar die, die in einem Kloster leben. Irgendwo in sich bleibt er noch unentschieden, halbherzig und geteilt. Er muss sich stets daran erinnern, seine anfängliche Entscheidung bezüglich seines Zieles vor jeder Meditationssitzung und vor jeder Konzentrationsübung, die zu machen er sich vornimmt, zu erneuern.

Die zweite Sache, an die sich ein Aspirant erinnern muss, betrifft die Dauer seiner Meditation und seiner anderen Konzentrationspraktiken, die er in seinem Zimmer oder in der Bewegung des äußeren Lebens durchführt. Er muss vorab entscheiden, wie viel Zeit er der Meditation oder einer Konzentrationsübung im aktiven Leben widmen möchte, und darf sich nicht erlauben aufzuhören, bevor die Zeit, die er sich gesetzt hat, abgelaufen ist, seien es dreißig Minuten oder mehr. Er muss sich kontinuierlich erinnern, dass er, wenn er in einem Kloster wäre, seine Meditation oder eine Konzentrationsübung nicht unterbrechen dürfte, bevor der Gong erklungen wäre. Daher muss er so handeln, als ob er in einem Kloster wäre und muss sehr strikt mit sich selbst sein.

Wenn er nicht ständig verlieren möchte, was er durch die Arbeit gewinnt, die er an sich ausführt, muss er dahin kommen, die inneren und äußeren Bedingungen zu erkennen, die seinen Fall und den Verlust dieser ungewohnten Gegenwart zu sich selbst, die er in sich zu festigen sucht, verursachen. Er muss sich jeden Tag im Voraus vorbereiten, um den äußeren Umständen zu begegnen, die er (durch Erfahrungen in der Vergangenheit) als seine Gegner erkannt hat, so dass sie ihm nicht wie früher seine Aufmerksamkeit stehlen und ihn in einem Zustand der Abwesenheit zu sich selbst einfangen können, der ihm der Weg zu seinem HIMMLISCHEN WESEN verschließt.

Außerdem muss er wissen, dass, die Schwierigkeiten des Lebens zu akzeptieren und angesichts dieser Schwierigkeiten zu resignieren, zwei sehr verschiedene Einstellungen sind. Die Akzeptanz ist aktiv und positiv, während die Resignation passiv ist und ihm nicht helfen kann.

Des Weiteren muss er lernen, und sei es nur ein bisschen, seine Weise, zu sprechen und im Leben zu handeln, zu verlangsamen. So wird er vor Handlungen geschützt sein, die zu begehen er Gefahr läuft, sowie vor unüberlegten Worten, die auszusprechen er verleitet sein könnte und die ihm später Probleme bereiten könnten, die ihn stören und in seine Meditation und in seine anderen Konzentrationspraktiken eingreifen könnten, welche so wichtig für seine Suche sind.

Übrigens wird der Sucher nicht verfehlen, durch die Erforschung seiner selbst festzustellen, dass, je mehr jemand bei dem, was er gerade sagt, emotional beteiligt ist, besonders wenn er wütend ist, desto mehr wird er geneigt sein, seine Worte zu beschleunigen; das kann sogar so weit gehen, dass er die Person, mit der er spricht, gar nicht mehr sieht.

Der Aspirant muss lernen, sich des Raumes, der zwischen ihm und einer Person oder einem Objekt besteht, bewusst zu bleiben, was ihm helfen wird, sich nicht mit dem zu identifizieren, was seine Augen sehen. Er wird dann eine bessere Chance haben, von sich selbst distanziert zu bleiben und mit der Person oder der Sache, die sich vor ihm befindet, nicht verwickelt zu sein.

Darüber hinaus soll er, während er eine Person oder ein Objekt betrachtet, stets versuchen, aus den Augenwinkeln alle anderen Objekte oder Personen, die das umgeben, was er gerade anschaut, miteinzubeziehen, und zwar sowohl gleichzeitig als auch auf Dauer. Er wird sehen, dass, wenn es ihm gelingt, diese subtile Bemühung, seine Wahrnehmung zu erweitern, aufrechtzuerhalten, eine sehr spezielle Ausdehnung seines Bewusstseins anfangen wird, in ihm stattzufinden, mit einer gleichzeitigen Verringerung oder sogar einem völligen Anhalten seiner Gedanken. Diese Weise, das, was sich vor einem befindet, anzuschauen, wird ohne die Einmischung der Für und Wider ausgeführt werden, die normalerweise in ihm auftauchen und die er meistens nicht bemerkt. Es sind die Für und Wider, welche die Quellen der Leiden für den Menschen sind.

Das Resultat dieser besonderen Bemühung wird eine psychische Wirkung sein, die therapeutisch und befreiend zugleich sein wird. Der Sucher wird feststellen, dass, sobald er diese Ausdehnung des Bewusstseins verliert (die derart wichtig für seine spirituelle Entwicklung ist), sich seine Sicht erneut verengt und er das, was sich ihm darbietet, wieder in einer vagen Weise sieht; er wird fortgetragen und wird in kurzer Zeit wieder abwesend zu sich selbst, eingeschlossen in seine enge und vertraute Welt.

Überdies sollte er sich erinnern, dass, weil nicht zwei Gedanken gleichzeitig in ihm existieren können, wenn er einen ungünstigen oder erniedrigenden Gedanken vertreiben möchte, er diesen durch einen höheren Gedanken ersetzen und unaufhörlich an letzterem haften bleiben muss. Er muss wissen, dass das Leben eine unsichere und wackelige Brücke ist, die über die ganze Länge mit Auslagen voller verlockender Objekte versehen ist. Der Aspirant muss diese überqueren, ohne zu lange zu verweilen und vor allem ohne sich von diesen spannenden Auslagen, die seinen Weg einfassen, anziehen zu lassen, denn sein wirkliches Zuhause wartet am Ende dieser Brücke auf ihn.

Die GNADE ist im Menschen bereits anwesend, aber in seinem üblichen Zustand des Seins, blind und in sich eingeschlossen, hat er keinen Zugang zu IHR; er bleibt unempfänglich für IHRE GEGENWART in sich. Eine tiefe mitfühlende Traurigkeit für die Menschheit verbirgt sich hinter diesen berühmten Worten:[34] „Und das LICHT scheint in der Finsternis, aber die Finsternis hat's nicht ergriffen."

Nur durch ausdauernde Arbeit an sich selbst kann es dem Sucher gelingen, aus dem seltsamen Schlaf aufzuwachen, in dem er sein Leben verbringt, um andere Dimensionen und Ebenen des Bewusstseins zu erreichen, die ihm das Recht geben werden, die GNADE zu erlangen.[35]

Manchmal sind Personen versucht zu glauben, dass ihnen die GNADE umsonst gegeben wird – wie das bei sehr seltenen außergewöhnlichen Wesen der Fall zu sein scheint (im Orient wie im Okzident). Man macht sich nicht klar, dass diese Wesen auf eine unbegreifliche Weise durch Bemühungen vorbereitet worden sind, die sie in einer ergründlichen Vergangenheit gemacht haben müssen, was der GNADE erlaubt hat, einen günstigen Boden zu finden, um sich in ihnen manifestieren zu können. Zu sagen, dass die GNADE kostenlos gegeben wird, schließt die Türe für den Aspiranten, indem sie ihn hindert zu akzeptieren, die Anstrengungen und die Meditationspraktiken zu machen, die unerlässlich sind, um SIE zu erlangen.

So wie es für einen Menschen notwendig ist, aus seinem nächtlichen Schlaf aufzuwachen, um sein tägliches Erwachen zu verstehen, muss er sich gleichermaßen bemühen, aus einer anderen Art Schlaf, in den er versunken ist und der ihn blind macht, aufzuwachen, damit sich seine Augen öffnen, um ihm zu erlauben, sein Leben anders zu sehen und schließlich den Schatz zu erkennen, den er bereits in den Tiefen seines We-

---

[34] Joh. 1,5
[35] „Schaffet euch Speise, nicht, die vergänglich ist, sondern die da bleibt in das ewige Leben..." Joh. 6, 27

sens getragen hat, ohne sich je dessen bewusst gewesen zu sein: den Schatz seiner WAHREN GÖTTLICHEN IDENTITÄT.

Printed in Poland
by Amazon Fulfillment
Poland Sp. z o.o., Wrocław